1948
生活在赖特身边

汪坦 著

中国建筑工业出版社

图书在版编目（CIP）数据

1948生活在赖特身边/汪坦著. —北京：中国建筑工业出版社，2009
ISBN 978-7-112-11393-4

Ⅰ.1… Ⅱ.汪… Ⅲ.汪坦-书信集 Ⅳ.K825.7

中国版本图书馆CIP数据核字（2009）第182158号

责任编辑：徐 冉 陆新之
责任设计：郑秋菊
责任校对：陈 波 赵 颖

1948生活在赖特身边
汪坦 著
*
中国建筑工业出版社出版、发行（北京西郊百万庄）
各地新华书店、建筑书店经销
北京嘉泰利德公司制版
北京云浩印刷有限责任公司印刷
*
开本：787×960毫米 1/16 印张：15 字数：360千字
2009年12月第一版 2009年12月第一次印刷
定价：39.00元
ISBN 978-7-112-11393-4
（18652）

内容简介

本书内容是以汪坦先生1948～1949年在赖特处求学期间的留美家书为主，距今已有六十年的历史。家书内容涉及建筑、哲学、音乐、为人为学等诸多范畴，从中能够看到汪坦先生眼中的赖特，以及老一代中国建筑先辈有血有肉、理想执著、渊博豁达、精彩鲜活的建筑人生。书中附有160余幅珍贵插图，大部分出自汪坦先生之手。本书由汪坦先生的夫人马思琚先生作序，内容还收录了汪坦先生有关赖特的建筑著述。通过本书，可以了解到老一代中国建筑师在现代建筑大师门下是如何求学的，以及他们那时的所思、所想、所感、所为，从中能够窥得中国建筑成长历史的一斑。

目录

Contents

二、在那边
(1948 留美家书二)

那段日子

马思琚

年轻时的汪坦（汪坦先生家藏）

与汪坦相遇，那是半个多世纪前的事了。1944年抗日战争期间，我不愿意继续在日寇接管下的上海音专学习，便提前毕业，前往当时抗日后方的西安西北音乐学院任教。汪坦为了抗日，参军当了美国同盟军的翻译，在西安待命。我的朋友宗玮带他来学校听我演奏，还听我那仅有的破旧的手摇留声机里播放的贝多芬、勃拉姆斯交响乐等等唱片，他颇乐在其中。汪坦是十足的音乐爱好者，我们因音乐而相识。

1945年日本投降，汪坦复员回到昆明。我则去重庆青木关中央音乐学院任教。我们彼此通信，说说对时局的看法，谈谈文艺、音乐等，他还为我讲解中国历史，介绍他所喜欢的诗词，翻译一些《诗经》等，涉及的范围很广，我很有兴趣，就把这些信件保存起来了。

1946年，我回到上海，不久，他也南迁苏州，在上海建筑事务所工作。这样，我们有更多的接触机会，相互进一步地了解。1947年初我们结婚，在南京安了二三十平方米的小窝，简陋而甜蜜。

1947年底，汪坦取得公费赴美留学名额。当时正是解放战争时期，时局动荡、人心惶惶，老家需要他补贴家用，我也正在怀孕期间，在这情况下离开，无论在心理上还是在感情上对

结婚照（汪坦先生家藏）

他都是极大的考验。他的父亲却十分支持他，鼓励他道："男儿志在四方，切勿作儿女情长之举……"。经我们反复的考虑，认为暂时的离别，但能取得一生难得的出国深造机会，提高自己的能力，将来能为祖国和人民多作贡献还是值得的。这样他便下了出国的决心。

1948年初，汪坦前往建筑大师赖特（Frank Lloyd Wright）的学校泰里埃森（Taliesin）。这期间，他频频来信，除了倾诉思念之情和一些琐碎的家事之外，大多记录了他在泰里埃森学习、工作和生活的情况。在这些信中，他还毫无顾忌地写下了他对建筑、哲学、文学、音乐、艺术、人生观，以及周围事物的看法。这些如同是他的自画像。他，就是这么一个人。

转眼1949年，汪坦回国了。不满一个星期，他的叔叔汪季琦问他是否愿意去东北解放区工作，并说那里是最艰苦的地方，我们立刻答应下来。行期匆匆，当时猜想是去在日本长期的蹂躏下和经过解放战争的废墟上工作，便把刚满七个月的女儿送去苏州老家，以便轻装无挂。我从来不善于做整理或收藏之类的事，不知怎的在这样忙乱的情况下，居然把汪坦写给我的信，包括1946年的，通通都带在了身边，可能是因为这些信件有使我感兴趣的内容。新中国成立后，这些信件经历了各项运动，包括"文化大革命"，几经周折。幸运的是，他们之中的部分又回到了我手中。

我和汪坦生活在一起有半个多世纪了。他忧国忧民、有理想、有责任感；他爱憎分明、感情丰富、讲道德；他知识丰富、兴趣广博；他看得远，想得深，我们有说不完的话题，有

汪坦先生全家
（汪坦先生家藏）

时有不同意见争执不下时，便作暂停，各自保留自己的意见。有时我不免会提出些“外行、愚蠢”的问题，令他哭笑不得时，他便摇头不已“可被你考着了！”。我与他的这些差异却无碍于我们的感情，反而增添了一些色彩和乐趣。记得有学生问他：“你和师母结婚几十年了，还有那么多的话可说吗？”他哈哈大笑。

现在，经过风风雨雨的岁月，他写给我的信已残缺不全。他虽走了，我仍经常翻阅这些仅存的信件，当作他远行寄回来要我探索思考的音讯，让我回到1949年的时光。哦！这是“自我幻想的喜悦”，是“自我安抚”无望的梦想！我想念他！

在此，借出书之机，我想感谢汪坦的老友陈志华先生、罗征启先生的鼓励和支持；更要感谢汪坦的弟子吴耀东、陈伯冲、赖德霖等的鼓励和支持，并在百忙中抽出宝贵的时间和精力，做细致的反复编排和校对及出版的准备工作。我还要感谢郑彦辉女士也不辞辛苦地帮助整理这些书信。这体现了他们对汪坦深厚的感情和深切的怀念，我想汪坦如今仍能继续与大家共同探讨、交流和思考，即是他莫大的喜悦，也是我的愿望。我和汪坦在此再次深表热忱的感谢！

马思琚

于清华荷清苑

2006年秋

全家福（自右至左汪坦、马思琚、汪镇平、汪镇美，汪坦先生家藏）

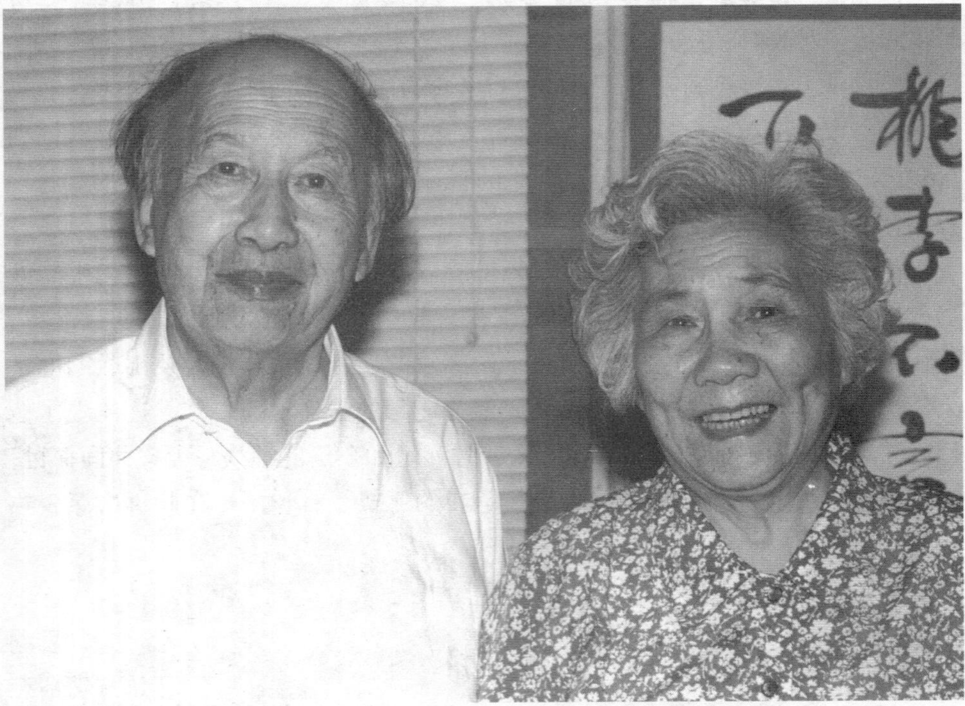

汪坦先生与马思琚先生（吴耀东摄）

泰里埃森散记

汪　坦

这是一些回忆，请不要当作什么心得或理论分析，让我尽情地追寻旧时的岁月吧！

汪坦先生（吴耀东摄）

1947 年冬，由于同窗周仪先（别名林坡）的引举，得游学于赖特先生门下，当时华裔还有邵芳、盛胜保，他们三人都已在那里生活了几度寒暑。我对先生的作品和理论曾略知梗概，但从未身临其境亲聆教诲，平时没有把建筑的艺术感染力与音乐、绘画、诗歌相提并论，也没有激动甚至疯狂叫绝的经验。

按照习惯在严冬来临的前夕，先生总是把他的家庭和一群年青的门徒们从威斯康星老宅移居到凤凰城附近沙漠中的西泰里埃森，此时

汪坦先生和周仪先先生
（汪坦先生家藏）

西泰里埃森（汪坦摄）

这里正是最佳季节。当我怀着求道学津的心情肃然漫步在蟠龙似的群山环绕着的帷幄间，这首次印象竟如此强烈，远远胜过了几帧照片曾引起的仰慕。一切都像是意外的。

在大块蓝天中，几片奔驰着的白云向傲岸独立、超高仙人掌猛扑过来，色彩夺目的奇花异草从沙砾的缝隙间挣挤而出，然后联成一片，显得坚韧不拔。迎面出现的参差起伏、倾斜的毛石墙垛，砌筑粗犷，犹似画家运用笔触那样给建筑增添了活力。屋面上外露的红木曲梁，锯而未铇，木纹、节印、斧痕、钉迹轩然在目。窗门形状无规则，有时甚至并不垂直。这里找不到“教科书知识”的落脚处，已经不是什么超凡脱俗，而是深刻的挑战。想起先生曾引用过的一句话：美是“上帝和大自然在相关的领域中汇合”。其实上帝指的是“人”，因为上帝的形象是人塑造出来的。美就是解脱了繁文缛节的纯朴的人——“善”与天地的本来面目——“真”的汇合。眼前的景象正是这话的注释。

西泰里埃森仙人掌（汪坦摄）

西泰里埃森（汪坦摄）

西泰里埃森起居室内院（萧燕摄）

西泰旦埃森起居室屋角（萧燕摄）

西泰里埃森制图室外台阶（汪坦摄）

登阶入室之后，我不禁愕然呆立！制图室尽端为巨石成堆的峭壁，与室顶相遇处留了一段空隙，仰望可以观天。垂枝挂藤、临风扶疏，峭壁下壁炉炉床下沉成池，每逢骤雨，悬崖流泉，岂非洞天山堂，道家养气之所。建筑竟能把人领到如此感人的境界，性格鲜明，内涵深湛，而和生活息息相关，非其他艺术可比拟。

沙漠里日日夜夜是严峻的，作为献身建筑的青年修炼的场所，仍旧保持了拓荒人的精神。除了有八间住房外，不少人都到山边幽谷间自己寻找宿地，往往别出心裁、各具志趣。林坡在山坡高处搭了帐篷，每天都得穿过荆棘择路而登，以磨炼意志。据说某晚浓雾迷天，沙漠上空忽然出现一顶天立地的巨人影，逐渐矮缩向山颠逸去。先生兴奋得放声大笑，说这必然是林坡！果然是他，他提了一盏马灯，马灯把身影投射在浓雾上，放得很大，然后一步步跟着他向住处走去。先生平时赏识林坡气质过于余子，并不斤斤于实务。先生自己的居室是开敞的且没有设窗，当沙漠里偶然狂风暴雨作祟，呼啸而来，满屋淋漓，衣物尽湿，先生不以为意，其热爱自然越乎常人度外。音乐对他也是情深似海的。他说过不当建筑师必然成为钢琴家，但不屑于那些庸俗职业家以卖弄技巧炫己惑人，反而每每倾倒在弟子们虔诚地贯注着全部心意的业余表演中。一年两度——圣诞节和先生的生日，门徒们各献自选题作业来庆贺，他一一给评。每逢见到模仿他风格的作品，即使非常熟练且颇具匠思，常一瞥而过，说有一个赖特就够了。而对那些来自东方的弟子尤其是看不出经科班训练的几件不成模样的设计，却连声这里有意思！那儿很妙！像呼吸着新鲜空气似的欢欣。

威斯康星春绿老宅则是另一片景象。先生出生在这里：典型的美国中西部郊外田园风光，山势平缓柔顺，树木茂密青葱，弯曲小河“映带左右”。先生在此定居后，筑坝阻水成湖，遂成为山青水秀与世疏远的庄园。入春之前弟子们陆续离开西部沙漠，结伴绕行，沿路采访风土人情，领略自然景色，然后回到这块发源地来。这样的传统每年冬往春返，就成为学习生活的有机部分。先生一直认为“土生土长是所有真正艺术和文化的必要的领域”，“像民间传说和民歌那样产生出来的房屋比诸不自然的学院企图更有研究价值”。

泰里埃森（汪坦摄）

泰里埃森（汪坦摄）

春返大地之后，庄园内你常会遇到几匹骏马在丛林间、草地上追逐嬉戏，或三三两两沿湖边溜达饮水；孔雀悠游自在地随处飞翔，有时落在低而长的水平屋檐上开屏。连先生 1918 年从我国带回的文物：佛像、地毯、屏风、原幅山水画、木雕窗棂……也都零星点缀，各得其所，显得无拘无束。先生从不用锁，尽管不免有所丢失。他觉得共同生活里出现了锁就象征着不信任的存在，这种气氛难于容忍！

与西泰里埃森的灵感直接来自自然相比，这里更多些怀念。文学创作很少听见要从“造字”开始，有些现成词汇已经包含的丰富的文化意义，没有必要拒绝。建筑也类似，许多的中国文物成为赖特自己住宅的有机部分，并非“摆设”。在美国中西部观光以后，你会感觉到“草原住宅”也不是由天上降落到赖特先生的头脑中来的，民居的影响隐约可辨，而先生出类拔萃蔚然成家。现代建筑设计中具有划时代作用的流动空间的出现也自有其客观因素。当时美国城市迅猛发展，从外国涌入大量移民，连续的经济危机冲击了大部分中产者的家庭，儿女们不得不及早离家独立谋生，继承了来自这块土地上祖先的垦荒精神。英国式贵族生活传统没有被普遍接受。在住宅中分设起居室、餐室、书房已无必要了。赖特先生由于他的天才、秉性和胆识得以在草原住宅的设计中开拓了这种创作实践。

先生时常提到爱默生（1803—1882 年），我当时还不知道他是何许人。后来读了一本他的哲学论文选，才发现先生和他仰慕的这位哲人在性格和情感上十分相似，爱憎分明，嫉恶如仇。而且思想上颇多共鸣的地方，尤其是崇尚自然这一点始终贯穿在他们的言行中。爱默生曾经在《自然界》一文中把自然界看作决定性的本质，看作人的全部活动的出发点。他担任过唯一神教的牧师，后来放弃了，声称："……教堂的讲坛在我们的世纪发出了不可靠的和不真实的声音……""道德是存在的基础，上帝本质的表现。"他和当时一部分知识分子代表人物如托洛、惠特曼等留恋农业时代的道德和文化，十分同情务农的人民。赖特先生的"广亩城市"理想是他终生念念的一个目标，它的模型是泰里埃森一件最重要的陈列品，弟子们都受到熏陶，农业在这里被前所未有地重视。在 1958 年出版的《自然状态的城市》（The Living City）一书中，先生把爱默生关于"务农"（farming）的论文摘录附在后面，可见他们之间一脉相通。

在泰里埃森呆的时间稍长之后，逐渐从停留在欣赏激动的心情里解脱出来，产生了大家庭成员的感觉。盛胜保是我们三人（林坡当时回国省亲）中劳动力最强的。在西部，冬季清晨他常去山沟里砍柴，在大家起身之前把几个壁炉炉火烧着。在东部要照料当时用作制图室和餐室的原山坡家庭学堂一带的供暖铜炉。我

泰里埃森（汪坦摄）

有时就跟着干。时间都不太久，因为像候鸟一样往返两地避开了严寒。平时我们都得轮着帮厨、洗菜、煎饼、做面包……曾在敦煌多年的女画家邵芳则是这里很受欢迎的大师傅，大师傅一般是经过挑选或自荐的。门徒们来自“五湖四海”，能手云集，各显身手：有日本的“锄烧”，法国、英国、美国某些地方祖传的佳肴，几十年来积累成丰富多样的“泰里埃森食谱”，听说将在今年内出版第一册。按照美国人的习惯，鸡都要吃冻过的且不食肫肝，邵芳大胆推荐烤现杀活鸡，竟“移风易俗”。从此每逢烤鸡大家动手抓、宰，热闹一场，肫肝也上桌面了。施工劳动占较多时间。什么活都干，没有师傅指导，“能者为师”、“战斗中成长”，看上去相当“业余”的样子。各人按照自身的条件成长起来。有些构造节点做法，都得打“遭遇战”，当场即兴解决：像不垂直的门窗，大片玻璃没有框而直接嵌入毛石墙垛，整块不规则形状的巨石当作壁炉炉膛过梁……巨石是先在山上看中了，交涉妥后，由老石工带领一群小伙子七手八脚把它撬下运回，稍加整形待用。没有先画个葫芦当样子，做出瓢来，反倒新颖，不落窠臼。这样直接从生活的现实锻炼中获得的技能和经验是灵活的本领。有这种基础打底就像是李玉和“喝了妈的酒，今后什么样的酒都能对付”了。

劳动中的盛胜保（源自 Lois Davidson Gottlieb. A WAY OF LIFE: An Apprenticeship with Frank Lloyd Wright. The Images Publishing Group Pty Ltd, 2001: 99.）

邵芳与汪镇美、汪镇平在一起（萧燕摄）

1959 年赖特先生离世半年后，在纽约五号街落成的古根海姆博物馆，实

古根海姆博物馆（吴耀东摄）

际早在1943年第一次草图即已完成。1948年我到泰里埃森时，巨大的模型赫然在目。前几年曾有古根海姆先生不打算建造这个博物馆的传言，赖特夫人当面询问了他，他表示非常喜爱这个方案。但要等待经济萧条的来临，造价下跌，各种条件齐备。这座古根海姆的建筑决不只是说说的，古根海姆先生于1949年病故，直至1956年终于破土开工。因为技术复杂使许多营造商却步，后由柯亨承包，完成得很出色，为舆论所称许。中庭和回旋画廊形成的连续空间下窄上宽，支模困难，几乎要放弃圆状。由于先生力争，才为世人保留下这无双的构思。其他还有几处不合纽约建筑规范，如不得不取消了的梭形细柱并加腹肋，以至使连续盘旋提升的展览廊，感觉上受切断之害。一件伟大的作品要能完整地按原来设想问世，不知道得经历多少波折！

这些不见经传的事情已经过去三、四十年了，还历历如在眼前。我幸有这段因缘，“得坐春风”。今天从侧面追忆下生活的片段，想能对理解先生的为人、作品和理论以及教育思想有所裨益，也许这正是我力不能逮的。

1993 年 2 月

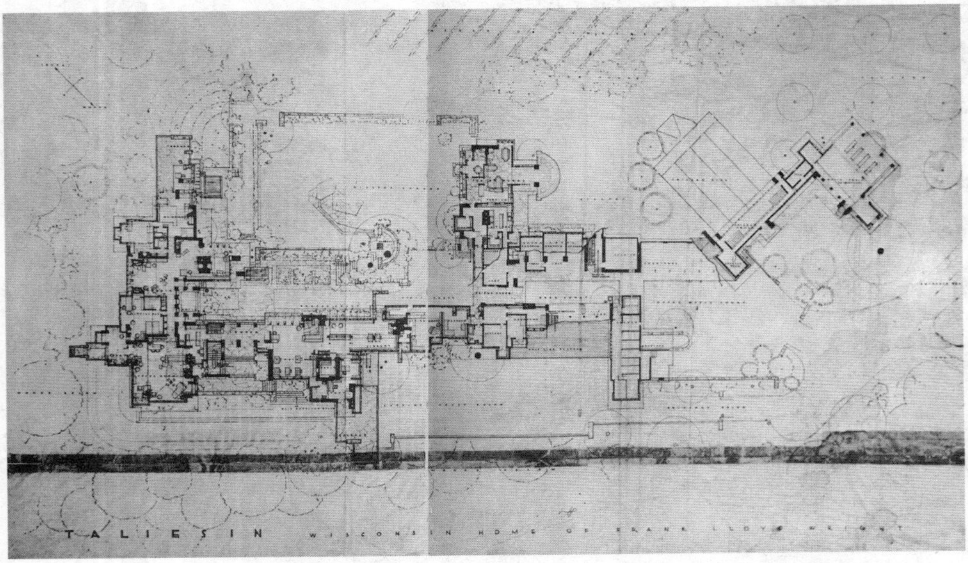

泰里埃森平面图（源自 Taliesin East & Taliesin West. GA15. A.D.A. Edita Tokyo，1972.）

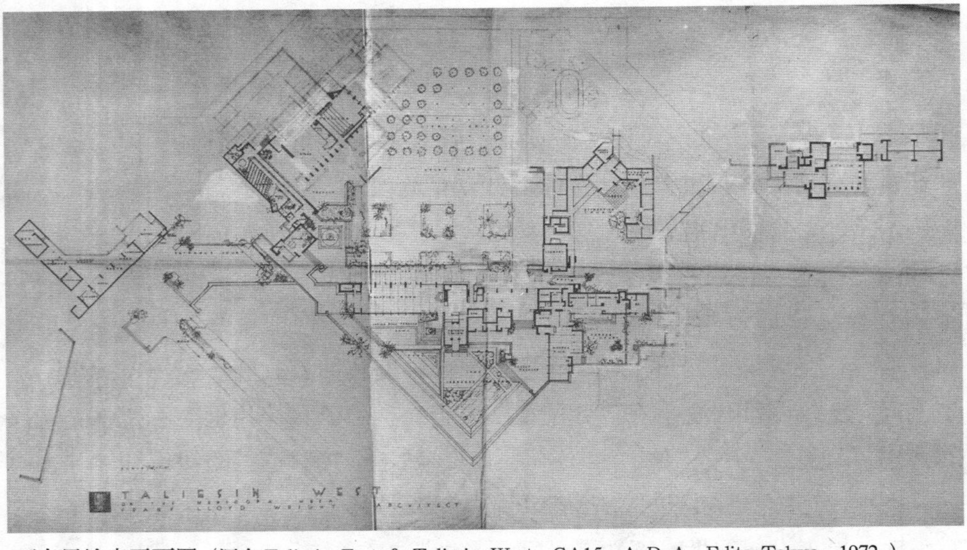

西泰里埃森平面图（源自 Taliesin East & Taliesin West. GA15. A.D.A. Edita Tokyo，1972.）

一、在船上

（1948 留美家书一）

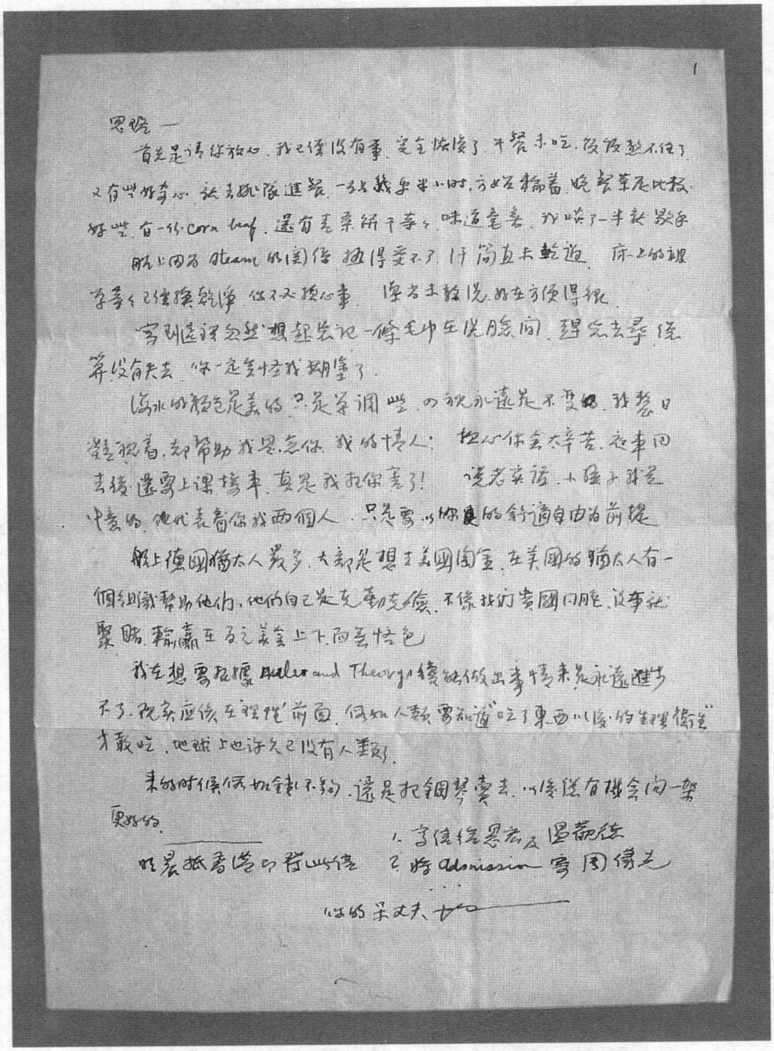

思琚——

首先是請你放心，我已經沒有事，完全恢復了。午餐未吃，晚飯熬不住了，又有些好奇心，就去跟隊進餐，一張桌子坐八個人，分兩桌輪着。晚餐菜還比較好些，有一份corn beef，還有青菜餅干等等，味道還好，我吃了一半就罷手。

船上因為steam的關係，熱得受不了，汗簡直未乾過。床上的被子等等已經換乾淨，你不必擔心事。隔壁未睡人，[illegible]方便得很。

寫到這裡忽然想起忘記一條毛巾在洗臉間，跑去去尋，總算沒有失去，你一定會怪我糊塗了。

海水的顏色是美的，只是單調些，而顏色永遠是不變的。我整日[illegible]看，都幫助我思念你，我的情人！擔心你會太辛苦，夜車回去後還要上課接車，真是我把你害了！說老實話，小孩子雖是中意的，他代表着你我兩個人，只是要以你身的舒適自由為前提。

船上德國猶太人最多，大都是想去美國淘金，在美國的猶太人有一個組織幫助他們，他們自己是[illegible]，不像我們貴國同胞，沒事就聚賭，[illegible]在[illegible]上下面無[illegible]。

我在想要把[illegible] and Theory[illegible]做出事情來是永遠進步不了，現實應該在理性前面，假如人類要知道吃了東西以後的生理衛生才敢吃，地球上也許久已沒有人類。

來的時候你如錢不夠，還是把鋼琴賣去，以後總有機會向一架更好的。

昨晨抵香港即寄此信

1. 寫信給思[illegible]及[illegible]
2. 將Admission寄周[illegible]

你的呆丈夫 坦

1. 在船上（1948年1月）

思琚：

首先是请你放心，我已经没有事马思琚先生注：汪坦先生赴美前夕发高烧，服了一帖自己开的中药方，次日自上海离港，完全恢复了。午餐未吃，晚饭熬不住了，又有些好奇心，就去排队进餐，一站几乎半小时，方始轮着。晚餐菜是比较好些，有一份玉米、牛肉，还有青菜、饼干等等，味道毫无，我啖了一半就歇手。

船上因为蒸汽的关系，热得受不了，汗简直未干过，床上的被子等等已经换干净，你不必担心事，澡尚未敢洗，好在方便得很。

写到这里忽然想起忘记一条毛巾在洗脸间，赶急去寻，总算没有失去，你一定会怪我糊涂了。

海水的颜色是美的，只是单调些，四视永远是不变的，我整日凝视着，却帮助我思念你，我的情人！担心你会太辛苦，夜车回去后还要上课挤车，真是我把你害了！说老实话，小孩子我是中意的，他代表着你我两个人，只是要以你的舒适自由为前提。

船上德国犹太人最多，大多是想去美国淘金，在美国的犹太人有一个组织帮助他们，他们自己是克勤克俭，不像我们贵国同胞，没事就聚赌，输赢在百元美金上下，面无恪色。

我在想要根据规则和理论才能做出事情来是永远进步不了的，现实应该在理性前面，假如人类要知道吃了东西以后的生理卫生才敢吃，地球上也许久已没有人类了。

来的时候假如钱不够，还是把钢琴卖去，以后总有机会购一架更好的。

明晨抵香港即发此信。1．写信给思宏及温观德。

2．将 admission 入学通知寄周仪先。

你的呆丈夫坦

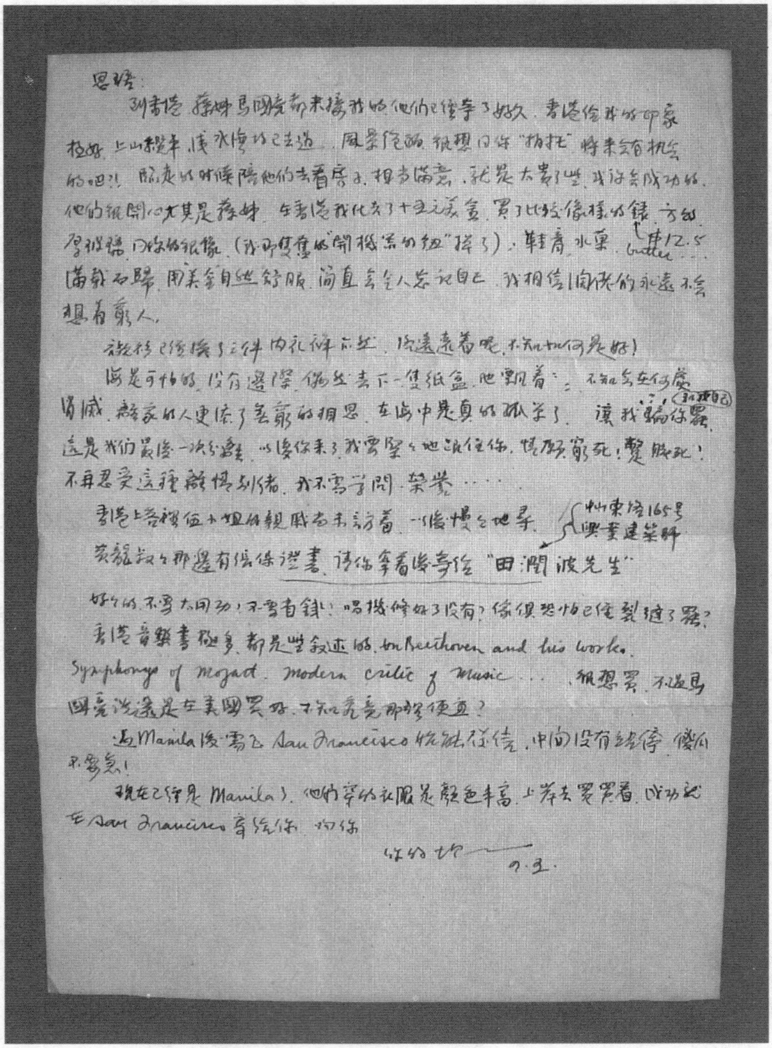

思琚：

到香港，苏姐马国亮都来接我的，他们已经等了好久。香港给我的印象极好，上山缆车、浅水湾均已去过，风景绝丽，很想同你"拍拖"，将来会有机会的吧!! 临走的时候陪他们去看房子，相当满意，就是太贵了些，我说会成功的，他们很开心，尤其是苏姐。在香港我化去了十五元美金，买了比较像样的钱包、方包、手提袋、同你的纸像（我那只旧的开裂了）、鞋、香水、栗子、牛油 butter……满载而归。用美金自然舒服，简直会令人忘记自己。我相信同你们永远不会想看穷人。

……

好好的，不要太用功，不要看钟！唱机修好了没有？你很想快已经裂缝了吧？

香港音乐书极多，都是些叙述的，如 Beethoven and his works、Symphony of Mozart、Modern critic of Music……很想买，不过马国亮说还是在美国买好，不知究竟那样便宜？

过 Manila 後，要在 San Francisco 接你信，中间没有联络，你们不要急！

现在已经見 Manila，他们穿的衣服是颜色丰富。上岸去买买看，成功就在 San Francisco 寄给你。吻你

你的 坤

1.3.

2. 到香港（1948年1月）

思琚：

到香港，苏姐、马国亮都来接我的，他们已经等了好久。香港给我的印象极好。上山缆车、浅水湾均已去过，风景绝丽，很想同你"拍拖"，将来会有

机会的吧？！临走的时候陪他们去看房子，相当满意，就是太贵了些，或许会成功的。他们很开心，尤其是荪姐。在香港我化去了十五元美金，买了比较像样的表，方的，厚玻璃，同你的很像（我那只旧的“开机器的钮”掉了）。鞋膏，水果，butter黄油满载而归。用“美金”自然舒服，简直会令人忘记自己。我相信阔佬们永远不会想着穷人。

衬衫已经换了三件，内衣裤亦然，路还远着呢，不知如何是好！

海是可怕的，没有边际，偶然丢下一只纸盒，它飘着，不知会在何处消灭，离家的人更添了无穷的相思，在海中是真的孤单了。让我骗你和我自己罢，这是我们最后一次分离，以后你来了，我要紧紧地跟住你，情愿穷死！蹩脚死！不再忍受这种离情别绪，我不需学问、荣誉……

香港上客里伍小姐的亲戚尚未访着，以后慢慢地寻。

黄龙叔叔那边有张保证书，请你拿着后寄给“田润波先生”—中山东路165号兴业建筑师。

好好的，不要太用功！不要省钱！唱机修好了没有？家具恐怕裂缝了罢？香港音乐书极多，都是些叙述的，如Beethoven and his works贝多芬及其作品，Symphonys of Mozart莫扎特的交响乐，Modern critic of Music现代音乐评论……很想买，不过马国亮说还是在美国买好，不知究竟哪里便宜？

过Manila马尼拉后需在San Francisco旧金山始能发信，中间没有站停，傻瓜不要急！

现在已经是Manila了，他们穿的衣服是颜色丰富，上岸去买买看，成功就在San Francisco寄给你，吻你。

你的坦

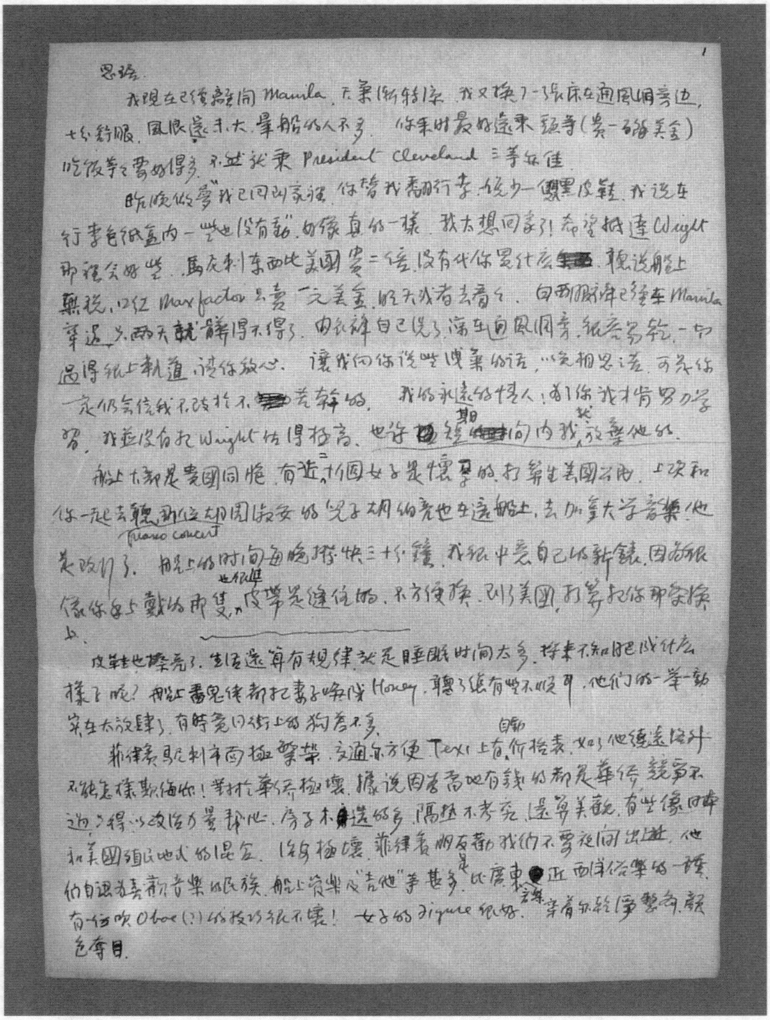

1

思琚：

我现在已经离开Manila，天气渐转凉，我又换了一张床在通风洞旁边，十分舒服，风浪还不大，晕船的人不多。你来时最好还乘头等（贵一百余美金）吃饭等等要好得多。不过我乘President Cleveland三等尚佳。

昨晚做梦我已回到家里，你替我翻行李，发现少一双黑皮鞋，我说在行李包纸盒内，一些也没有错，好像真的一样。我太想回家了！希望抵达Wright那里会好些。马尼剌东西比美国贵二倍，没有代你买什么。听说船上药铺，口红Max factor只卖一元美金，明天我要去看看。白西服裤已经在Manila穿过，只两天就脏得不得了。内衣裤自己洗了，晾在通风洞旁，很容易干。一切过得很上轨道，请你放心。让我向你说些傻气的话，以免相思之苦。可爱的你一定仍会信我不致于不差许的。我的永远的情人！离了你我才肯努力学习。我并没有把Wright估得极高，也许短期间内我就放弃他的。

船上大都是贵国同胞，有近二十个女子是怀孕的，打算生美国公民。上次和你一起去听piano concert那位胡周淑安的儿子胡伯亮也在这船上，去加拿大学音乐，他是吹打了。船上的时间每晚拨快三十分钟，我很中意自己的新表，因为很像你身上戴的那只，也很准，皮带是镶住的，不方便换，到了美国，打算把你那条换上。

皮鞋也擦亮了。生活还算有规律，就是睡眠时间太多，将来不知把成什么样了呢？船上番鬼佬都把妻子唤成Honey，听了总有些不顺耳，他们的一举一动实在太放肆了，有时竟同街上的狗差不多。

菲律宾马尼剌市面极繁华，交通很方便，Taxi上有自动计价表，如今他总还留外不能怎样欺侮你！当地华侨极坏，据说因为当地有钱的都是华侨，竟弄不过，只得以政治力量抑他，房子木造的多，隔热不考究，还算美观，有些像日本和美国殖民地式的混合，治安极坏，菲律宾朋友劝我们不要夜间出去。他们自认为是喜欢音乐的民族，船上管乐队吉他等甚多，是比广东近西洋俗乐的一种，有一位吹Oboe(?)的技巧很不坏！女子的figure很好，衣裳穿着很轻便整齐，颜色夺目。

3．马尼拉（1948年2月）

思琚：

我现在已经离开Manila，天气渐转凉，我又换了一张床在通风洞旁边，十分舒服。风浪还不大，晕船的人不多，你来时最好还乘头等（贵一百余美金），吃饭等等要好得多，不然就乘 President Cleveland 克利夫兰总统号三等亦佳。

昨晚做梦“我已回到家里，你替我翻行李，说少一双黑皮鞋，我说在行李包纸盒内一直也没有动”。好像真的一样，我太想回家了！希望抵达 Wright 赖特那里会好些。马尼拉东西比美国贵二倍，没有代你买什么，听说船上无税，口红 Maxfactor 口红品牌只卖一元美金，明天或者去看看。白西服裤已经在 Manila 穿过，只两天就脏得不得了，内衣裤自己洗了，晾在通风洞旁，很容易干，一切过得很上轨道，请你放心。让我向你说些泄气的话，以免相思之苦，可是你一定仍会信我不至于不苦干的，我的永远的情人！为了你我才肯努力学习，我并没有把 Wright 估得极高，也许短期间内我就放弃他的。

船上大部是贵国同胞，有近二十个女子是怀孕的，打算生美国公民。上次和你一起去听 Piano concert 钢琴音乐会那位胡周淑安的儿子胡伯亮也在这船上，去加拿大学音乐，他是改行了。船上的时间每晚拨快三十分钟，我很中意自已的新表，因为很像你手上戴的那只支，也很准，皮带是缝住的，不方便换，到了美国打算把你那条换上。

皮鞋也擦亮了，生活还算有规律，就是睡眠时间太多，将来不知肥成什么样子呢？船上的鬼佬都把妻子唤成 Honey，听了总有些不顺耳，他们的一举一动实在太放肆了，有时竟同街上的狗差不多。

菲律宾马尼拉市面极繁荣，交通亦方便，Taxi 出租汽车上有自动价格表，除了他绕远路外不能怎样欺侮你！对于华侨极坏，据说因为当地有钱的都是华侨，竞争不过只得以政治力量帮忙。房子木造的多，隔热不考究，还算美观，有些像日本和美国殖民地式的混合，治安极坏，菲律宾朋友劝我们不要夜间出游。他们自认为是喜欢音乐的民族，船上管乐及“吉他”等甚多，是比广东音乐近西洋俗乐的一种。有一位吹 Oboe 双簧管的技巧很不坏！女子的 Figure 体形很好，穿着亦干净整齐，颜色夺目。

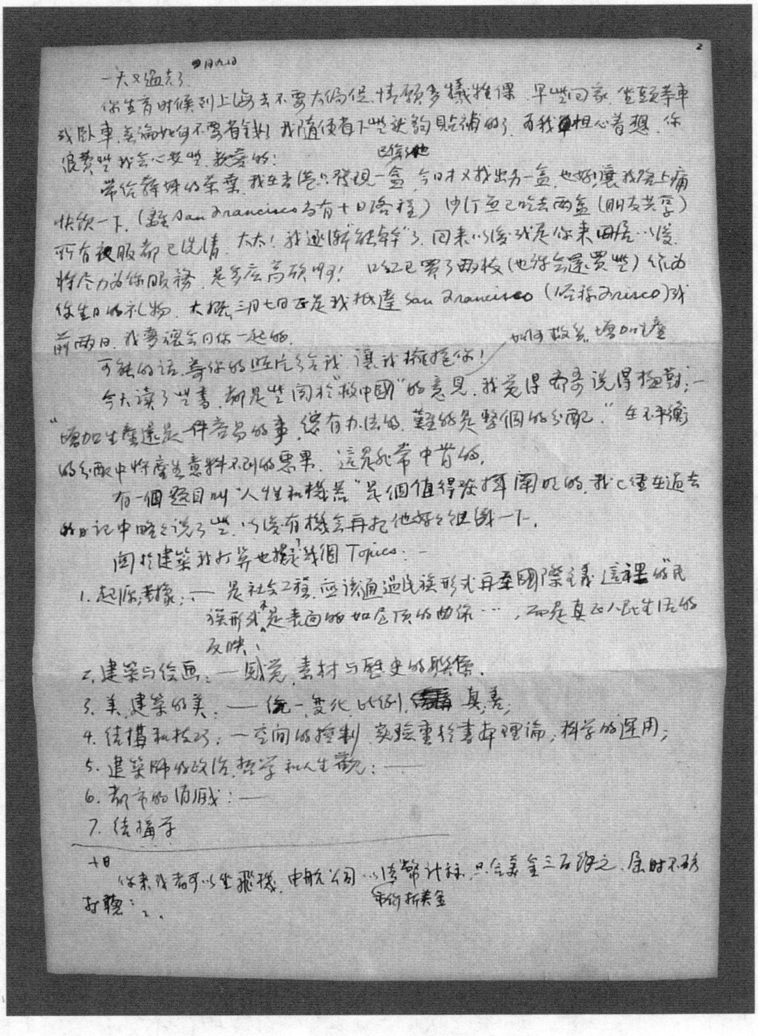

2

二月九日

一天又过去了。

你生育时候到上海去不要太局促，情愿多牺牲课，早些回家，坐头等车或卧车，无论如何不要省钱！我随便省下些就够贴补的了。为我担心着想，你浪费些我会心安些，亲爱的！

带给你辞的茶叶，我在香港只发现一盒，今日又找出另一盒，也好让我路上痛快饮一下。（离San Francisco还有十日路程）沙丁鱼已吃去两盒（朋友共享）所有衣服都已洗清，太太！我还挺能干的了。回来以后你来回家以后将尽力为你服务，是多么高兴呵！口红已买了两枝（也许会还贵些）作为你生日的礼物，大概三月七日正是我抵达San Francisco（俗称Frisco）的前两日，我要让它同你一起的。

可能的话，寄你的照片给我，让我随时想你！ 如何戒烟，增加健康

今天读了些书，都是些关于救中国的意见，我觉得有句说得极对：—"增加生产还是一件容易的事，除有办法的，难的是整个的分配。"在不平衡的分配中将产生意料不到的恶果，这是非常中肯的。

有一个题目叫"人性和机器"是个值得发挥阐明的，我已经在过去的日记中略略说了些，以后有机会再把他好好组织一下。

关于建筑我打算也提几个Topics：—

1. 起源、影像：— 是社会工程，应该通过民族形式再来国际主义，这里的民族形式不是表面的如屋顶的曲线……，而是真正人民生活的反映；

2. 建筑与绘画：— 感觉、素材与历史的联系。

3. 美、建筑的美：— 统一、变化、比例、真、善；

4. 结构和技巧：— 空间的控制，实验重于书本理论，科学的运用；

5. 建筑师的政治、哲学和人生观：—

6. 都市的问题：—

7. 结构学

十日

你来我看可以坐飞机，中航公司以后都计划……不妨打听打听。

4. 又一天（1948年2月9日）

一天又过去了。

你生育时候到上海去不要太局促，情愿多牺牲课，早些回家，坐头等车或卧车，无论如何不要省钱！我随便省下些就够贴补的了。为我担心着想，你浪费些我会心安些，亲爱的！

带给荪姐的茶叶，我在香港只发现一盒，已给了她，今日才又找出另一盒，也好，让我路上痛快饮一下（离 San Francisco 当有十日路程），沙丁鱼已吃去两盒（朋友共享），所有衣服都已洗清。太太！我逐渐“能干”了。回来以后或是你来同居以后，将尽力为你服务，是多么高兴啊！口红已买了两枝（也许会还买些）作为你生日的礼物，大概三月七日正是我抵达 San Francisco（俗称 Frisco）前两日，我梦里会同你一起的。

可能的话，寄你的照片给我。让我拥抱你！

今天读了些书，都是些关于“救中国”的意见，如何救贫，增加生产。我觉得齐哥说得极对：“增加生产还是一件容易的事，总有办法的，难的是整个的分配”。在不平衡的分配中将产生意料不到的恶果，这是非常中肯的。

有一个题目叫“人性和机器”，是值得发挥阐明的，我已经在过去的日记中略略说了些，以后有机会再把它好好组织一下。

关于建筑我打算也拟出几个 Topics 题目：

1．起源、对象—是社会工程，应该通过民族形式再至国际主义，这里的“民族形式”不是表面的，如屋顶的曲线……而是真正人民生活的反映；

2．建筑与绘画—感觉、素材与历史的联系；

3．美，建筑的美—统一、变化、比例、真、善；

4．结构和技巧—空间的控制，实验重于书本理论，科学的运用；

5．建筑师的政治、哲学和人生观；

6．都市的消灭；

7．结构学。

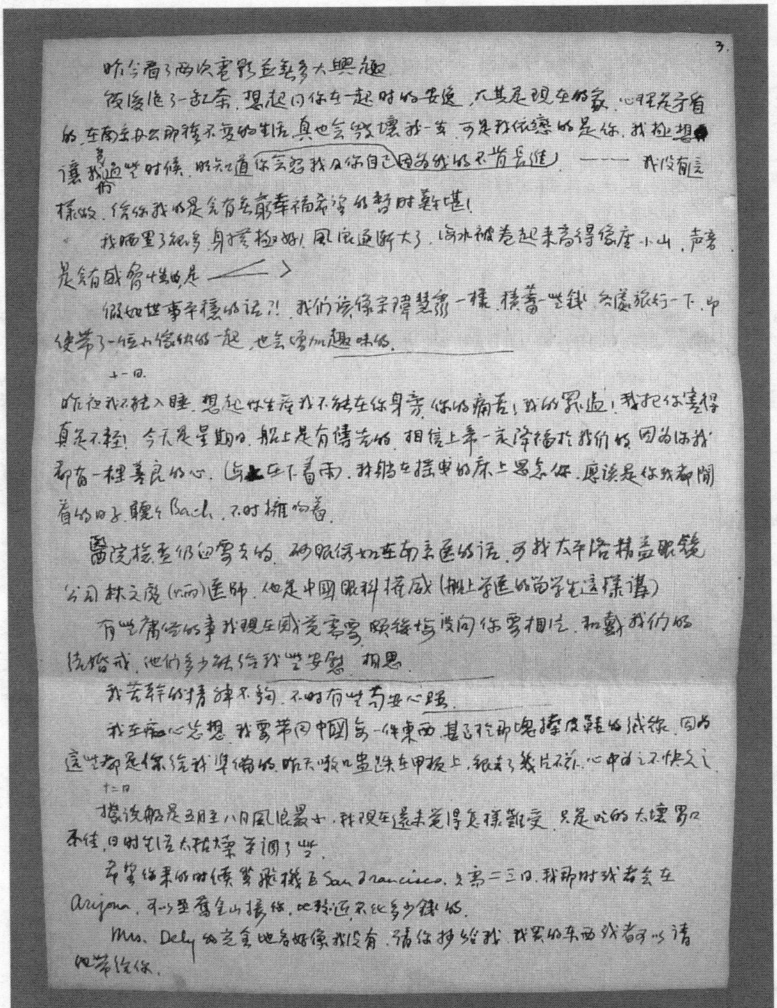

3.

昨今看了两次电影并无多大兴趣。

饭后泡了一缸茶，想起同你在一起时的安逸，尤其是现在的家，心理是矛盾的，在南京办公那种不变的生活真也会毁坏我一生，可是我依恋的是你，我极想意识到这些时候，明知道你会怨我及你自己因为我的不肯长进 —— 我没有这样做，你你我的是会有多么幸福希望的暂时难堪！

我晒黑了很多，身体极好！风浪逐渐大了，海水被卷起来高得像座小山，声音是有威胁性的是 ——>

假如世事平稳的话？！我们该像宋璋慧宽一样，积蓄一些钱，出去旅行一下，即使带了一位小像你的一起，也会增加趣味的。

十一日

昨夜我不能入睡，想起你生产我不能在你身旁，你的痛苦！我的罪过！我把你害得真是不轻！今天是星期日，船上是有礼拜的，相信上帝一定降福于我们的，因为你我都有一种善良的心。今天午下着雨，我躺在摇曳的床上思念你，应该是你我都闲着的日子，听听Bach，不时拥抱着。

医院检查仍回需支的，如眼依如在南京医的话，可找太平路精益眼镜公司林文彪（？）医师，他是中国眼科权威（船上留学的留学生这样讲）

有些痛苦的事我现在感觉害怕，所以始终没向你要相信，知道我们的结婚戒，他们多少能给我些安慰，相思。

我觉得我的精神不够，不时有些苟安心理。

我在痛心总想，我需带回中国每一件东西，甚至于那双擦皮鞋的绒布，因为这些都是你给我准备的，昨天啖口香糖在甲板上，很久了我才觉得，心中不快了。

十二日

据说船是五月至八月风浪最大，我现在还未觉得怎样难受，只是吃的太坏，胃口不佳，同时生活太枯燥单调了些。

希望你来的时候，买飞机到San Francisco，只需二三日，我那时或者会在Arizona，可以至旧金山接你，也较近，不化多少钱的。

Mrs. Daly的定金她是否好像我没有，请你抄给我，我要的东西我都可以请她带给你。

5. 想家（1948年2月10日）

你来或者可以坐飞机，中航公司以法币（市价折美金）计算，只合美金三百余元，届时不妨打听打听。

昨今看了两次电影并无多大兴趣。

饭后泡了一缸茶，想起同你在一起时的安逸，尤其是现在的家，心理是矛盾的，在南京办公那种不变的生活，真也会毁坏我一生，可是我依恋的是你，我极想让我们多过些时候，明知道因为我的不肯长进你会怨我及你自己……我没有这样做，给你我的是会有无穷幸福希望的暂时难堪！

我晒黑了很多，身体极好！风浪逐渐大了，海水被卷起来高得像座小山，声音是会有威协性的，是＜＞音乐术语，即渐强渐弱。

假如世事平稳的话？！我们该像宗玮慧灵一样，积蓄一些钱，各处旅行一下，即使带了一位小家伙一起，也会增加趣味的。

6. 星期日（1948年2月11日）

昨夜我不能入睡，想起你生产我不能在你身旁，你的痛苦！我的罪过！我把你害得真是不轻！今天是星期日，船上是有祷告的，相信上帝一定降福于我们的，因为你我都有一颗善良的心。海上在下着雨，我躺在摇曳的床上思念你，应该是你我都闲着的日子，听听Bach巴赫，不时拥吻着。

医院检查仍旧要去的，砂眼假如在南京医的话，可找太平路精益眼镜公司林之炳医师，他是中国眼科权威（船上学医的留学生这样讲）。

有些庸俗的事我现在感觉需要，颇后悔没向你要相片，和戴我们的结婚戒，它们多少能给我些安慰，相思。

我苦干的精神不够，不时有些苟安心理。

我在痴心妄想，我要带回中国每一件东西，甚至于那块擦皮鞋的绒线，因为这些都是你给我准备的。昨天漱口盅跌在甲板上，很去了几片瓷，心中为之不快久之。

7. 过日本（1948年2月12日）

据说船是五日至八日风浪最小，我现在还未觉得怎样难受，只是吃得太坏，胃口不佳，同时生活太枯燥单调了些。

希望你来的时候坐飞机至San Francisco，只需二三日，我那时或者会在Arizona亚利桑那州，可以至旧金山接你，比较近不化多少钱的。

Mrs. Dely德里太太的详细地址好像我没有，请你抄给我，我买的东西或者可以请她带给你。

我一饮茶就会想家得厉害，假如旅行生活像这船上一样的话，我宁愿关在家里，单调啊！连菜都没有变化的，谈话中总离不开“性”，真的，我恐怕会被称为“时代落伍者”或是abnormal反常。他们不管已未结婚经验和胆大令我惊讶，你一定会讲男人都不是好东西！

我们航行的路程很特别，据说现在我们绕过日本东部！

切不要太勤恳，小孩子用的东西我或许会寄来的，即使是准备也只要简陋些好了。你知道得很彻底，我们何必要比同时代人特别物质享受高些呢！不过关于医院卫生调养等等，却千万不要省，这是“人”的要求。一切要最好的！千万！千万！

昨夜梦里你我又回苏州去了，父亲说要把房子卖掉，只五千元港纸，我不赞成，说这钱吃不到两个月，你乖乖地坐在我身旁，同情我的说法却一声也不响，看大势三次大战不致会即爆发，而且中国京沪一带总还可以苟安一时，记住！假如乱而你还未能来美国的话，我立刻会回来的，我们正好为新环境共同奋斗一番，我们这一辈子总该为多数穷困了几百年的人尽些力，即使拿我们的血和肉去喂他们也应该的。

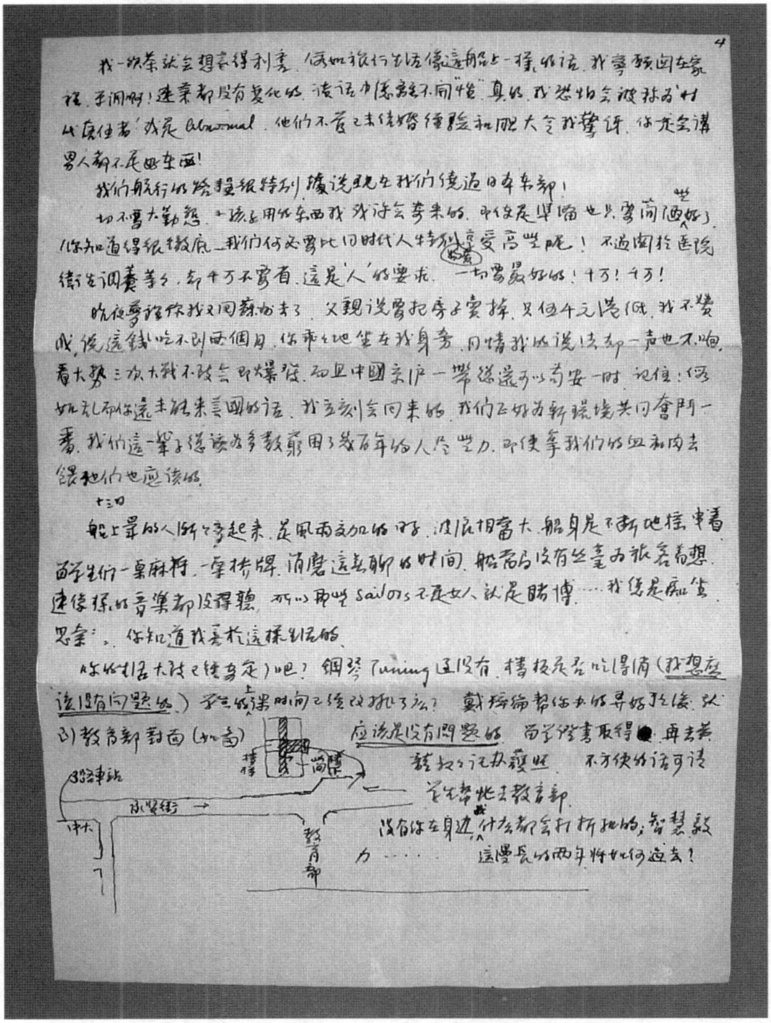

8. 风雨交加的日子（1948年2月13日）

船上晕的人渐渐多起来，是风雨交加的日子，波浪相当大，船身是不断地摇曳着，留学生们一桌麻将，一桌桥牌，消磨这无聊的时间。船管局没有丝毫为旅客着想，连像样的音乐都没得听，所以那些Sailors水手不是女人就是赌博……我总是痴坐思索。你知道我善于这样生活的。

你的生活大致已经安定了吧？钢琴 Tuning 调音过没有？楼板是否吃得消（我想应该没有问题的）？学生的上课时间已经改排了么？戴粹伦帮你办的弄好了之后，就到教育部对面（如图），应该是没有问题的。留学证书取得，再去找黄龙叔叔托办护照，不方便的话可请学生帮忙去教育部。

没有你在身边，我什么都会打折扣的；智慧、毅力……这漫长的两年将如何过去？

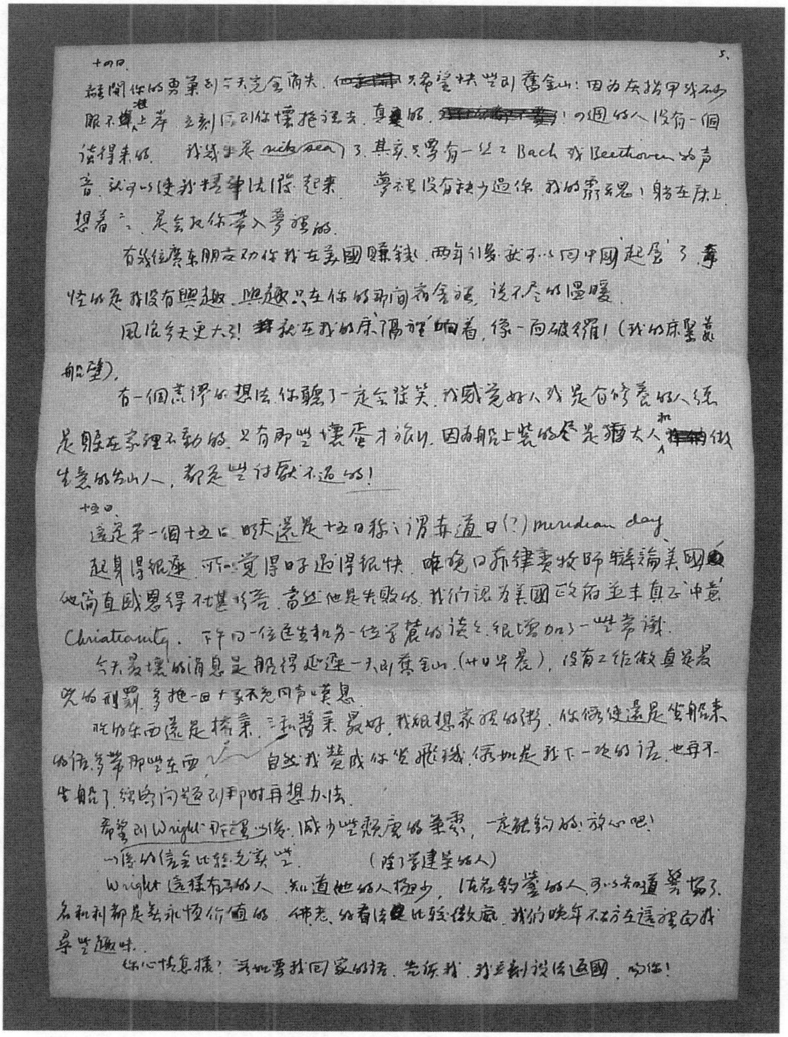
十四日。 5.
離開你的勇氣到今天完全消失，[illegible] 只希望快些到舊金山，因為灰指甲或砂眼不準上岸，立刻回到你懷抱裡去，真的。[illegible]！四週的人沒有一個談得來的，我幾乎是 sick sea 了，其實只要有一絲絲 Bach 或 Beethoven 的聲音，就可以使我精神活潑起來。夢裡沒有缺少過你，我的靈魂！躺在床上想著，是否會把你帶入夢裡的。
有幾位廣東朋友勸你我在美國賺錢，兩年以後就可以回中國"起屋"了，[illegible]的是我沒有興趣，興趣只在你的[illegible]。
風浪今天更大了！[illegible]就在我的床"隔壁"響著，像一面破鑼！（我的床[illegible]船壁）。
有一個荒謬的想法，你聽了一定會發笑，我感覺好人或是有修養的人，總是躲在家裡不動的，只有那些壞蛋才旅行。因為船上裝的盡是猶太人和[illegible]做生意的[illegible]人，都是些討厭不過的！
十五日。
這是第一個十五日，明天還是十五日稱之謂赤道日(?) meridian day
起身得很遲，所以覺得日子過得很快。昨晚[illegible]律賓牧師辯論美國，他簡直感恩得不堪形容。當然他是失敗的，我們認為美國政府並未真正"中意" Christianity。下午同一位醫生和另一位學農的談談，很增加了一些常識。
今天最壞的消息是船得延遲一天到舊金山（廿日早晨），沒有工作做真是最[illegible]的刑罰，多拖一日大家不免同聲嘆息。
吃的東西還是榨菜，[illegible]醬菜最好，我很想家裡的粥。你們倘還是坐船來的話，多帶那些東西。自然我贊成你坐飛機，假如是我下一次的話，也再不坐船了。總之問題到那時再想辦法。
希望到 Wright 那裡以後，減少些頹廢的氣氛，一定能夠的，放心吧！
以後的信會比較充實些。（除了學建築的人）
Wright 這樣有名的人，知道他的人極少，住在紐約[illegible]的人可以知道是名了。名和利都是無永恆價值的，佛老的看法比較徹底。我們晚年不妨在這裡面找尋些趣味。
你心情怎樣？假如要我回家的話，告訴我，我立刻設法返國，吻你！

9. 晕船（1948年2月14日）

离开你的勇气到今天完全消失，只希望快些到旧金山，因为灰指甲或砂眼不准上岸，立刻回到你怀抱里去，真的。四周的人没有一个谈得来的，我几乎是 sea sick 晕船了，其实只要有一丝丝 Bach 或 Beethoven 贝多芬的声音，就可以使我精神活泼起来。梦里没有缺少过你，我的灵魂！躺在床上想着，是会把你带入梦里的。

有几位广东朋友劝你我在美国赚钱，两年之后就可以回中国“起屋”了，奇怪是我没有兴趣，兴趣只在你的那间宿舍里，说不尽的温暖。

风浪今天更大了！就在我的床“隔里”响着，像一面破锣（我的床紧靠船壁）！

有一个荒谬的想法，你听了一定会发笑，我感觉好人或是有修养的人总是躲在家里不动的。只有那些坏蛋才旅行。

10．赤道日（1948年2月15日）

这是第一个十五日，称之谓赤道日（Meridian Day）。

起身得很迟，所以觉得日子过得很快，昨晚同菲律宾牧师辩论美国，他简直感恩得不堪形容，当然他是失败的。我们认为美国政府并未真正“中意”Christianity 基督教。下午同一位医生和另一位学农的谈谈，很增加了一些常识。

今天最坏的消息是船得延迟一天到旧金山（二十日早晨），没有工作做真是最凶的刑罚，多拖一日大家不免同声叹息。

吃的东西还是榨菜，三和酱菜最好。我很想家里的粥，你假使还是坐船来的话，多带那些东西，自然我赞成你坐飞机，假如是我下一次的话，也再不坐船了，经济问题到那时再想办法。

希望到 Wright 那里以后（以后的信会比较充实些），减少些颓废的气氛，一定能够的！放心吧！

Wright 这样有名的人，知道他的人极少（除了学建筑的人），沽名钓誉的人，可以知道警惕了。名和利都是无永恒价值的，佛老的看法比较彻底，我们晚年不妨在这里面找寻些趣味。

你心情怎样？假如要我回家的话，告诉我，我立刻设法返国，吻你！

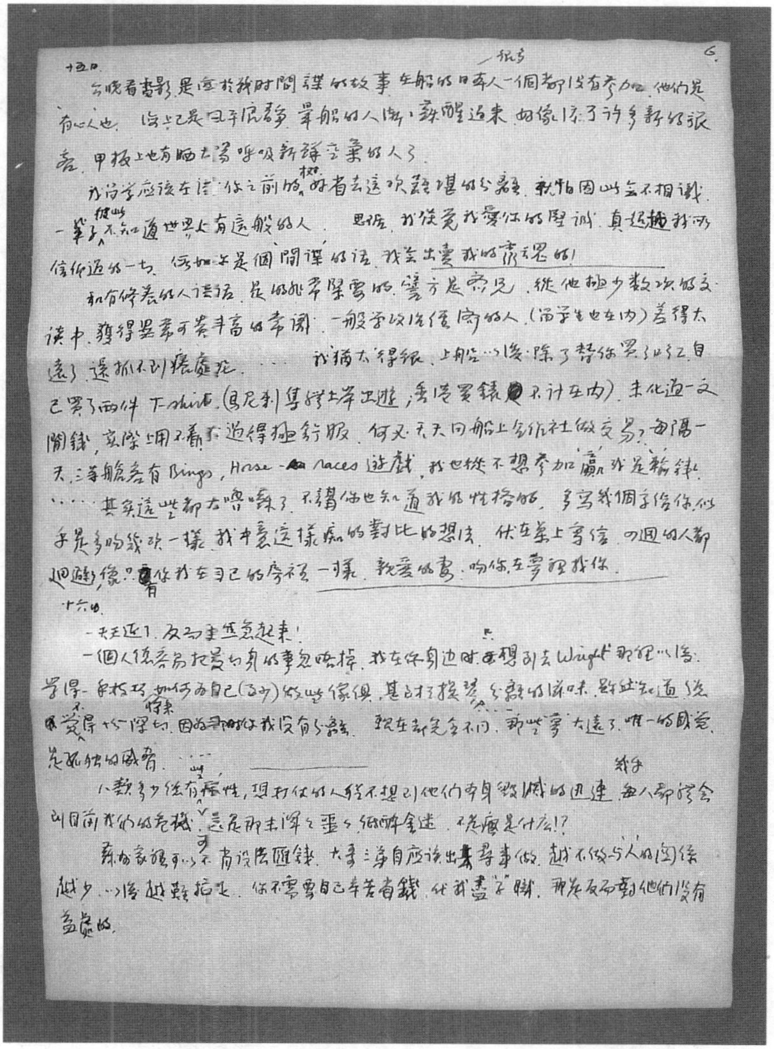

11. 风平浪静（1948年2月15日）

今晚看电影，是关于战时间谍的故事。在船的很多日本人一个都没有参加。他们是“有心人”也。海上已是风平浪静，晕船的人渐渐苏醒过来，好像添了许多新的旅客，甲板上也有晒太阳呼吸新鲜空气的人了。

我留学应该在识你之前才对，好省去这次难堪的分离，就怕因此会不相识，一辈子彼此不知道世界上有这般的人。思琚，我深觉我爱你的坚诚，真超越我所信仰过的一切，假如你是个“间谍”的话，我会出卖我的灵魂的！

和有修养的人谈话，是非常紧要的。譬方是齐兄，从他极少数次的交谈中，获得异常可贵丰富的常识，一般学政治经济的人（留学生也在内），差得太远了，还抓不到痒处呢……我“犹太”得很，上船以后除了替你买了口红，自己买了两件 T–shirt 体恤衫（马尼拉集体上岸出游；香港买表不计在内），未花过一文闲钱，实际上用不着！我过得极舒服，何必天天同船上合作社做交易？每隔一天，三等舱客有 Bingo 一种赌博游戏、Horse–races 赛马游戏，我也从不想参加“赢”或是“输”钱……其实这些都太啰嗦了，不讲你也知道我的性格的，多写几个字给你似乎是多吻几次一样，我中意这样痴的对比的想法。伏在桌上写信，四周的人都回避了，像只有你我在自己的房里一样，亲爱的妻，吻你，在梦里找你。

12. 孤独的威胁（1948年2月16日）

一天天近了，反而更焦急起来！

一个人很容易把最切身的事忽略掉，我在你身边时只想到去 Wright 那里以后，学得一手技巧，将来如何为自己（至少）做些家具，甚至于提琴……分离的滋味虽然知道，总觉不得十分深切，因为那时你我没有分离，现在都完全不同，那些梦太远了，唯一的感觉是孤独的威胁……

人类多少总有些疯性，想打仗的人总不想到他们本身毁灭的迅速，几乎每人都体会到目前我们的危机，可还是那么浑浑噩噩，纸醉金迷，不是疯是什么！？

苏州家里可以不消设法汇钱，大哥三弟自应该出去寻事做。越不做与“人”的关系越少，以后越难插足，你不需要自己辛苦省钱，代我尽“子”职，那是反而对他们没有益处的。

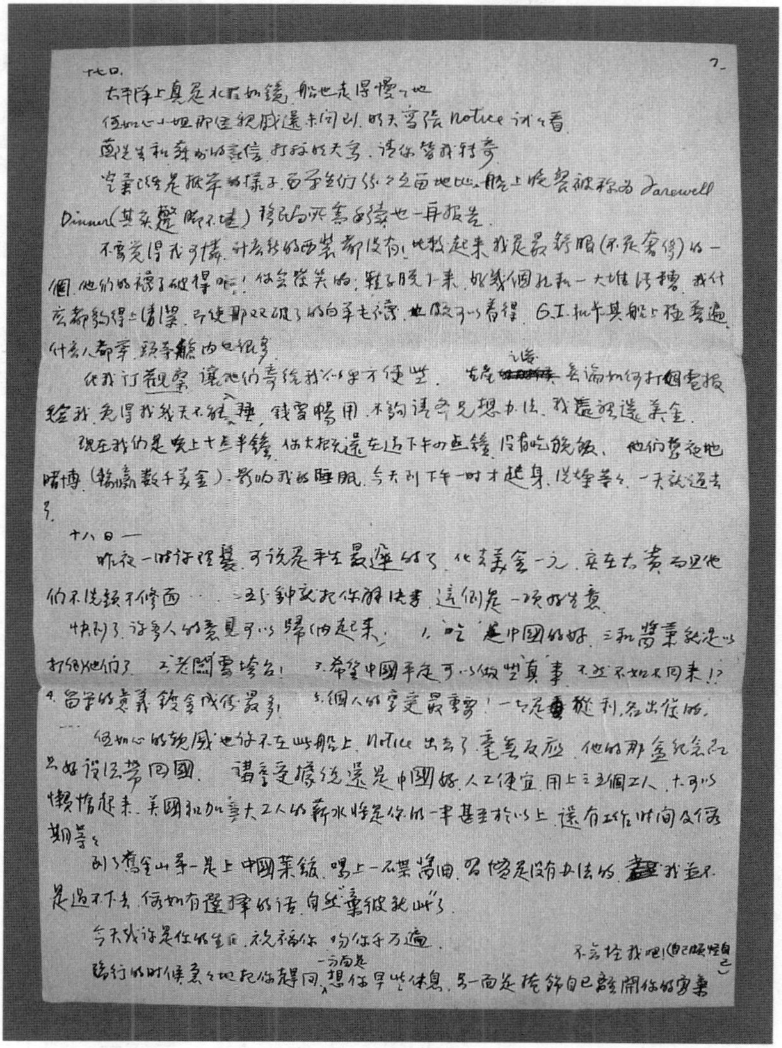

13. 抵岸的空气（1948年2月17日）

太平洋上真是水明如镜，船也走得慢慢地。

伍如心小姐那位亲戚还未问到，明天写张 notice 告示试试看。

郑先生和苏州的家信，打算明天写，请你替我转寄。

空气已经是抵岸的样子，留学生们纷纷互留地址，船上晚餐被称为

Farewell Dinner告别晚宴（其实蹩脚不堪），移民局所需手续也一再报告。

不要觉得我可怜，什么新的西装都没有！比较起来我是最舒服（不是奢侈）的一个。他们的袜子破得啊！你会嗤笑的，鞋子脱下来，好几个孔和一大堆污糟。我什么都够得上清洁，即使那双破了的白羊毛袜，也颇可以看得，G.I.军用品和卡其船上极普遍，什么人都穿，头等舱内也很多。

代我订《观察》，让他们寄给我似乎方便些。生产之后无论如何打电报给我，免得我几天不能入睡。钱要畅用，不够请齐兄想办法，我这里还美金。

现在我们是晚上十点半钟，你大概还在过下午四点钟，没有吃晚饭。他们整夜地赌博（输赢数千美金），影响我的睡眠，今天到下午一时才起身、洗澡等等，一天就过去了。

14. 快到了（1948年2月18日）

昨夜一时许理发，可说是平生最迟的了，化去美金一元，实在太贵而且他们不洗颜不修面……三五分钟就把你解决了，这倒是一项好生意。

快到了，许多人的意见可以归纳起来。①“吃”是中国的好，三和酱菜就足以打倒他们了。②“老板”（蒋介石）要垮台！③希望中国平定，可以做些“真”事，不然不如不回来！？④留学的意义镀金成分最多！⑤个人的享受最重要！一切是从利、名出发的……

伍如心的亲戚也许不在此船上，notice出去了，毫无反应，他的那盒纪念品只好设法带回国。讲享受据说还是中国好，人工便宜，用上三五个工人，大可以懒惰起来，美国和加拿大工人的薪水将是你的一半甚至于以上，还有工作时间及假期等等。

到了旧金山第一是上中国菜馆，喝上一碟酱油，习惯是没有办法的，我并不是过不下去，假如有选择的话，自然“弃彼就此”了。

今天或许是你的生日，祝福你，吻你千万遍。

临行的时候急急地把你赶回，一方面是想你早些休息，另一方面是掩饰自己离开你的勇气，不会怪我吧（自己颇怪自己）！

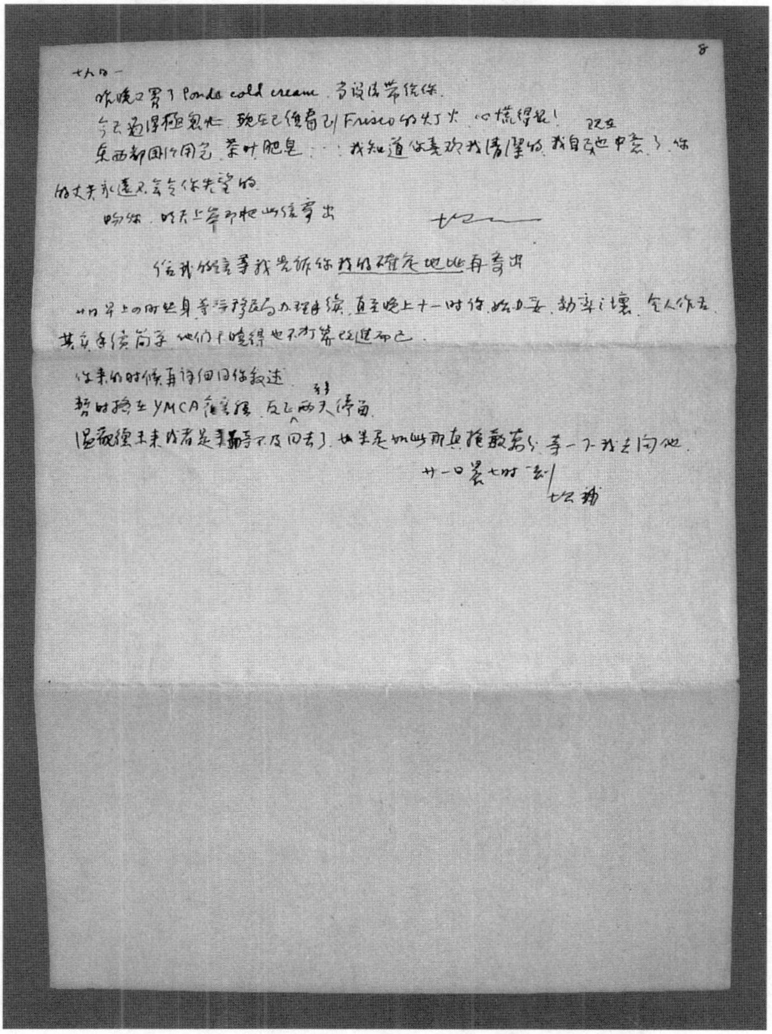

8

十九日一

昨晚又买了Ponds cold cream，当设法带给你。

今天过得极匆忙，现在已经看到Frisco的灯火，心慌得很！

东西都刚刚用完，茶叶、肥皂……我知道你喜欢我清洁的，我自己现在也中意了，你的丈夫永远不会令你失望的。

吻你，明天上岸即把此信寄出 [illegible]

[illegible]

廿日早上四时起身，等候移民局办理手续，直至晚上十一时始办妥，[illegible]，[illegible]其实手续简单，他们不晓得也不打紧[illegible]而已。

你来的时候再详细同你叙述。

暂时换在YMCA宿舍，反正两天停留。

[illegible]

廿一日晨七时一刻

[illegible]

15．旧金山的灯火（1948年2月19日）

昨晚又买了 Ponds cold cream 旁氏冷霜，当设法带给你。

今天过得极匆忙，现在已经看到 Frisco 的灯火，心慌得很！

东西都刚刚用完，茶叶、肥皂……我知道你喜欢我清洁的，我自己现在也中意了，你的丈夫永远不会令你失望的。

吻你。明天上岸即把此信寄出。

坦

给我的信等我先告诉你我的确定地址再寄出。

二十日早上四时起身，等待移民局办理手续，直至晚上十一时许，始办妥，效率之坏，令人乍舌，其实手续简单，他们不晓得也不打算改进而已。

你来的时候再详细同你叙述。

暂时挤在 YMCA 基督教青年会宿舍里，反正至多两天停留。

温观德未来或者是来而等不及回去了，如果是如此那真抱歉万分，等一下我去问他。

二十一日晨七时一刻

坦补

二、在那边

（1948 留美家书二）

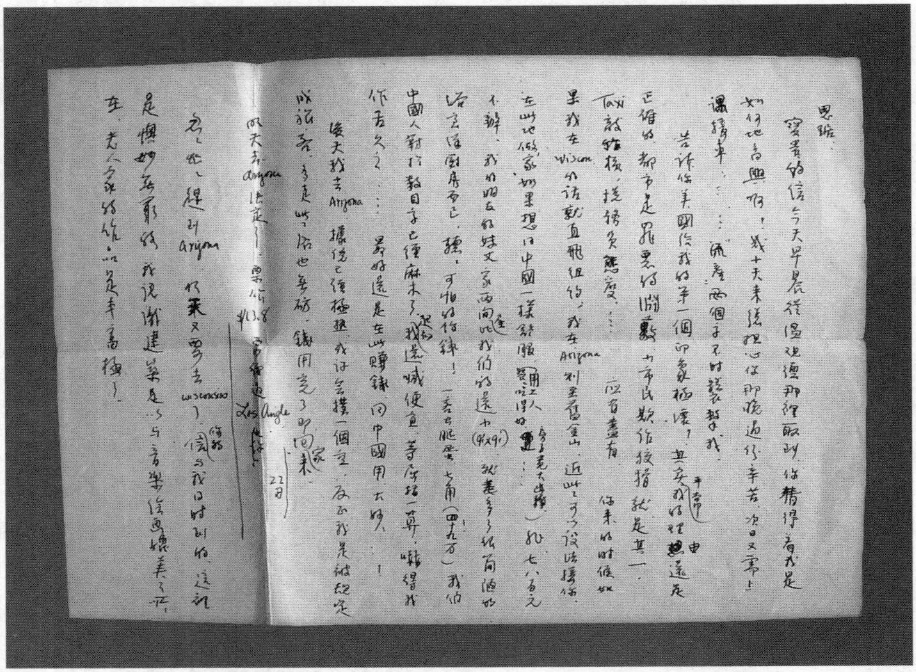

1. 第一印象（1948年2月）

思琚：

宝贵的信今天早晨从温观德那里取到，你猜得着我是如何地高兴啊！几十天来总担心你那晚过分辛苦，次日又需上课挤车，“流产”两个字不时侵袭我。告诉你美国给我的第一个印象极坏。其实平常我的理由还是正确的，都市是罪恶的渊，小市民欺诈、狡猾就是其一。Taxi 敲竹杠，税务员态度……应有尽有，你来的时候如果我在 Wisconsin 威斯康星的话就直飞纽约，我在 Arizona 亚利桑那则至旧金山，近些可以设法接你。在此地做家如果想同中国一样舒服（用工人餐餐吃得好，房子宽大幽静）非七、八百元不办，我的朋友的妹丈家两间屋比我们的还小（9′×9′），就差多了，很简陋的浴室厨房而已。听听，可怕的价钱！

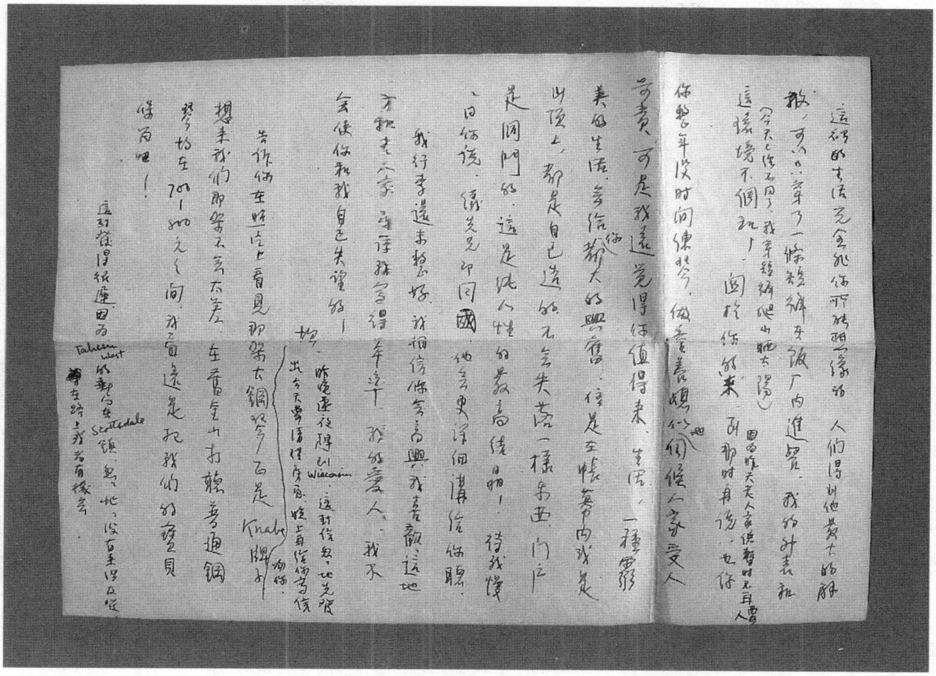

一盘火腿蛋七角（四十九万）。我们中国人对于数目字已经麻木了，起初我还喊便宜，等屈指一算吓的我乍舌久之……最好还是在此赚钱，回中国用大妙！

后天我去 Arizona，据说已经极热，或你会扑一个空，反正我是被规定成旅客，多走些路也无妨，钱用完了即回家来。明天去 Arizona，决定了，票价 13.8 美金，要经过 Los Angles，也许。

匆匆忙忙赶到 Arizona，明天又要去 Wisconsin 了，你的信与我同时到的。这里是奥妙无穷的，我认识建筑足以与音乐绘画媲美之所在。老人家的作品是丰富极了。

这里的生活完全非你所能想像的，人们得到他最大的解放。可以只穿了一条短裤在饭厅内进餐，我的外表和这环境不调和！（今天已经不同了，我穿短裤爬山晒太阳。）关于你的来，到那时再说，因为昨天老人家说暂时不再要人。也许你整年没时间练琴，做童养媳似地伺候人家，受人苛责，可是我还觉得你值得来。生活，一种灵美的生活，会给你多大的兴奋！住是在帐幕内或是山顶上，都是自己造的，不会失落一样东西，门户是洞门的，这是纯人性的最高结晶！

西泰里埃森（汪坦摄）

待我慢慢同你说。仪先兄即回国，他会更详细讲给你听。

我行李还未整好，我相信你会高兴我喜欢这地方和老人家，原谅我写得草率，我的爱人，我不会使你和我自己失望的!

坦

昨晚连夜赶到 Wisconsin，这封信匆匆地先发出。今天要清理房屋，晚上再给你写信。吻你。

告诉你在照片上看见那架大钢琴正是 Knabe 克纳贝，始建于 1837 年，美国最大的钢琴品牌牌子的。想来我们那架不会太差，在旧金山打听，普通钢琴均在 700 ~ 800 元之间，我看还是把我们的宝贝保留吧!

这封发得很迟，因为 Taliesin West 西泰里埃森的邮局在 Scottdale 镇，匆匆忙忙没有来得及发，在路上或者有机会。

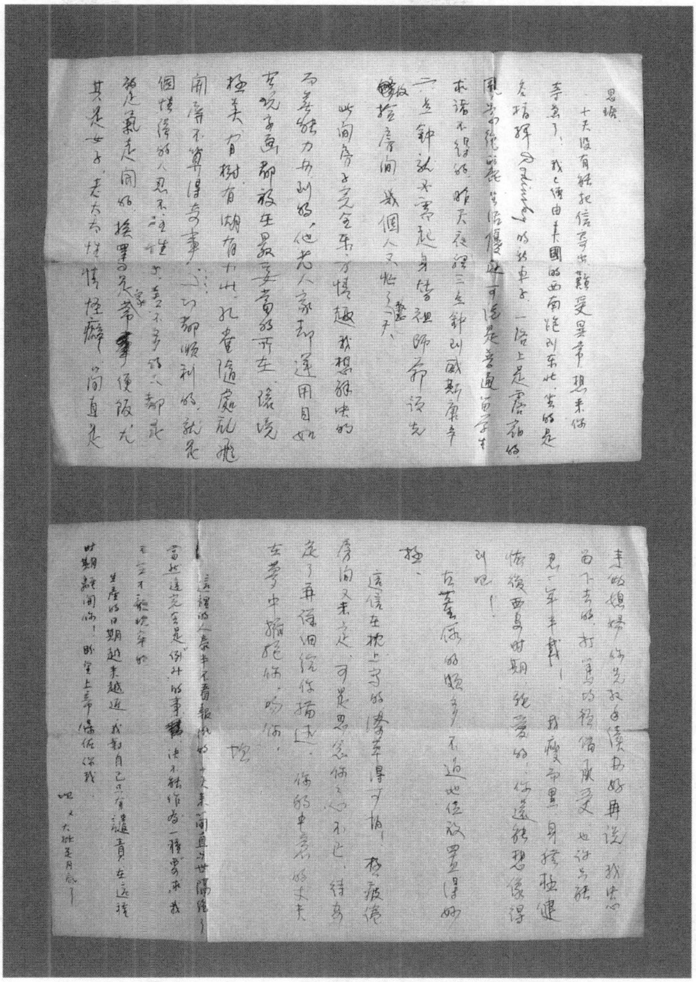

2. 与音乐相呼的建筑（1948年3月）

思琚：

十天没有能把信寄出，难受异常，想来你等急了！我已经由美国的西南跑到东北，坐的是名指挥 Rodinsky 罗丁斯基的新车子，一路上是露宿的，风景绝丽，

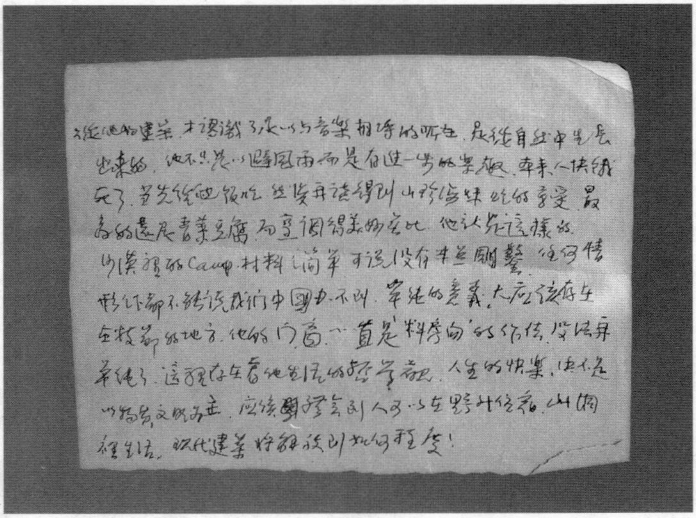
从他的建筑，才认识了原以为音乐相等的所在，是从自然中生长
出来的，他不只是以遮风雨而是有进一步的崇高。本来人快饿
死了，首先给他饭吃，然后再谈得到山珍海味的享受，最
高的还是青菜豆腐，而烹调得美妙无比。他认为这样的

生活悠游可说是普通留学生求之不得的。昨天夜里三点钟到威斯康星，六点钟就必需起身替祖师爷预先收拾房间，几个人又忙了一整天。

此间房子完全东方情趣，我想解决的而无能力办到的，他老人家却运用自如，古玩字画都放在最妥当的所在，环境极美，有树有湖有小山，孔雀随处乱飞，开屏不算得奇事……一切都顺利的，就是个性强的人忍不住性子，差不多的人都是憋气走开的。挨骂是家常便饭，尤其是女子，老太太性情怪癖，简直是来做媳妇。你先把手续办好再说，我决心留下去的。打骂均预备承受，也许只能忍一年半载！我瘦而黑，身体极健，恢复到西安时期。亲爱的！你还能想像得到吧！

古董假的颇多，不过地位放置得妙极。

这信在枕上写的，潦草得可怕！极疲倦，房间又未定，可是思念你的心不已，待安定了再详细给你描述。你的中意的丈夫在梦中拥抱你，吻你。

坦

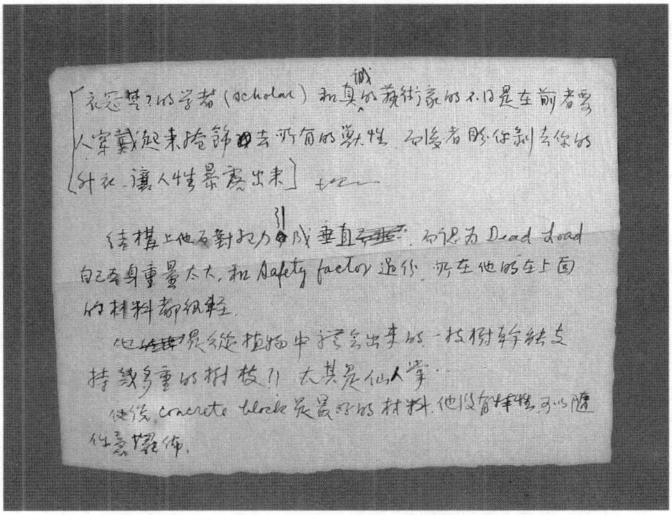

〔……的学者(scholar)和真诚的艺術家的不同是在前者要人家戴起来掩飾去所有的个性，而後者能够剝去你的外衣，讓人性暴露出来〕

結構上他不對抗力引成垂直，而認為Dead load自己本身重量太大，和Safety factor過份，所在他的在上面的材料都很輕。

他是從植物中学会出来的一枝樹幹能支持幾多重的樹枝们，尤其是仙人掌。

他從concrete block是最好的材料，他没有什么可以随他意作。

这里的人大半不看报纸的，十天来简直与世隔绝了，当然这完全是“例外”的事，决不能作为一种“要求”，我不会不顾现实的。

生产的日期越来越近，我对自己只有谴责，在这种时期离开你！盼望上帝保佑你我。

坦
大概是月底了

从他的建筑，才认识了足以与音乐相呼的所在，是从自然中生长出来的，他不只是以避风雨，而是有进一步的乐趣。本来人快饿死了，当先给他饭吃，然后再谈得到山珍海味吃的享受。最高的还是青菜豆腐，而烹调得美妙无比，他就是这样的。

沙漠里的 Camp 营地材料之简单，可说没有半点雕凿，任何情形之下都不能说我们中国办不到，单纯的意义，大应该存在在枝节的地方，他的门窗……真是“料房间”的做法，没法再单纯了，这里存在着他生活的哲学观。人生的快乐，绝不是以物质文明为主。应该体会到人可以在野外住宿，山洞里生活，现代建筑将解放到如何程度！

衣冠楚楚的学者（scholar）和真诚的艺术家的不同在于，前者要人穿戴起来掩饰去所有的兽性，而后者盼你剥去你的外衣，让人性暴露出来。

坦

结构上他反对把力引成垂直，而认为 Dead load 静荷载自己本身重量太大，和 Safety factor 安全系数过分，所以他的建筑在上面的材料都很轻。

他是从植物中体会出来的，一枝树杆能支持几多重的树枝？！尤其是仙人掌……

他说 Concrete block 混凝土块是最好的材料，它没有特性，可以随你意摆布。

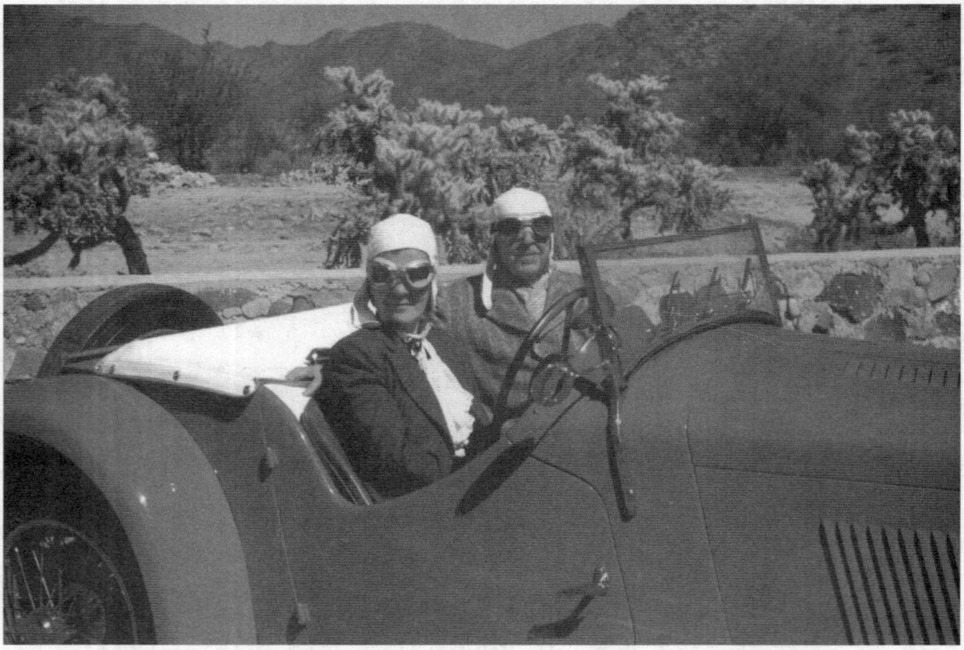

1948 年迁徙途中的赖特夫妇（源自 Lois Davidson Gottlieb. A WAY OF LIFE：An Apprenticeship with Frank Lloyd Wright. The Images Publishing Group Pty Ltd，2001：223.）

西泰里埃森（汪坦摄）

西泰里埃森（汪坦摄）

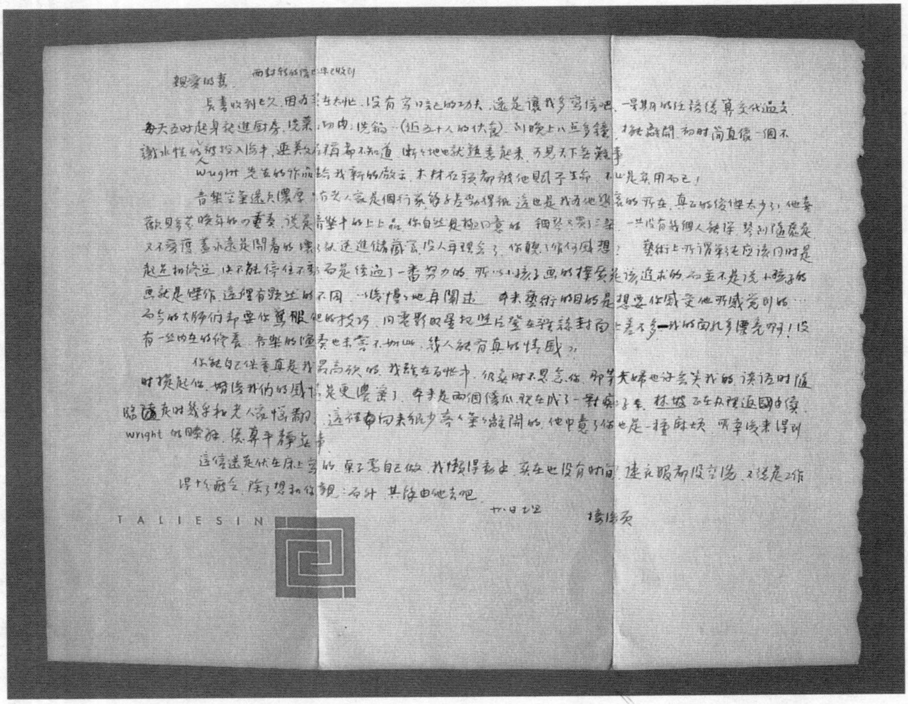

3. 艺术的目的（1948年4月18日）

亲爱的妻，两封转的信也早已收到。

长书收到已久，因为实在太忙，没有写日记的功夫，还是让我多写信吧，一星期的任务总算交代过去。每天五时起身进厨房，洗菜、切肉、洗锅……（近五十人的伙食），到晚上八点多钟才能离开。初时简直像一个不识水性的人被投入海中，连英文名称都不知道，渐渐地也就熟悉起来，可见天下无难事！

Wright 先生的作品给我新的启示，木材石类都被他赋予生命，不止是实用而已！

音乐空气还欠浓厚，只有老人家是个行家，其余差劲得很，这也是我为他悲哀之所在。真正的俊杰太少了！他喜欢贝多芬晚年的四重奏，说是音乐中的上上品，你自然是极同意的。钢琴又买了三架，一共没有几个人能弹，琴倒随处是，又不爱护，盖永远是开着的，坏了就送进储藏室，没人再理会了，你听了作何感想？艺术上所谓单纯应该同时是起点和终点，决不能停住不动，而是经过了一番努力的，所以小孩子的画的朴质是该追求的，而并不是说小孩子的画就是杰作，这里有显然的不同，以后慢慢地再阐述。本来艺术的目的是想要你感受他所感觉到的……而今的大师们却要你惊服他的技巧，同电影明星把照片登在新杂志封面上差不多——我的面孔多漂亮啊！没有一丝内在的修养，音乐的演奏也未尝不如此，几人能有真的情感？

你能自己保重真是我最高兴的，我虽在百忙中，仍无时不思念你，邵芳夫妇也许会笑我的，谈话时随时提起你，婚后我们的感情是更浓密了，本来是两个傻瓜，现在成了一对痴子。林坡正在办理返国手续，临走时几乎和老人家闹翻了，这里向来很少客客气气离开的。他中意了你也是一种麻烦，所幸后来得到 Wright 的理解，总算平静无事。

这信还是伏在床上写的，桌子需自己做，我懒得动手，实在也没有时间，连衣服都没空洗，又总是工作得十分疲乏，除了想和你亲亲而外，其余由他去吧。

坦

西泰里埃森（汪坦摄）

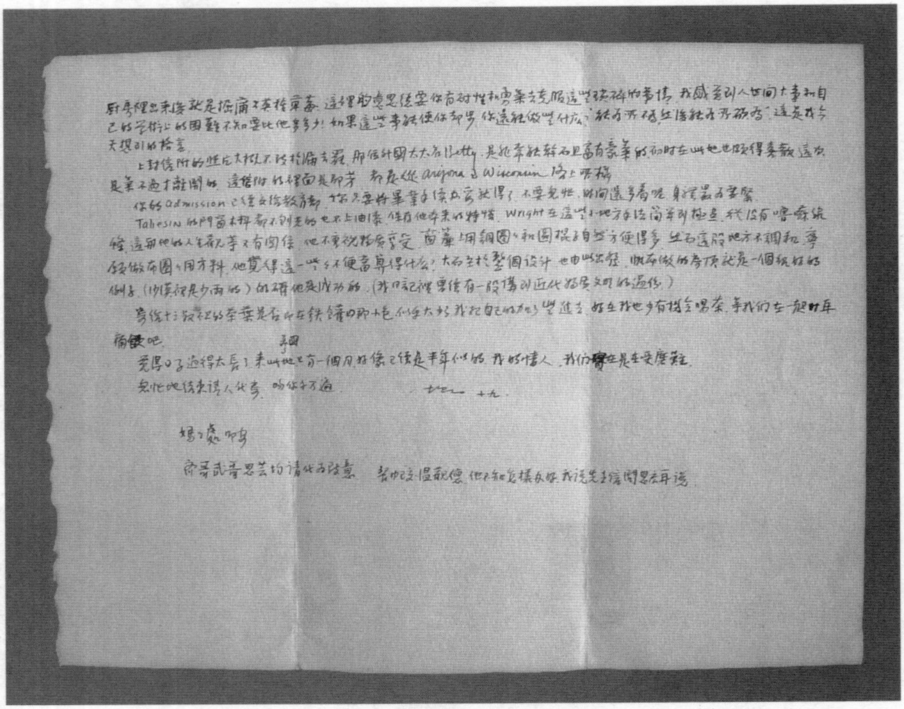

4. 本来的特性（1948年4月19日）

厨房里出来后就是掘蒲公英、种草莓，这里的意思总要你有耐性和勇气去克服这些琐碎的事情。我感觉到人世间大事和自己的学术上的困难不知要比它多多少！如果这些事能使你却步，你还能做些什么？“能为所不为，然后能为所欲为”，这是我今天想到的格言。

上封信附的照片大概不至于漏去罢，那位外国太太名叫 Betty 贝蒂，是非常能干而且富有豪气的，初时在此地也颇得喜欢，这次是气不过才离开的。这信附的里面是邵芳，都是从 Arizona 至 Wisconsin 路上所摄。

你的 admission 已经交给教育部，你只要将毕业手续办妥就得了，不要匆忙，时间还多着呢，身体最为要紧。

Taliesin 的门窗木料都不刨光的，也不上油漆，保存它本来的特性。

Wright 在这些小地方的手法简单到极点，从没有啰嗦线条，这与他的人生观等又有关系。他不重视物质享受，窗帘上用钢圈圈和圆棍子自然方便得多，然而这段地方不调和，宁愿做布圈圈用方料，他觉得这一些不便当算得什么？大而至于整个设计，也由此出发，帆布做的房顶就是一个很好的例子（沙漠里是少雨的），的确他是成功的（我日记里曾经有一段讲到近代物质文明的过分）。

寄给十三叔里的茶叶是否即在铁罐内那小包，似乎太少了，我把自己的加了些进去，好在我也少有机会喝茶。等我们在一起时再痛饮吧。

觉得日子过得太长了，来此地（美国）只有一个月，好像已经是半年似的。我的情人，我们实在是在受磨难。

匆忙地结束，请人代寄，吻你千万遍。

坦　十九日

妈妈处叩安

齐哥武哥思芸均请代为致意。餐巾已交温观德，他不知怎样办好，我说先去信问思宏再说。

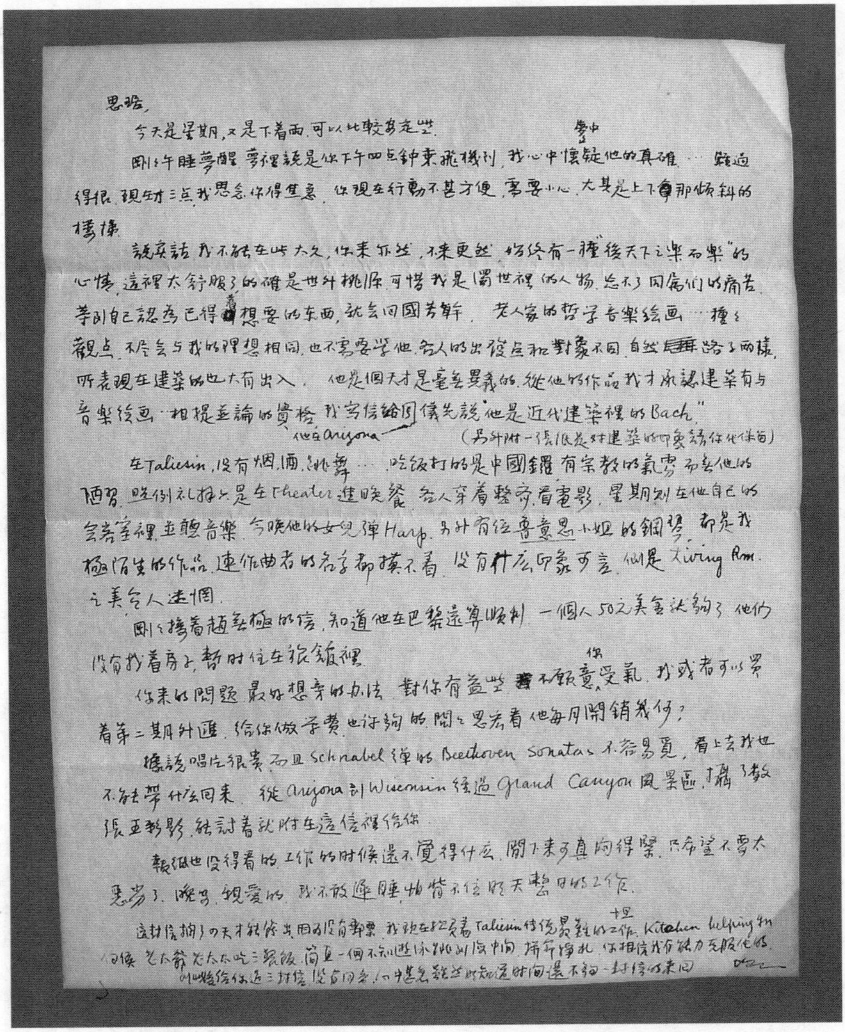
思琚，

今天是星期，又是下着雨，可以比较安定些。

刚刚午睡梦醒，梦里说是你下午四点钟乘飞机到，我心中（梦中）怀疑他的真确……难过得很，现在才三点，我思念你得要命，你现在行动不甚方便，需要小心，尤其是上下那倾斜的楼梯。

说实话，我不能在此太久，你来不来，不来更然，仍然有一种"后天下之乐而乐"的心情，这里太舒服了的确是世外桃源，可惜我是尘世里的人物，忘不了同胞们的痛苦，等到自己认为已得到想要的东西，就会回国去干。老人家的哲学音乐绘画……种种观点，不会与我的理想相同，也不需要学他，各人的出发点和对象不同，自然走了两样，所表现在建筑的也大有出入。他是个天才是毫无异义的，从他的作品我才承认建筑有与音乐绘画相提并论的资格，我写信给同仪先说"他是近代建筑里的Bach."（他在Arizona）

（另外附一张很美的建筑的印象请你代保留）

在Taliesin，没有烟，酒，跳舞……吃饭打的是中国锣，有宗教的气氛而无他的陋习，照例礼拜六是在theater进晚餐，各人穿着整齐，看电影，星期天在他自己的会客室里，去听音乐，今晚他的女儿弹Harp，另外有位鲁意思小姐的钢琴，都是我极陌生的作品，连作曲者的名字都摸不着，没有什么印象可言，但是Living Rm. 之美令人迷惘。

刚刚接着赵无极的信，知道他在巴黎还算顺利，一个人50元美金就够了，他们没有找着房子，暂时住在旅馆里。

你来的问题最好想个办法，对你有益些，你不愿意受气，我或者可以买着第二期外汇，给你做学费也许够的，闷闷思虑着他每月开销几何？

据说唱片很贵，而且Schnabel弹的Beethoven sonatas不容易觅，看上去我也不能带什么回来。从Arizona到Wisconsin经过Grand Canyon风景区，摄了数张五彩影，能试着就附在这信里给你。

钱倒也没得着的，工作的时候还不觉得什么，闲下来了真闷得紧，只希望不要太忍劳了，晚安，亲爱的，我不敢迟睡，怕不能明天整日的工作。

这封信搁了几天才能发出因为没有邮票，我现在担任着Taliesin [illegible] 的工作，Kitchen helping 和伺候老太爷老太太吃三顿饭 [illegible] 你相信我有能力 [illegible]

[illegible] 这三封信没有回音 [illegible] 时间还不够一封信的来回

5．近代建筑里的巴赫（1948年5月）

思琚：

今天是星期天，又是下着雨，可以比较安定些。

刚刚午睡梦醒，梦里说是你下午四点钟乘飞机到，我心中（梦中）怀疑它的真切……难过得很。现在才三点，我思念你得焦急，你现在行动不甚方便，需要小心，尤其是上下那倾斜的楼梯。

说实话，我不能在此太久，你来亦然，不来更然，始终有一种"后天下之乐而乐"的心情，这里太舒服了，的确是世外桃源，可惜我是浊世里的人物，忘不了同属们的痛苦，等到自己认为已得着想要的东西，就会回国苦干。老人家的哲学音乐绘画……种种观点，不尽会与我的理想相同，也不需要学他，各人的出发点和对象不同，自然路子两样，所表现在建筑的也大有出入。他是个天才，是毫无异议的，从他的作品我才承认建筑有与音乐、绘画……相提并论的资格。我写信给周仪先（他在 Arizona）说"他是近代建筑里的 Bach"（另外附一张纸是对建筑的印象请你代保留）。

在 Taliesin，没有烟、酒、跳舞……吃饭打的是中国锣，有宗教的气氛而无其他的陋习，照例礼拜六是在 Theater 剧场进晚餐，各人穿着整齐看电影。星期天则在他自己的会客室里，听音乐。今晚他的女儿弹 Harp 竖琴，另外有位路易斯小姐的钢琴，都是我极陌生的作品，连作曲者的名字都摸不着，没有什么印象可言，倒是大 Living Room 起居室之美令人迷惘。

汪坦先生、马思琚先生和赵无极先生（汪坦先生家藏）

刚刚接着赵无极的信，知道他在巴黎还算顺利，一个人50元美金就够了，他们没有找着房子，暂时住在旅馆里。

你来的问题，最好想旁的办法，对你有益些，不愿意你受气，我或者可以买着第二期外汇，给你做学费，也许够的，问问思宏看他每月开销几何?

据说唱片很贵，而且Schnabel施纳贝尔，Artur Schnabel，1882—1951年，美籍奥地利钢琴家、作曲家兼音乐教育家弹的Beethoven Sonatas贝多芬奏鸣曲不容易觅，看上去我也不能带什么回来，从Arizona到Wisconsin经过Grand Canyon大峡谷风景区，摄了数张五彩影，能讨着就附在这信里给你。

报纸也没得看的，工作的时候还不觉得什么，闲下来可真闷得紧，只希望不要太恶劣了。晚安，亲爱的，我不敢迟睡，怕背不住明天整日的工作。

坦

这封信搁了四天才发出，因为没有邮票，我现在担负着Taliesin传说中最难的工作。Kitchen helping帮厨和伺候老太爷、老太太吃三餐饭，简直一个不知游泳的人跳到海中间，拼命挣扎，你相信我有能力克服它的。

到此后给你过三封信，没有回音！心中甚急，虽然明知道时间还不够一封信的来回。

坦

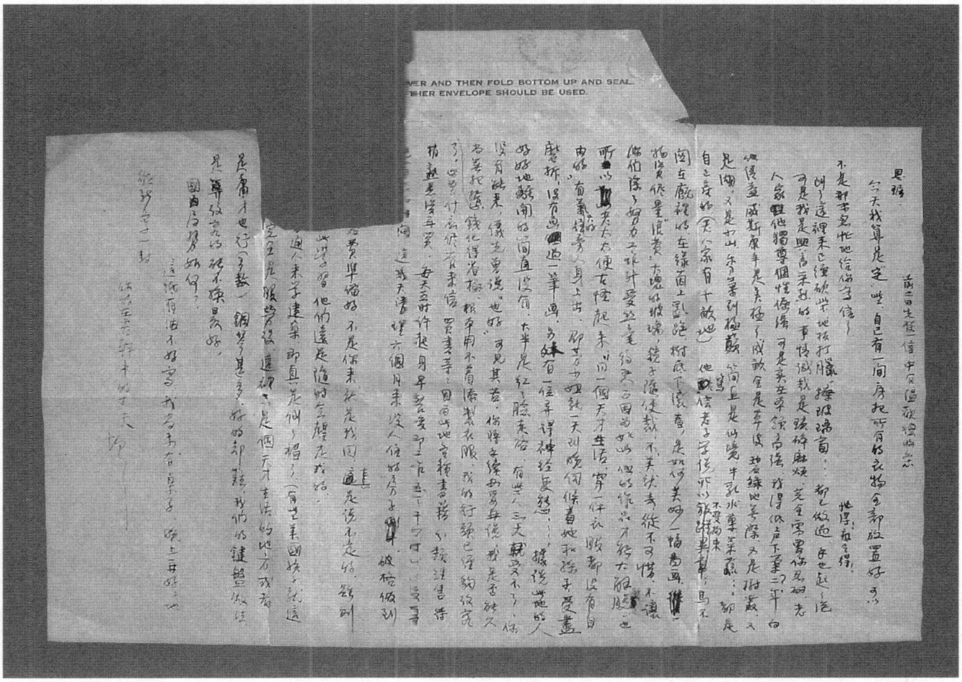

6．苦干中（1948年5月）

思琚：

今天我算是“定”些，自己有一间房把所有的衣物全部放置好，可以不是那么匆忙地给你写信了。忙得！疲乏得！

到了这里来砍柴、地板打蜡、擦玻璃窗……都已做过，手也起了泡。可是我是兴高采烈的，事情诚哉是琐碎麻烦，完全需要你忍耐。老人家唯他独尊，个性倔强，可是实在本领高强，我得低声下气二年？向他请益。威斯康星是美极了，成亩全是草皮，碧绿地无际，又是树丛，又是湖，又是小山，秀气到极点，简直是仙境。牛乳、水果、菜蔬……都是自己产的（老人家有千亩地），他笃信老子学说，所以不受拘束。马不关在厩里的，在绿茵上乱跑，树底下滚着，是如何美妙一幅图画。物资尽量“浪费”，大块的玻璃、镜子随便裁，不美就丢，从不可惜，不让你们除了努力工作外受丝毫约束。正因为如此，他的作品才能大解脱，也所以老太太便古怪起来。“同一个天才生活，穿一件衣服都没有自由的”，有气只好往旁人身上出。邵芳小姐就一天到晚伺候着她和孙子，受尽折磨，没有画过一笔画。另外有一位弄得神经变态……据说此地的人没有能好好离开的，简直没有，大半是红了脸走的，有些人三天就受不了，你没有能来仪先曾说“也好”，可见其苦。你将手续办妥再说，我是否能久，尚无把握，钱花得省极，根本用不着添置衣服，我的行头已经够考究了，你要什么尽管来信。买书等等因为此地各种书籍分类销售，待稍熟悉后再买。每天五时许起身，早餐后即工作至下午四时止，以后算是自己的时间。这几天清理六个月来没人住的房子，破格做到……

路费准备好，不是你来就是我回，真是说不定的。虽则……在此学习，他们还是随时会赶走我的……普通人来学建筑，那真是倒了霉了，有些美国孩子就说这完全是服劳役。这里只是个天才生活的地方或者是庸才也行（多数），钢琴甚多，好的却难，我们的键盘做法是算考究的，能不换最好。

国内局势如何？

这纸有油不好写，我尚未有桌子，晚上再好好地重新写一封。

你的在苦干中的丈夫

坦

泰里埃森（汪坦摄）

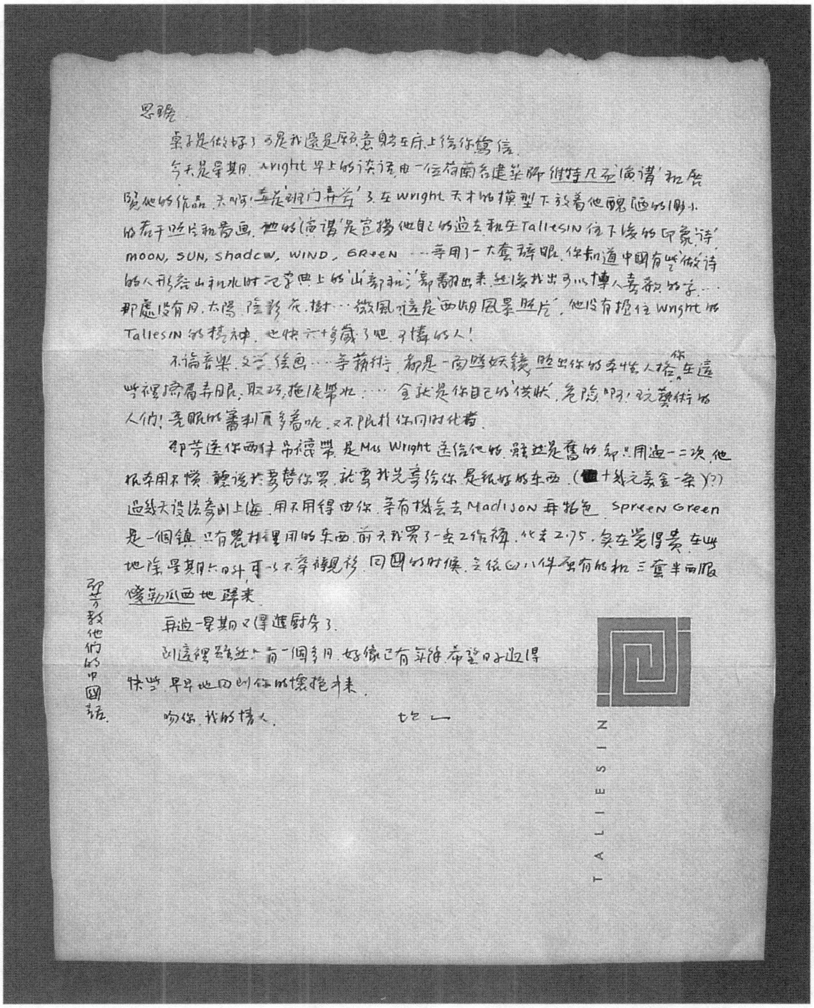

思琚

桌子是做好了可是我還是願意躺在床上給你寫信。

今天是星期天，Wright 早上的談話由一位荷蘭名建築師維特凡尔'演講'和展覽他的作品。太啊！'無是班门弄斧'了。在Wright 天才的模型下放着他醜陋的一小的若干照片和畫，他的'演講'是宣揚他自己的過去和在Taliesin 住下後的印象'詩' MOON, SUN, shadow, WIND, GREEN ……等用了一大套辭眼，你知道中國有些做詩的人形容山和水时從字典上的'山'部和'氵'部翻出來然後找出可以博人喜歡的字……那麽没有月，太陽，陰影，花，樹……微風，這是西湖風景照片，他没有摸住 Wright 的 Taliesin 的精神，也快六十多歲了吧，可憐的人！

不論音樂，文學，繪畫……等藝術，都是一面照妖鏡照出你的本性人格，你在這些裡擋着亮眼，取巧，拖泥帶水……全就是你自己的供狀，危險啊！玩藝術的人們！亮眼的審判官多着呢，又不限於你同时代者。

那芳送你兩件吊襪帶，是Mrs Wright 送給他的，雖然是舊的，却只用過一二次，他根本用不慣，聽說太多替你買，就要我先寄給你，是很好的東西。（十幾元美金一条）(?) 過幾天設法寄到上海，用不用得由你。等有機會去Madison 再於包。Spreen Green 是一個鎮，只有農村裡用的东西，前天我买了一条工作褲，化了2.75，實在覺得貴，在此地除星期六日外每一天穿被視衫，回國的时候，会给你八件所有的和三套半西服變成西地蹲來。

再過一星期又得進廚房了。

到這裡整整六有一個多月，好像已有半年，希望日子過得快些，早早地回到你的懷抱裡來。

吻你，我的情人。　　也

那芳教他們的中國話。

TALIESIN

7. 亮眼的审判官（1948年5月底）

思琚：

桌子是做好了，可是我还是愿意躺在床上给你写信。

今天是星期天，Wright 早上的谈话，围绕一位荷兰名建筑师维特凡尔“演讲”，并展览他的作品。天啊！真是“班门弄斧”了。在 Wright 天才的模型下放着他丑陋的渺小的若干照片和图画，他的“演讲”是宣扬他自己的过去和在 Taliesin 住下后的印象诗。Moon 月、sun 日、shadow 影、wind 风、green 绿……等用了一大套辞眼，你知道中国有些“做”诗的人形容山和水时把字典上的“山”部和“水”部翻出来，然后找出可以博人喜欢的字……哪处没有月、太阳、绘彩、花、树、微风……？这是“西湖风景照片”，他没有抓住 Wright 的 Taliesin 的精神，也快六十多岁了吧，可怜的人！

不论音乐、文学、绘画……等艺术，都是一面照妖镜，照出你的本性、人格。你在这些里挤眉弄眼，取巧，拖泥带水……全都是你自己的“供状”，危险啊！玩艺术的人们！亮眼的审判官多着呢，又不限于你同时代者。

邵芳送你两件吊袜带，是 Mrs Wright 赖特夫人送给她的，虽然是旧的，却只用过一二次，她根本用不惯，听说我要替你买，就要我先寄给你，是很好的东西（十几元美金一条）。过几天设法寄到上海，用不用得由你，等有机会去 Madison 麦迪逊再物色。Spreen Green 是一个镇，只有农村里用的东西，前天我买了一条工作裤，花去 2.75 美元，实在觉得贵。在此地除了星期六日外，可以不穿衬衫，回国的时候，会依旧八件原有的和三套半西服傻勒呱唧邵芳教他们的中国话的归来。

再过一星期又得进厨房了。

到这里虽然只有一个多月，好像已有年余，希望日子过得快些，早早地回到你的怀抱中来。

吻你，我的情人。

坦

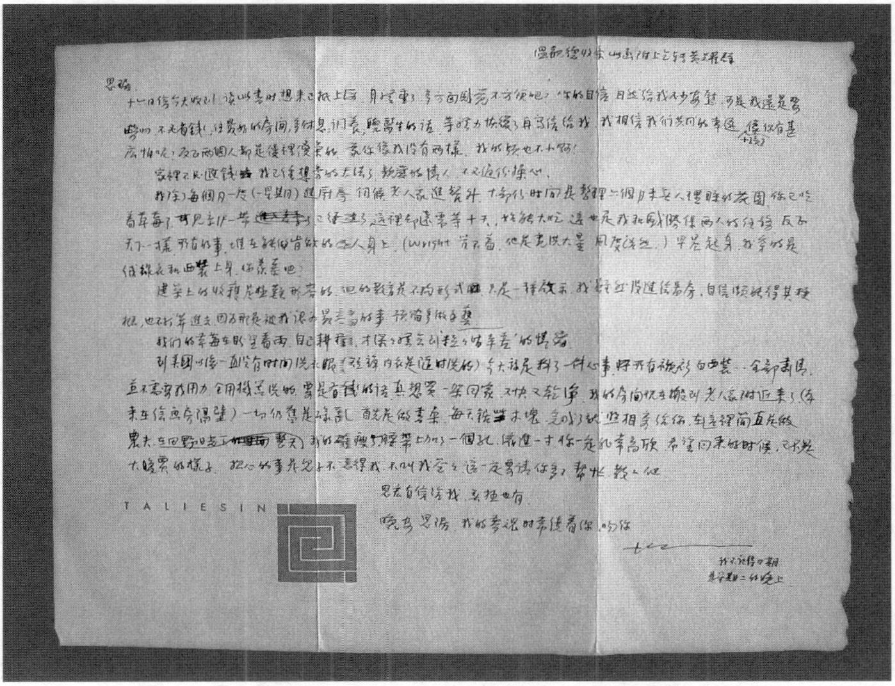
思琚

TALIESIN

8. 做农夫（1948年5月底）

思琚：

十六日信今天收到，读此书时想来已抵上海，身体重了，多方面感觉不方便吧？你的自信自然给我不少安慰，可是我还是要唠叨，不必省钱，住最好的房间，多休息、调养，听医生的话，等体力恢复了再写信给我。我相信我们共同的幸运，小孩子像你有什么怕呢？反正两个人都是傻里傻气的，像你像我没有两样，我的头也不小啊！

家里不必汇钱，我已经想旁的办法了，亲爱的情人，不必过分操心。

我除了每个月一度（一星期）进厨房，伺候老人家进餐外，大部分时间是整理六个月来无人理睬的花园。你已吃着草莓了，可见京沪一带已经热了，这里却还需等十天，始能大吃，这也是我和盛胜保两人的任务，反正天下一样，所有的事，堆在能做肯做的好人身上（Wright 管不着，他是宽宏大量，风度浩然）。早晨起身，我穿的是绒线衣和西装上身，你羡慕吧？

建筑上的收获是极难形容的，他的教育是不拘形式，只是一种启示，我虽然没进绘图房，自信颇能得其梗概，也不打算进去，因为那是被我认为最容易的事，预备多做手艺。

我们的草莓在盼望着雨，自已耕种了，才深深体会到“粒粒皆辛苦”的情绪。

到美国以后一直没有时间洗衣服（短裤、内衣是随时洗的），今天算是了一件心事，将所有衬衫、白西装全部肃清，并不需要我用力，全用机器洗的。要是有钱的话，真想买一架回家，又快又干净。我的房间现在搬到老人家附近来了（本来在绘画房隔壁），一切仍旧是碌乱。首先是做书桌，每天锯些木块，完成了就照相寄给你。在这里简直是做农夫，整天在田野日光下，我的确瘦了，腰带上加了一个孔，缩进一寸，你一定非常高兴，希望回来的时候，已不是大腹贾的样子。担心的事是儿子不认得我，不叫我爸爸，这一定要请你多多帮忙，教教他。

思宏有信给我，无极也有。

晚安，思琚，我的梦魂时常绕着你，吻你。

坦

我不记得日期

是星期二的晚上

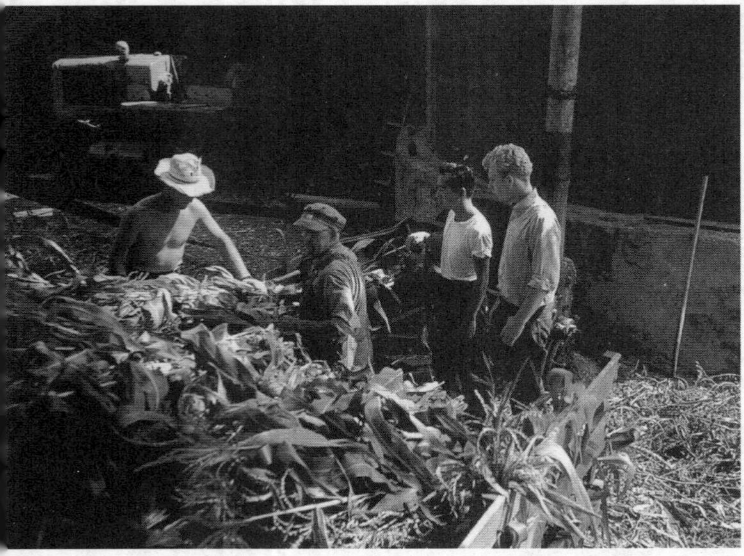

做农夫（源自 Lois Davidson Gottlieb. A WAY OF LIFE：An Apprenticeship with Frank Lloyd Wright. The Images Publishing Group Pty Ltd，2001：71.）

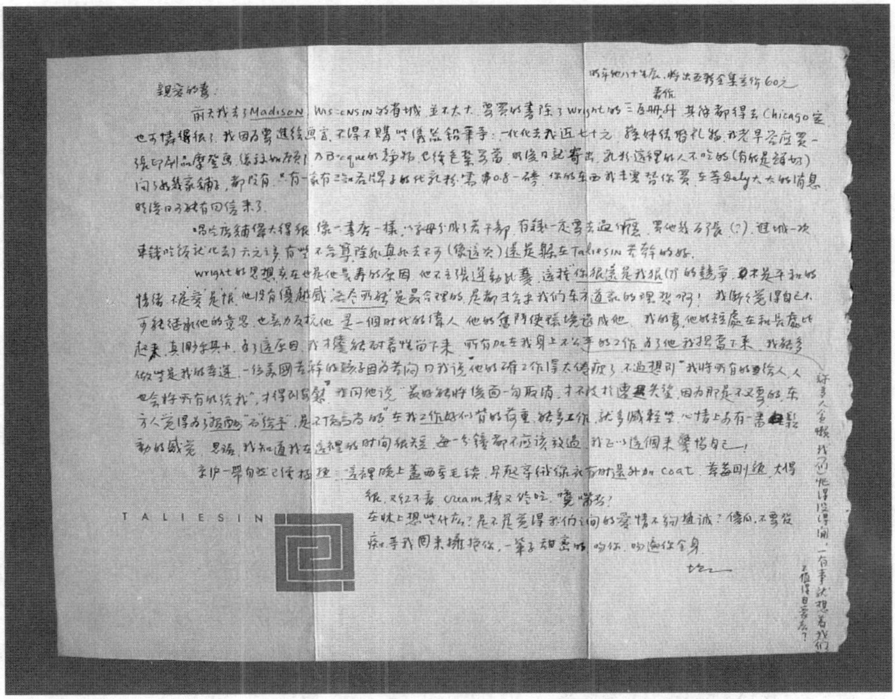

9. 赖特的思想（1948年5月底或6月初）

亲爱的妻：

前天我去了 Madison——Wisconsin 的省城，并不太大，要买的书除了 Wright 的三巨册著作外，其余都得去 Chicago 芝加哥定，也可怜得很了。明年他八十生辰，将出五彩全集，全价 60 元。我因为要进绘画室，不得不购些仪器、铅笔等，一花花去我近七十元。荪姐结婚礼物，我老早答应买一张印刷品摩登画，总算如愿了，乃 Braque 布拉克，Georges Braque，1882—1963 年，与毕加索同为立体派创始人的静物，已经包扎妥当，明后日就寄出。乳粉这里的人不吃的（有的是鲜奶），问了好几家铺子，都没有，只有一家有不知名牌子的代乳粉，需 0.8 美元一磅，你的东西我未曾替你买，在等 Dely 太太的消息，明后日可能有回信来了。

唱片店铺伟大得很，像大书店一样，以字母分成了若干部，有钱一定要去过过瘾，买他几百张。进城一次车钱、吃饭就花去了六元之多，有些不合算，除非真非去不可（像这次），还是躲在 Taliesin 苦干的好。

Wright 的思想实在也是他长寿的原因，他不主张运动比赛，这种“你狠还是我狠”的竞争，不是平和的情绪，不是“爱”，是“恨”。他没有优越感，“各尽所能”是最合理的，是多么合乎我们东方道家的理想啊！我渐渐觉得自己不可能继承他的意思，也无力反抗，他是一个时代的伟人，他的奋斗是环境造就的。我的妻，他的短处和长处比起来，真是渺乎其小。为了这原因，我才能耐着性子留下来，所有加在我身上不公平的工作（许多人贪懒，我们忙得没得闲，一有事就想着我们，不值得自豪么？）为了他我担当下来，我能多做些是我的幸运。一位美国苦干的孩子因为苦闷同我说，他的确工作得太疲倦了，不过想到“我将所有的给人，人也会将所有的给我”才得到安慰，我同他说“最好能将后面一句取消，才不至于遭遇失望，因为那是不必要的，东方人觉得为了‘报酬’而‘给予’是不顶高尚的”。在我，工作好似背的荷重，能多工作，就多减轻些，心情上另有一番松动的感觉。思琚，我知道我在这里的时间很短，每一分钟都不应该放过，我正以这个来警惕自己！

京沪一带自然已经极热了，这里晚上盖两重毛毯，早起穿绒线衣有时还外加 coat 外套。草莓刚熟，大得很，又红又香。cream 奶油、糖又尽吃，馋嘴否？

在床上想些什么？是不是觉得我们之间的爱情不够热诚？傻瓜，不要发痴，等我回来拥抱你，一辈子亲密地吻你，吻遍你全身。

坦

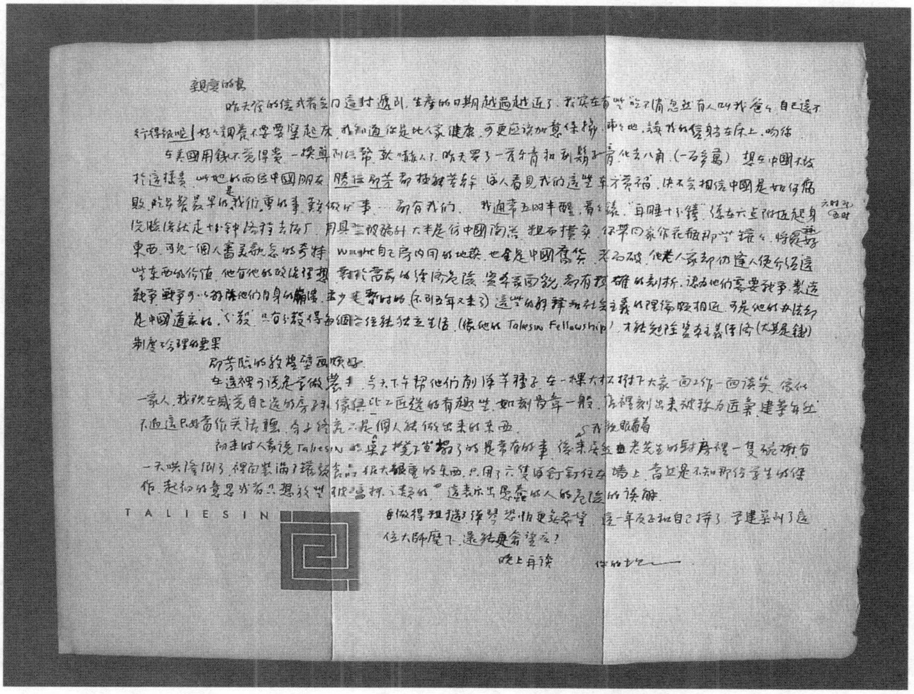

10. 一家人（1948年5月底或6月初）

亲爱的妻：

昨天发的信或许会同这封一起递到。生产的日期越来越近了，我实在有些吃不消“忽然”有人叫我爸爸，自己还不行得很呢。好好调养，不要起床，我知道你是比人家健康，可更应该加意保护。乖乖的，读我的信，躺在床上，吻你。

在美国用钱不觉得贵，一换算到法币，就吓人了。昨天买了一管牙膏和刮胡子膏，花去八角（一百多万），想在中国不至于这样贵。此地的两位中国朋友胜保和邵芳都极能苦干，洋人看见我们这些东方“黄祸”，绝不会相信中国是如此腐败。吃早餐最早的是我们，难做的事都有我们。我通常五时半醒，看看表，“再睡十分钟”，总在六点附近起身（六时即五时），洗脸后，就是十分钟路程去饭厅。用具除玻璃外大半是仿中国陶器，粗而朴实，你带回家做花瓶那些罐罐，将算是好东西，可见一个人审美观念的奇特。Wright 自己房内用的地毯，也全是中国旧货，老而破！他老人家仍逢人便介绍这些东西的价值。他有他的政治理想，对于当前的经济危机、资本家面貌，都有精确的剖析。他认为他们需要战争，制造战争，战争可以解除他们自身的崩溃，至少是暂时的（不到五年又来了）。这些解释和社会主义的理论相近，可是他的办法却是中国“道”家的——“分散”，只有分散得每个单位能独立生活（像他的 Taliesin Fellowship 泰里埃森学社），才能勉除资本主义经济（尤其是钱）制度不合理的恶果。

邵芳临的敦煌壁画颇好。

在这里可说是学做农夫，今天下午帮他们削洋芋种子，在一棵大松树下，大家一面工作、一面谈笑，像似一家人。我现在感觉自己选的房子和家具比工匠造的有趣些，如刻图章一般，店里刻出来的被称为匠气，建造亦然。不过这只好当作笑话听，房子终究不是个人能做出来的东西。

初来时人家说 Taliesin 的桌子凳子坐塌了是常有的事，后来我亲眼看着老先生的厨房里一只碗橱居然有一天轰隆倒了，里面装满了罐头食品。很大很重的东西，只用了六只洋钉钉住在墙上，当然不知是哪位学生的杰作。起初的意思或者只想放些玻璃杯之类的，这表示出愚蠢的人的危险的误解。

手做得粗糙了，弹琴恐怕更无希望，这一年反正和自己拼了，学建筑到了这位大师麾下，还能更奢望么？

晚上再谈。

你的坦

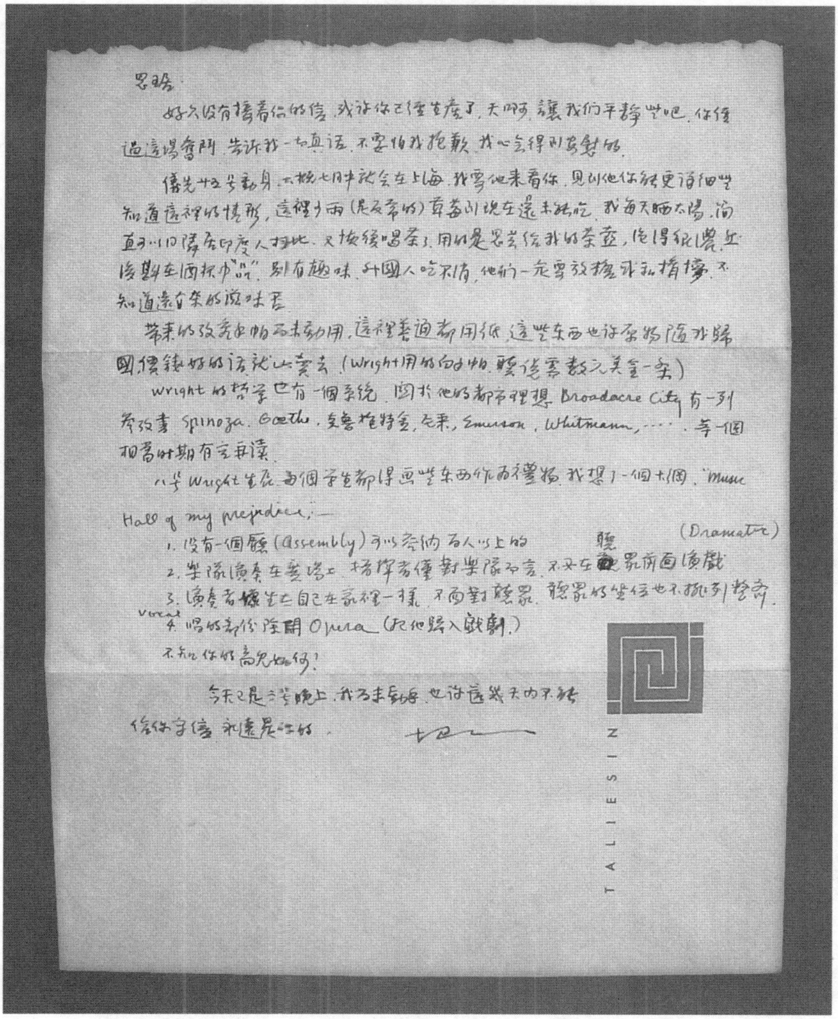

11．我偏爱的音乐厅（1948年6月3日）

思琚：

好久没有接着你的信，或许你已经生产了，天啊，让我们平静些吧，你经过这场奋斗，告诉我一些真话，不要怕我抱歉，我心里会得到安慰的。

仪先二十五号动身，大概七月中就会在上海，我要他来看你，见到他你能更详细些知道这里的情形。这里少雨（是反常的），草莓到现在还未能吃，我每天晒太阳，简直可以同邻居印度人相比。又恢复喝茶了，用的是思芸给我的茶壶，泡得很浓，然后斟在酒杯里"品"，别有趣味。外国人吃不消，他们一定要放糖或柠檬，不知道还有茶的滋味否？

带来的考究手帕当未动用，这里普通都用纸，这些东西也许原物随我归国，价钱好的话就此卖去（Wright 用的白手帕听说需数元美金一条）。

Wright 的哲学也有一个系统，关于他的都市理想 broadacre city 广亩城市，有一列参考书：Spinoza 斯宾诺莎，Goethe 歌德，克鲁泡特金，尼采，Emerson 爱默生，Whitman 惠特曼……等一个相当时期有空再读。

八号 Wright 生辰，每个学生都是画些东西作为礼物，我想了一个大纲"Music Hall of my Prejudice 我偏爱的音乐厅"：

①没有一个厅（assembly）能容纳百人以上的；

②乐队演奏在广场上，指挥者仅对乐队而言，不必在听众面前演戏；

③演奏者像坐在自己家里一样，不面对观众，听众的座位也不排列整齐；

④除了 OPERA 歌剧，Vocal 噪音唱的部分把它归入戏剧。

不知你的高见如何？

今天已是三号晚上，我尚未动手，也许这几天内不能给你写信。

永远是你的

坦

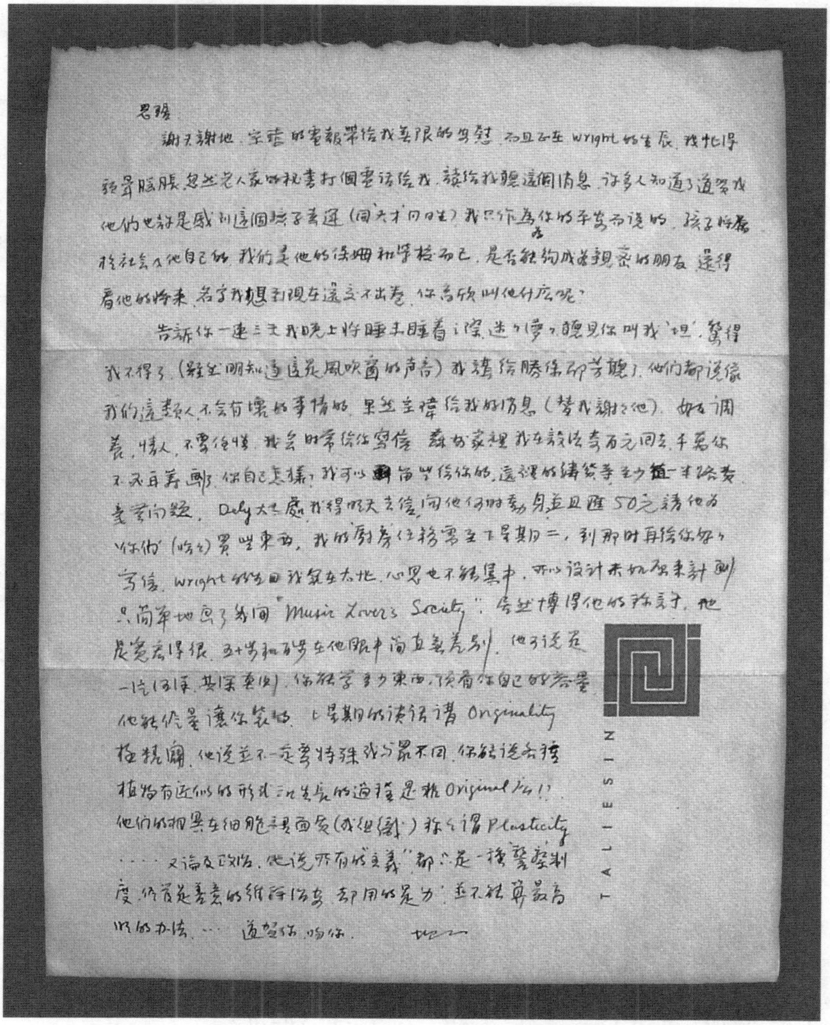

思琚：

谢天谢地，宗玮的电报带给我无限的安慰，而且正在Wright的生辰，我忙得头晕脑胀，忽然老人家的秘书打个电话给我，读给我听这个消息，许多人知道了道贺我

他们也许是感到这个孩子奇迹（同天才同日生）我只作为你的千万分之一说的，孩子将属于社会、属于他自己的，我们是他的保姆和学校而已，是否能够成为亲密的朋友，还得看他的将来。名字我想到现在还想不出来，你要叫他什么呢？

告诉你一连三天我晚上将睡未睡着，迷迷糊糊听见你叫我'坦'，[illegible]得我不得了（虽然明知道这是风吹窗的声音）我讲给滕[illegible]听了，他们都说像我们这类人，不会有坏的事情的，果然宗玮给我好消息（替我谢谢他）。好好调养，情人，不要性急，我会时常给你写信。[illegible]家里我在设法寄万元回去，千万你不必再筹款了，你自己怎样？我可以[illegible]留些给你的，这里的[illegible]事[illegible]一半路费美金问题。Daly太太处我得明天去信，问他何时动身并且汇50元请他为你们（两个）买些东西。我的厨房工作将完至下星期二，到那时再给你多多写信。Wright的生日我实在太忙，心思也不能集中，所以设计未动，原来计划只简单地画了个"Music Lovers Society"。居然博得他的称赞，他是宽宏得很，五十岁和百岁在他眼中简直无差别。他可说是一位伟[illegible]，你能学多少东西，[illegible]你自己的容量[illegible]。上星期的谈话讲Originality极精辟，他说并不一定要特殊或与众不同，你能说公孙植物有近似的形式之先生的道理是非Original么!?他们的相异在细胞里面的（或组织）称之谓Plasticity……又论及政治，他说所有的主义都只是一种警察制度，仍旧是善意的维持治安，都用的是力，并不能算最高明的办法……道贺你，吻你。 坦

12．赖特生辰（1948年6月8日）

思琚：

谢天谢地，宗玮的电报带给我无限的安慰，而且正在 Wright 的生辰。我忙得头晕脑胀，忽然老人家的秘书打个电话给我，读给我听这个消息，许多人

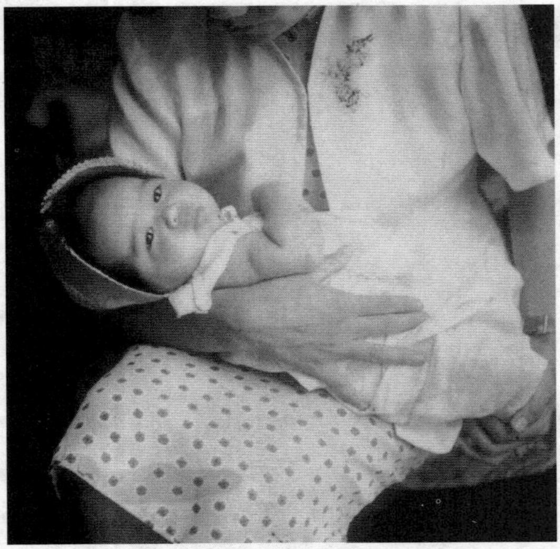

长女汪镇美降生（陈洪摄）

知道了道贺我，他们也许是感到这个孩子幸运（同“天才”同生日）。我只作为为你的平安而说的，孩子将属于社会及她自己的，我们是她的保姆和学校而已，是否能够成为亲密的朋友，还得看她的将来。名字我想到现在还交不出卷，你高兴叫她什么呢？

告诉你，一连三天，我晚上将睡未睡着之际，迷迷蒙蒙听见你叫我“坦”，惊得我不得了（虽然明知道这是风吹窗的声音）。我讲给胜保、邵芳听了，他们都说像我们这类人不会有坏的事情的，果然宗玮给我好消息（替我谢谢他）。好好调养，情人，不要任性，我会时常给你写信。苏州家里我在设法寄百元回去，你千万不必再筹划了。你自己怎样？我可以留些给你的，这里的绣货等，至少值一半路费，毫无问题。Dely 太太处我得明天去信，问她何时动身，并且汇 50 元请她为“你们”（哈哈）买些东西。我的厨房任务需至下星期二，到那时再给你好好写信。Wright 的生日我实在太忙，心思也不能集中，所以设计未如原来计划，只简单地画了几间“Music lovers' society 音乐爱好者社团”，居然博得他的称赞。他是宽宏得很，五十步和百步在他眼中简直无差别，他可说是一片汪洋，其深莫测，你能学多少东西，须看你自己的容量，他能尽量让你装的。上星期的谈话讲 Originality 创意，极精辟。他说，并不一定要特殊或与众不同，你能说各种植物有近似的形式和生长的过程是非 Original 原创的么？他们的相异在细胞里面，质（或组织）称之谓 plasticity 可塑性……又论及政治，他说所有的“主义”都只是一种“警察”制度，尽管是善意的维持治安，却用的是“力”，并不能算最高明的办法……

道贺你！吻你。

坦

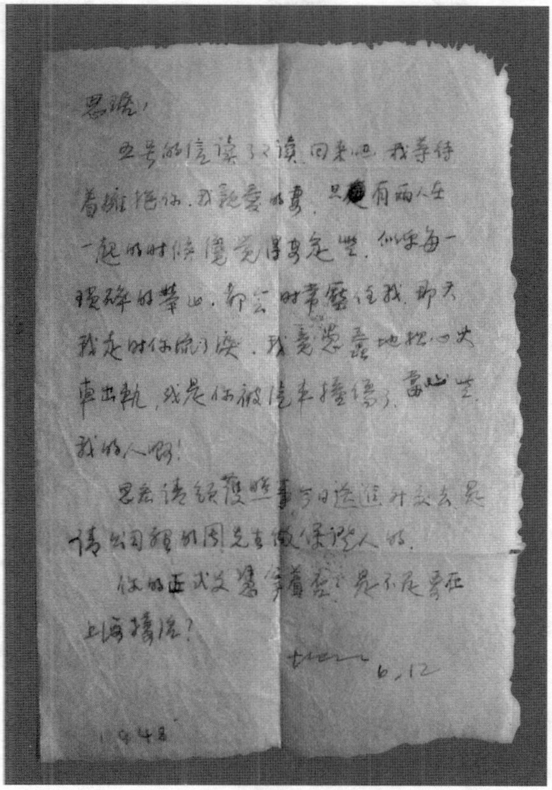

思琚：

五号的信读了又读，回来吧，我等待着拥抱你。我亲爱的妻，只有两人在一起的时候才觉得安定些。似乎每一琐碎的举止，都会时常压住我，那天我走时你流了泪，我竟愚蠢地担心火车出轨，或是你被汽车撞伤了，当心些，我的人啊！

思宏请领护照事今日送进外交去，是请公司里的周先生做保证人的。

你的正式文凭拿着否？是不是要在上海接洽？

坦 6.12

1948

13. 我的人（1948年6月12日）

思琚：

五号的信读了又读，回来吧，我等待拥抱你。我亲爱的妻，只有两人在一起的时候才觉得安定些。似乎每一琐碎的举止，都会时常压住我，那天我走时你流了泪，我竟愚蠢地担心火车出轨，或是你被火车撞伤了，当心些，我的人啊！

思宏请领护照事，今日送进外交去，是请公司里的周先生做保证人的。

你的正式文凭拿着否？是不是要在上海接洽？

坦

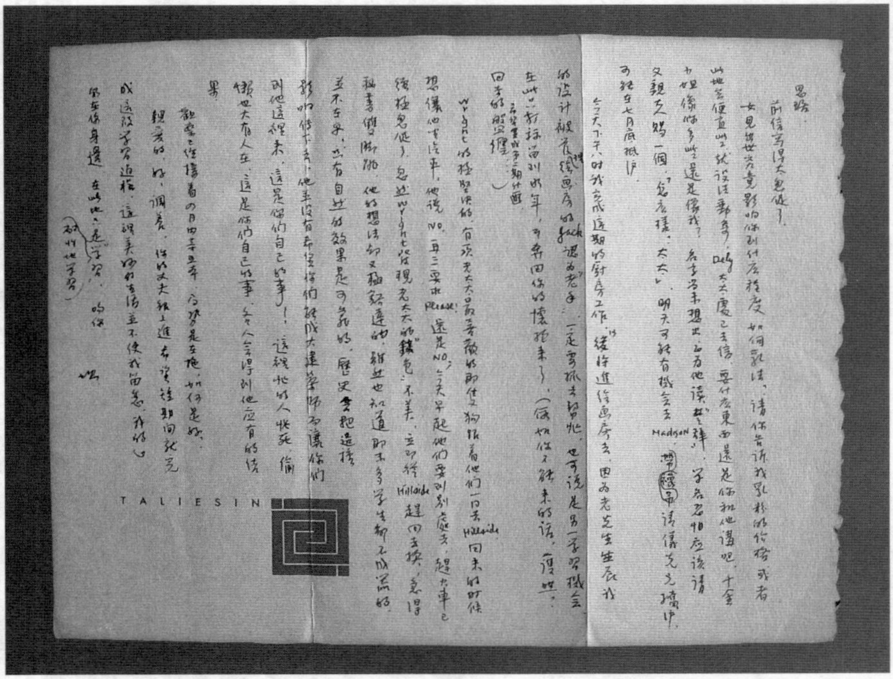

14. 自然的效果（1948年6月中）

思琚：

前信写得太匆促了。

女儿出世究竟影响你到什么程度，如何乳法，请你告诉我乳粉的价格，或者此地会便宜些就设法邮寄。Dely 太太处已去信，要什么东西还是你和她讲吧，千金小姐像你多些还是像我？名字当未想出，正为她读“楚辞”，学名恐怕应该请父亲大人赐一个，怎么样，太太？明天可能有机会去 Madison，吊袜带请仪先兄携沪，可能在七月底抵沪。

今天下午八时我完成这期的厨房工作，以后将进绘画房去，因为老先生生辰我的设计被管理绘画房的 Jark 认为“老手”，一定要抓去帮忙，也可说是另一学习机会。在此只打算留到明年，可奔回你的怀抱来了（假如你不能来的话，回去的盘缠希望买成第二期外汇）。

Wright 极坚决的，有一次老太太最喜欢的那只狗跟着他们一同去 Hillside 希尔赛德——山坡上的家，回来的时候想让他坐汽车，他说 NO 不，再三要求 PLEASE 恳求，还是 NO 不。今天早起他们要到别处去，赶火车已经极匆促了，忽然 Wright 发现老太太的"钱包"不美，立即从 Hillside 赶回去换，急的秘书双脚跳。他的想法却又极豁达，虽然也知道那么多学生都不成器的，但他并不在乎！只有自然的效果是可靠的，历史会把这种影响传下去。他并没有希望你们能成大建筑师而让你们到他这里来，这是你们自己的事！这里忙的人忙死，偷懒的也大有人在，这是你们自己的事，各人会得到他应有的结果。

《观察》（杂志）已经接着四月号等五本，局势是在拖，如何是好？

亲爱的，好好调养，你的丈夫很上进，希望短期间就完成这段学习过程，这里美好的生活并不使我留恋，我的心仍在你身边，在此地只是耐性地学习。吻你。

坦

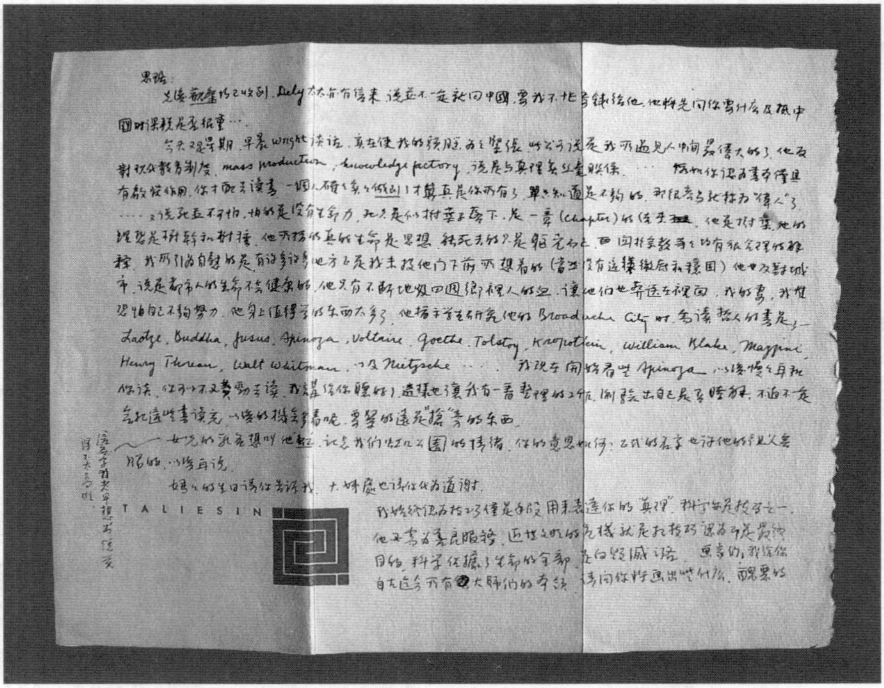

15．赖特的谈话（1948年6月）

思琚：

《观察》（杂志）先后均已收到，Dely 太太亦有信来，说并不一定就回中国，要我不忙寄钱给她，她将先问你要什么及抵中国时课税是否很重……

今天又是星期天，早晨 Wright 谈话，实在使我的头脑为之紧张，此公可说是我所遇见人中间最伟大的了。他反对现代教育制度、mass production 大规模生产、knowledge factory 知识工厂，说是与真理无丝毫关系……假如你认为书本仅具有启发作用，你才配去读书，一个人确确实实做到了才算真是你所有了，单只知道是不够的，那很容易就称为“伟人”了……又说，死并不可怕，

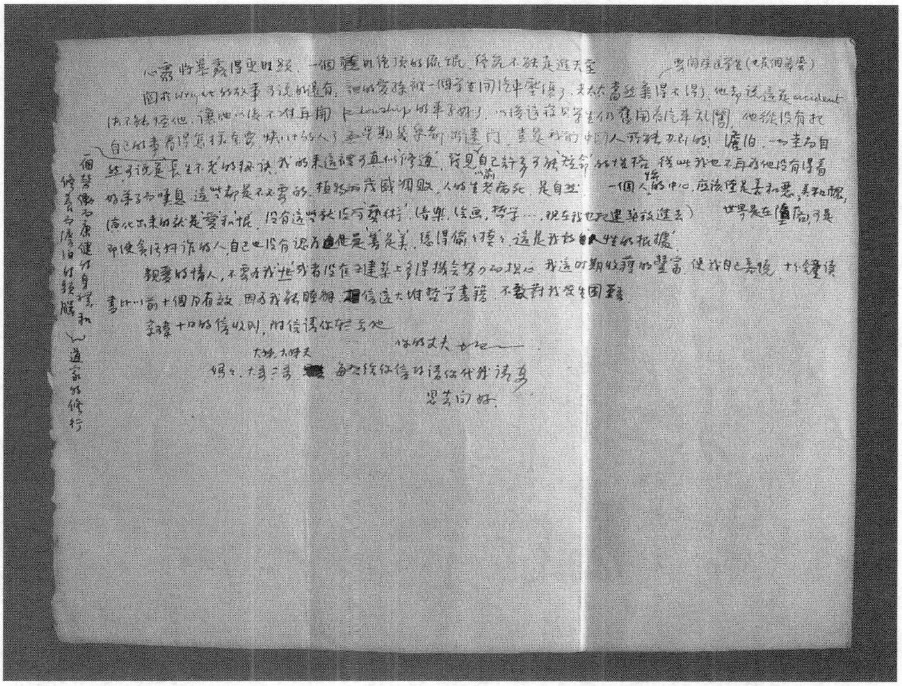

怕的是没有生命力，死只是似树叶子落下，是一章（chapter）的结束，他是树叶，他的理想是树杆和树种，他所指的真的生命是思想，能死去的只是躯壳而已。关于宗教等等均有很合理的解释。我所引为自慰的是，有许多许多地方正是我未投他门下前所想着的（当然没有这样彻底和稳固）。他也反对城市，说是都市人的生命不会健康的，他只有不断地吸四周乡里人的血，让他们也葬送在里面。我的妻，我惟恐自已不够努力，他身上值得学的东西太多了。他指示学生研究他的 Broadacre City 时，需读的哲人的书有 Laotze 老子、Buddha 佛、Jesus 耶稣、Spinoza、Voltaire 伏尔泰、Goethe、Tolstoy 托尔斯泰、Kropotkin 克鲁泡特金、William Blake 布莱克、Mazzine 马志尼、Henry Thoreau 梭罗、Walt Whitman 惠特曼以及 Nietzsche 尼采……我现在开始看些 Spinoza，以后慢慢再和尔谈，你可以不必费劲去读，我讲给你听好了，这样也让我有一番整理的工作，测验出自已是否了解。不过不一定会把这些书读完，以后的机会多着呢，要紧的还是"抢"旁的东西。

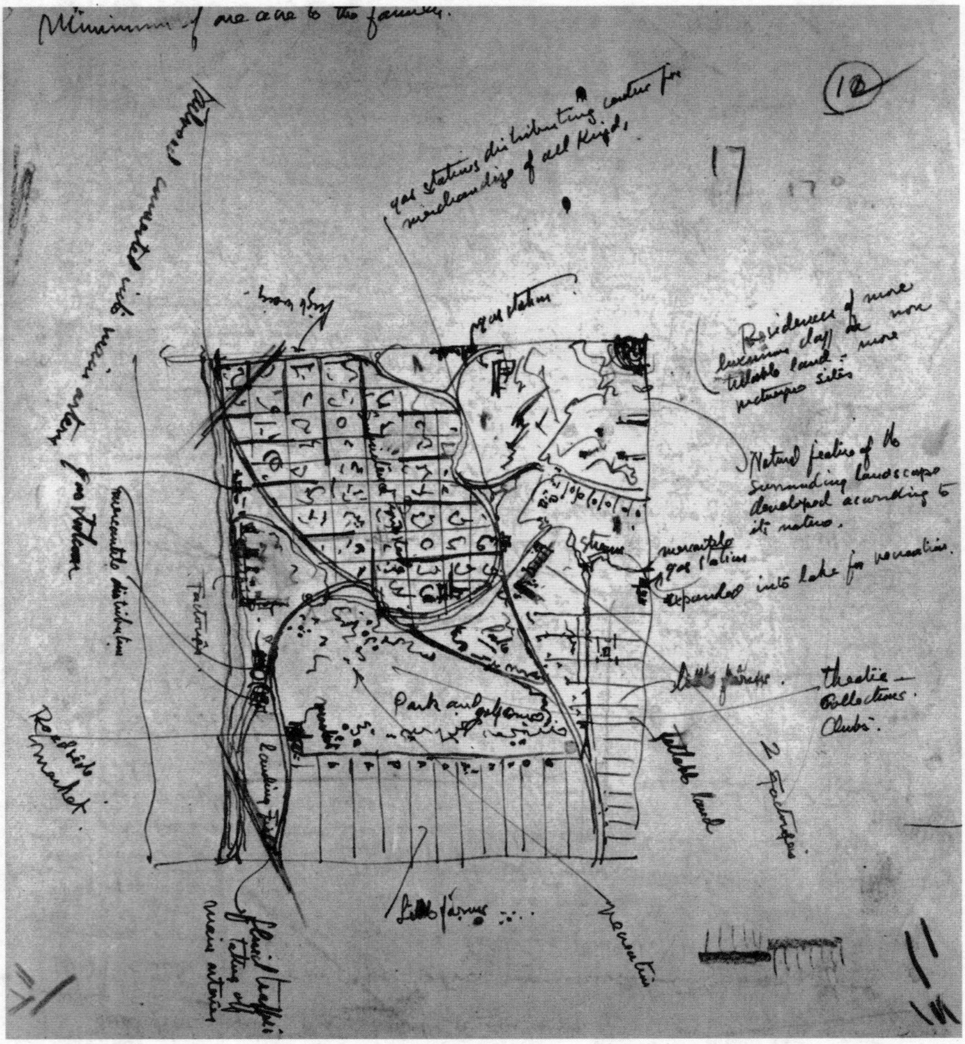

赖特的广亩城市草图（源自 Olgivanna Lloyd Wright. Frank Lloyd Wright: His Life His Work His Words. Horizon Press New York，1966：111.）

女儿的乳名想叫她“虹”(这名字我老早想出，总觉得不太高明)，纪念我们虹口公园的情绪，你的意思如何？正式的名字也许她的祖父会赐的，以后再说。

妈妈的生日请你告诉我，大姐处也请你代为道谢。

我始终认为技巧仅是手段，用来表达你的“真理”，科学亦是技巧之一，它必需为善良服务。近世文明的危机就是把技巧认为即是最终目的，科学占据了生命的全部，走向毁灭之路。画家们，我给你自古迄今所有大师们的本领，请问你将画出些什么，丑恶的心灵将暴露得更明显，一个聪明绝顶的流氓，终究不能走进天堂。

关于 Wright 的故事可说的还有：他的爱孙被一个学生开汽车压伤了，老太太当然气得不得了，要开除这学生(也是个笨蛋)，他却说这是 accident 意外，决不能怪他，让他以后不准再开 Fellowship 泰里埃森学社的车子好了，以后这宝贝学生仍旧开着汽车乱闯。他从没有把自已的事看得怎样重要，快八十的人了，每星期几乎都出远门，岂是我们中国人所能办到的！淡泊，一切崇尚自然，可说是“长生不老”(一个劳动而康健的身体和修养而淡泊的头脑——道家的修行)的秘诀。我来这里可真似“修道”，发现以前自已许多可能“短命”的性格，从此我也不再为他没有得着好弟子而叹息，这些都是不必要的。植物的茂盛凋败，人的生老病死，是自然。一个人生命的中心，应该仅是善和恶、美和丑，演化出来的就是“爱”和“恨”，没有这些就没有“艺术”(音乐、绘画、哲学……现在我也把建筑放进去)。世界是在堕落，可是即使贪污奸诈的人，自已也没有认为他是“善”是“美”，总得偷偷摸摸，这是我的人性的根据。

亲爱的情人，不要为我“忙”或者为我没有在建筑上多得机会努力而担心。我这时期收获的丰富，使我自已喜悦，十分钟读书比以前十个月有效，因为我能了解。相信大堆哲学书籍，不致对我困难。

宗玮十日的信收到，附信请你转给他。

你的丈夫 坦

妈妈、大哥、二哥、大姊、大姊夫，每次给你的信请你代我请安。

思芸问好。

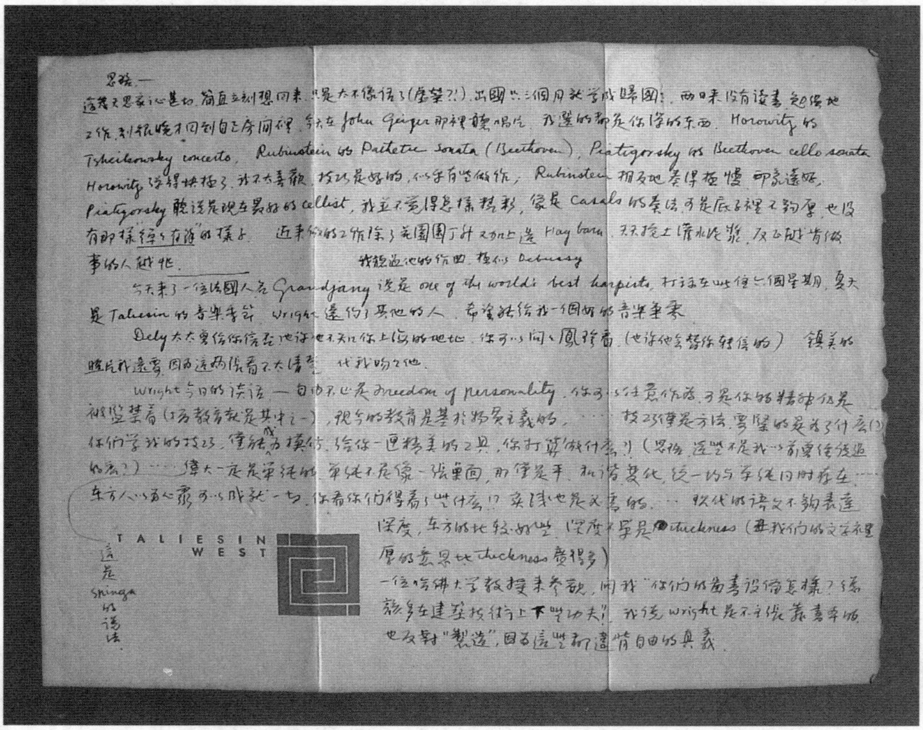

思琚：—

这几天思家之心甚切，简直立刻想回来，只是太不像话了(虚荣?!)，出国只三个月就学成归国？两日来没有读书，勉强地工作，到很晚才回到自己房间里。今天在John Geizer那里听唱片，我选的都是你弹的东西。Horowitz的Tschaikowsky concerto，Rubinstein的Pathetic sonata (Beethoven)，Piatigorsky的Beethoven cello sonata。Horowitz弹得快极了，我不太喜欢，技巧是好的，似乎有些做作；Rubinstein相反地奏得极慢，印象深些，Piatigorsky听说是现在最好的cellist，我并不觉得怎样精彩，像是Casals的奏法才是底子里又够厚，也没有那样矫揉造作的样子。近来做的工作除了花园围了外又加上造Hay barn，天天挖土灌水泥浆，反正肯做事的人越忙。

今天来了一位法国人名Grandjany说是one of the world's best harpists，打算在此住六个星期，夏天是Taliesin的音乐季节，Wright邀约了其他的人，希望能给我一个好的音乐气氛。我听过他的作曲，极似Debussy

Dely太太要给你信，但她也不知你上海的地址，你可以问问凤珍看（也许她会替你转信的）。镇关的照片我还要，因为这两张看不太清楚，代我吻吻他。

Wright今日的谈话——自由不只是freedom of personality，你可以……你的精神仍是被监禁着（学校教育就是其中之一），现今的教育是基于物质主义的。……技巧仅是方法，要紧的是为了什么(?) 你们学我的技巧，仅能成为模仿，给你一个精美的工具，你打算做什么?!（思琚，这些不是我以前要你注意的么?）……伟大一定是单纯的，单纯不是像一张白纸，那仅是平，和谐变化，统一均匀与单纯同时存在……东方人以为心灵可以成就一切，你看你们得着了些什么!? 实际也是又要的……现代的语文不够表达深度，东方的比较好些，深度不只是thickness（在我们的文字里厚的意思比thickness广得多）

一位哈佛大学教授来参观，问我"你们的图书设备怎样？你总该多在建筑技术上下些功夫！"我说Wright是不主张靠书本的，也反对"制造"，因为这些都违背自由的真义。

这是Shinga的说法。

TALIESIN WEST

16. 伟大的一定是单纯的（1948年6月）

思琚：

这几天思家之心甚切，简直想立刻回来，只是太不像话了（虚荣？！），出国只几个月就学成归国？两日来没有读书，勉强的工作，到很晚才回到自己房间里。今天在John Geizer那里听唱片，我选的都是你弹的东西，Horowitz霍罗威茨，Vladimir Horowitz，1904—1989年，美国最负盛名的钢琴家之一，美籍乌克兰人的Tchaikovsky concerto柴可夫斯基协奏曲，Rubinstein鲁宾斯坦，Artur Rubinstein，1887—1982，美籍波兰钢琴演奏家的Pathetic Sonata（Beethoven）贝多芬悲怆奏鸣

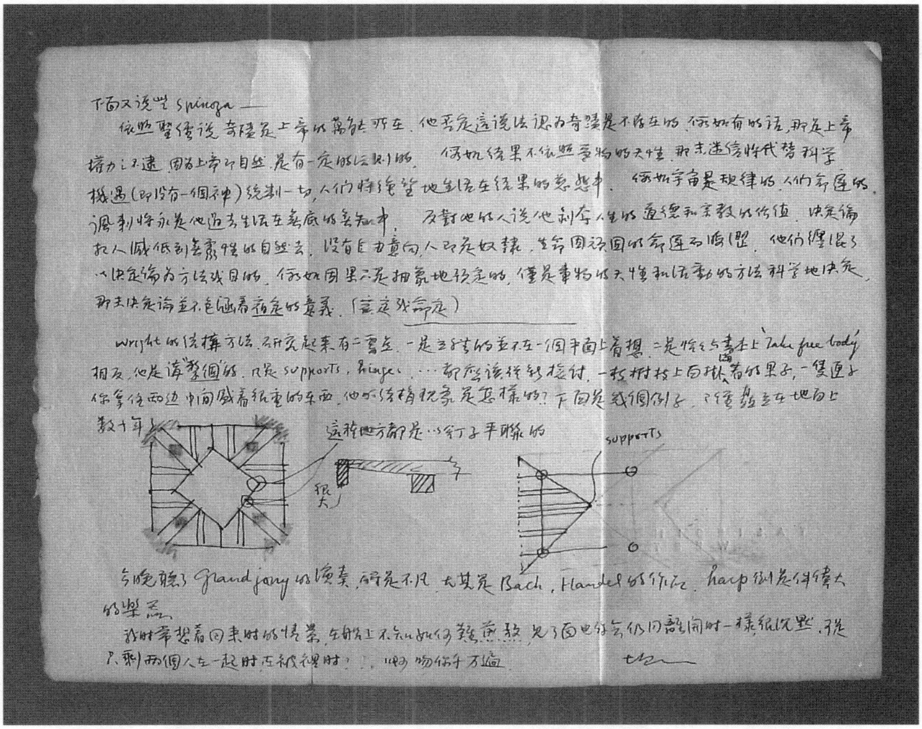

下面又说些Spinoza——

依照圣经说，奇迹是上帝的万能所在。他否定这说法，认为奇迹是不存在的，假如有的话，那是上帝能力之不逮，因为上帝即自然，是有一定的法则的。假如结果不依照事物的天性，那末迷信将代替科学，机遇（即没有一个神）统制一切，人们将绝望地生活在结果的恐怖中。假如宇宙是规律的，人们命运的[illegible]将永是他[illegible]生活在[illegible]的无知中。反对他的人说他剥夺人生的道德和宗教的价值，决定论把人减低到[illegible]的自然去，没有自由意向，人即是奴隶，生命因[illegible]的命运而[illegible]。他们[illegible]了以决定论为方法或目的。假如因果不是抽象地预定的，仅是事物的天性和活动的方法科学地决定，那末决定论并不包涵着预定的意义。（宿定或命定）

Wright的结构方法，研究起来有二要点。一是立体的并不在一个平面上着想，二是恰与书本上'take free body'相反，他是讲整个的。凡是supports，hinge……都应该[illegible]，一枝树枝上面挂着的果子，一[illegible]你拿住两边中间盛着很重的东西，他的结构观念是怎样的？下面是几个例子，[illegible]在地面上数十年：

今晚听了Grandjany的演奏，确是不凡，尤其是Bach，Handel的作品，harp倒是伟大的乐器。

我时常想着回来时的情景，在船上不知如何[illegible]，见了面也许会仍同离开时一样很沉默，[illegible]了，剩两个人在一起时在被里时……吻吻你千万遍

[illegible]——

曲，Piatigorsky 皮亚蒂戈尔斯基，Grigor Piatigorsky，1903—1976年，美籍俄罗斯大提琴家的Beethoven cello sonata 贝多芬大提琴奏鸣曲。Horowitz弹得快极了，我不太喜欢，技巧是好的，似乎有些做作；Rubinstein相反地奏得极慢，印象还好；Piatigorsky听说是现在最好的cellist 大提琴演奏家，我并不觉得怎样精彩，像是Casals 帕布洛·卡萨尔斯，Pablo Casals，1876—1973年，西班牙大提琴家，指挥家的奏法，可是底子里不够厚，也没有那样"绰绰有余"的样子。近来做的工作除了花园园丁外，又加上造Hay Barn（草仓），天天挖土，灌水泥浆，反正越肯做事的人越忙。

今天来了一位法国人，名Grandjany 葛兰杰尼，Marcel Grandjany，1891—1975年，法裔美国竖琴家（我听过他的作品，极似Debussy 德彪西），说是one of the world' s best happlsts 世界上最好的竖琴师之一，打算在此住六个星期。夏天是Taliesin的音乐季节，Wright还约了其他的人，希望能给我一个好的音乐气氛。

Dely太太曾给你信否？也许她不知你上海的地址，你可以问问凤珍看（也许她会替你转信的）。镇美的照片我还要，因为这两张看不清楚，代我吻吻她。

Wright 今日的谈话——自由不止是 Freedom of Personality 人格自由，你可以任意作为，可是你的精神仍是被监禁着（指教育就是其中之一），现今的教育是基于物质主义的……技巧仅是方法，要紧的是为了什么？你们学我的技巧，仅能成为模仿。给你一匣精美的工具，你打算做什么？！（思琚，这些不是我以前曾经说过的么？）……伟大的一定是单纯的，单纯不是像一张桌面，那仅是平，和谐、变化、统一均与单纯同时存在……这是 Spinoza 的说法。东方人以为心灵可以成就一切，你看你们得着了些什么！？实践也是必需的。现代的语文不够表达深度，东方的比较好些，深度不单是 thickness（在我们的文字里厚的意思比 thickness 广得多）。

一位哈佛大学教授来参观，问我“你们的图书设备怎样？总该多在建筑设计上下功夫！”我说 Wright 是不主张靠书本的，也反对“制造”，因为这些都违背自由的真义。

下面又说些 Spinoza……

依照圣经说奇迹是上帝的万能所在，他否定这说法，认为奇迹是不存在的，假如有的话，那是上帝权力之不逮，因为上帝即自然，是有一定的法则的。假如结果不依照事物的天性，那么迷信将代替科学，机遇（即没有一个神）统制一切，人们将绝望地生活在结果的慈悲中。假如宇宙是规律的，人们命运的讽刺将永远是他过去生活在无底的无知中，反对他的人说他剥夺人生的道德和宗教的价值，决定论把人减低到无灵性的自然去，没有自由意向，人即是奴隶，生命因顽固的命运而晦涩。他们缠混了以决定论为方法或目的，假如因果不是抽象地预定的，仅是事物的天性和活动的方法科学地决定，那么决定论并不包含着宿定的意义（宿定或命定）。

Wright 的结构方法，研究起来有两个要点，一是立体的，并不在一个平面上着想；二是恰恰与书本上“take free load 取活荷载”相反，他是讲“整个”的凡是 supports 支撑，hinges 铰接……都应该重新检讨。一枝树枝上面挂满着的果子，一只匣子你拿住两边中间盛着很重的东西，它们的结构现象是怎样的？下面是几个例子，已经矗立在地面上数十年了……（这种地方都是以钉子平联的）。

今晚听了 Grandjany 的演奏，确是不凡，尤其是 Bach、Handel 亨德尔，George Frederick Handel，1685—1759 年，生于德国的英国作曲家的作品，harp 倒是件伟大的乐器。

竖琴家Marcelle Grandjany（源自Lois Davidson Gottlieb. A WAY OF LIFE：An Apprenticeship with Frank Lloyd Wright. The Images Publishing Group Pty Ltd，2001：79.）

我时常想着回来的情景，在船上不知如何难煎熬，见了面也许会仍同离开时一样很沉默，可是只剩两人在一起时！在被里时！啊，吻你千万遍！

坦

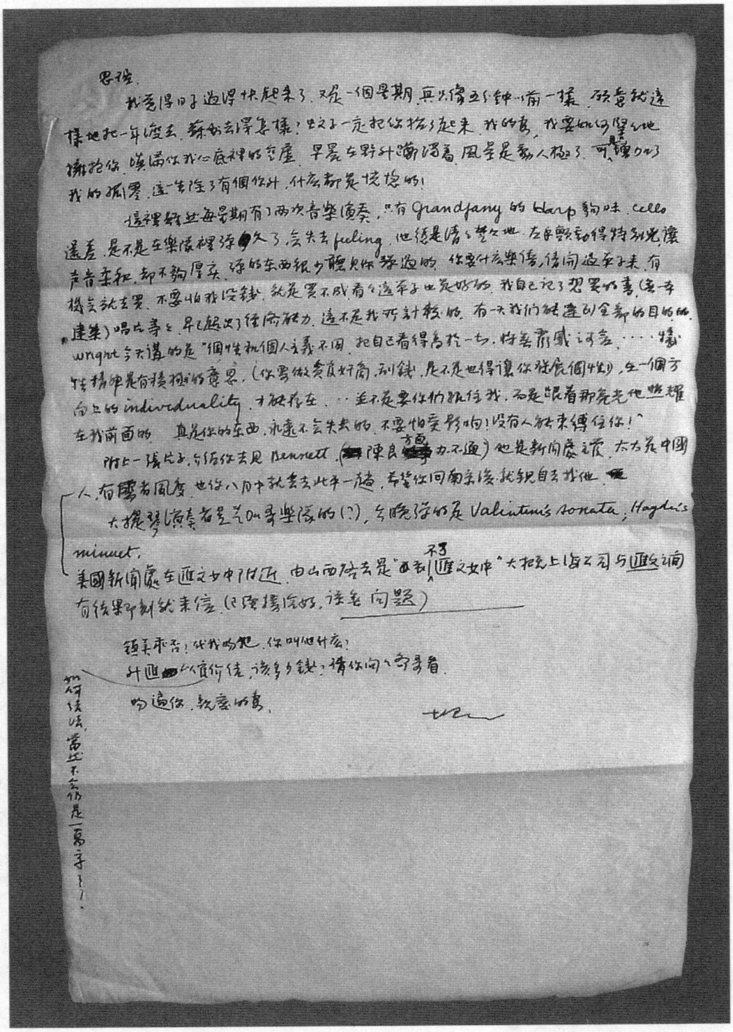

思琚：

我觉得日子过得快起来了，又是一個星期，真只像五分钟之前一樣，愿意就這樣地把一年度去，苏州去得怎樣？蚊子一定把你抬了起来，我的妻，我要[illegible]地拥抱你，填满你我心底裡的空虚，早晨在野外漫游着，風景是動人極了，可[illegible]我的摇摆，這一生除了有個你外，什么都是[illegible]的！

這裡幾乎每星期有了两次音樂演奏，只有Grandfang的Harp够味，cello還差，是不是在樂隊裡待[illegible]久了，会失去feeling，他總是清清楚楚地，左手颤动得特别光滑，声音柔和，却不够厚实，你的东西很少听见你[illegible]的，你要什么樂譜，请问過來了来，有機会就去買，不要怕我没錢，就是買不成看看這本子也是好的，我自己记了想買的書（是一本建築）唱片等等，早已超出了經濟能力，這不是我所計較的，有一天我们能達到全部的目的的。Wright今天講的是"個性和個人主義不同，把自己看得高於一切，將会[illegible]討厭……[illegible]精神是有積極的意思，（你要做个好商，副錢，是不是也得讓你發展個性？）生一個方向上的individuality，才能存在……並不是要你们[illegible]我，而是跟着那光芒照耀在我前面的，真是你的东西，永遠不会失去的，不要怕受影响！沒有人能来縛住你！"

附上一張片子，介绍你去見Bennett（[redacted]陳良[illegible]力不逮）他是新聞處主[illegible]，太太是中國人，有學者風度，也许八月中就要去北平一趟，希望你[illegible]後，就自己去找他。

大提琴演奏者是芝加哥樂隊的(?)，今晚演的是Valentini's sonata，Haydn's minuet。

美國新聞處在[illegible]附近，[illegible]

[illegible]

[illegible]

吻你，親愛的妻，

[illegible]

17. 个性与个人主义（1948年6月底）

思琚：

我觉得日子过得快起来了，又是一个星期，真只像五分钟之前一样，愿意就这样地把一年度去。苏州去得怎样？蚊子一定把你抬了起来，我的妻，我要如何紧紧地拥抱你，填满你我心底里的空虚。早晨在野外踯躅着，风景是动人极了，可是增加了我的孤零，这一生除了有个你外，什么都是恍惚的！

这里虽然每星期有了两次音乐演奏，只有Grandjany的Harp够味，cello大提琴还差，是不是在乐队里弹久了会失去feeling感觉。他总是清清楚楚地左手颤动得特别凶，让声音柔和，却不够厚实，弹的东西很少听见你弹过的。你要什么乐谱，请开过单子来，有机会就去买，不要怕我没钱，就是买不成看看这单子也是好的。我自己记了想买的书（无一本建筑）、唱片等等，早已超出了经济能力，这不是我所计较的，有一天我们能达到全部的目的的。

Wright今天讲的是“个性与个人主义不同，把自己看的高于一切，将无灵感可言……牺牲精神是有积极的意思（你要作贪官、奸商，刮钱，是不是也得让你发展个性），在一个方面上的individuality个性才能存在……并不是要你们跟住我，而是要跟着那亮光，它照耀在我的面前，真是你的东西，永远不会失去的，不要怕受影响！没有人能束缚住你！”

附上一张片子，介绍你去见Bennett班尼特（陈良方面办不通），他是新闻处主管，太太是中国人，有儒者风度，也许八月中就会去北平一趟，希望你回南京后就亲自去找他。

美国新闻处在汇文女中附近，由山西路去是到不了汇文女中的，大概在上海公司与汇文之间，有结果即刻就来信（已经接洽好，量无问题）。大提琴演奏者是芝加哥乐队的（？），今晚弹的是Valintini’s Sonata瓦兰蒂尼奏鸣曲、Haydn’s minuet海顿小步舞曲。

镇美乖否？代我吻她，你叫她什么？

外汇以官价结，该多少钱？如何结法？当然不会仍是一万字了，请你问问齐哥看。

吻遍你，亲爱的妻。

坦

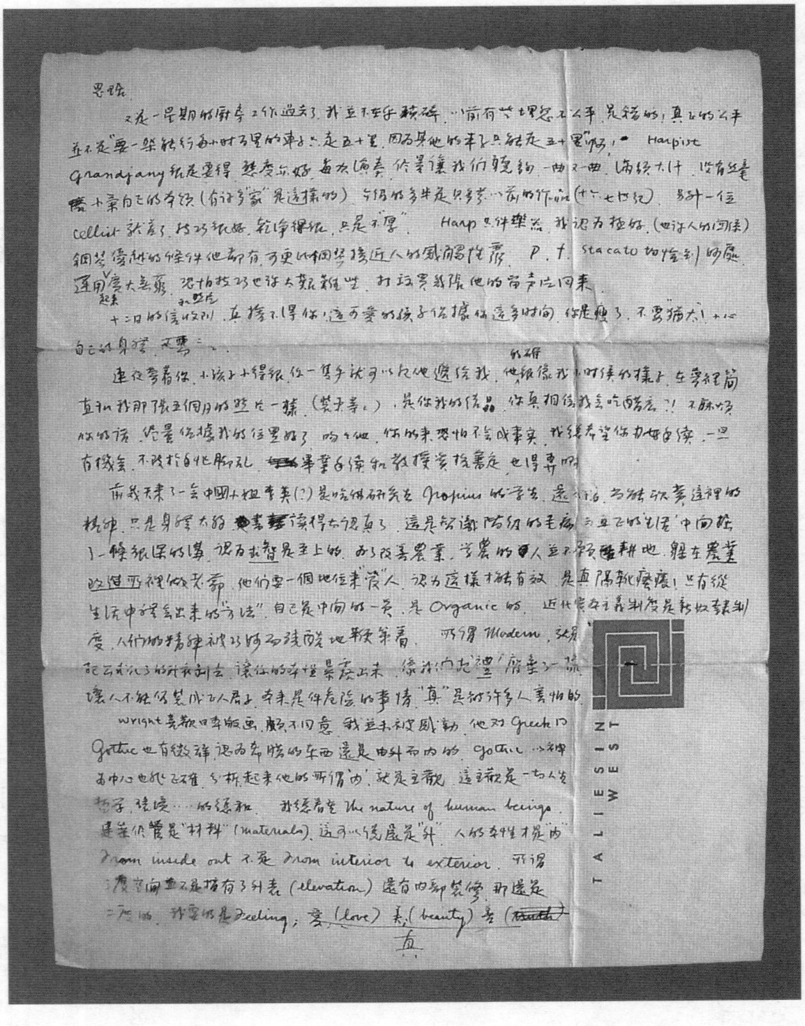

18. 人的本性（1948年6月底）

思琚：

又是一星期的厨房工作过去了，我并不在乎琐碎，以前有些埋怨不公平是错的！真正的公平，并不是要一架每小时能行万里的车子只走五十里，因为其

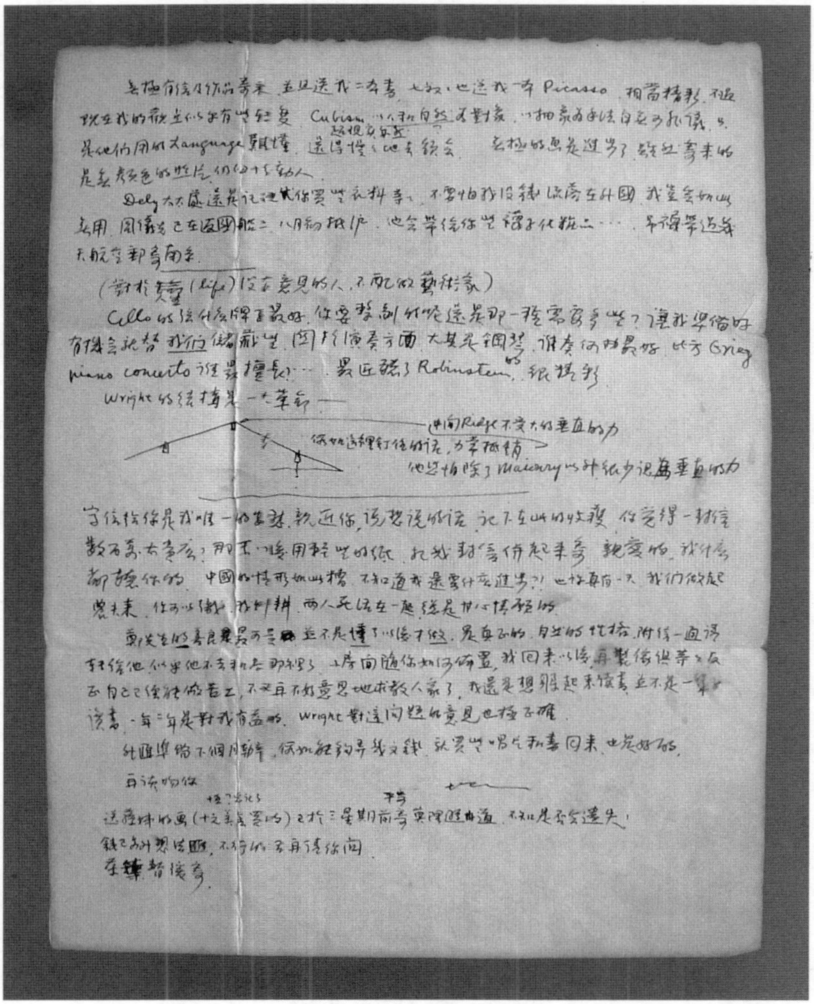

他的车子只能走五十里啊！ Harpist Grandjany 竖琴家葛兰杰尼很是要得，态度亦好，每次演奏尽量让我们听够，一曲又一曲，满头大汗，没有丝毫小气自己的本领（有许多“家”是这样的），介绍的多半是贝多芬以前的作品（16、17 世纪的）。另外一位 cellist 大提琴演奏家就差了，技巧很好，干净得很，只是不“厚”。Harp 这件乐器，我认为极好（也许人的关系），钢琴优越的条件它都有，可更比钢琴接近人的感触性灵，p（弱）、f（强）staccato（跳音）均恰到妙处，运用起来广大无穷，恐怕技巧也许太艰难些，打算买几张他的留声片回来。

十二日的信收到，真舍不得你！这可爱的孩子占据你这多时间，你是瘦了，不要“犹太”！小心自己的身体。

连夜梦着你，小孩子小得很，你一只手就可以把她递给我。她的确很像我小时候的样子，在梦里简直和我那张五个月的照片一样（装束等等），是你我的结晶，你真相信我会吃醋么？！不麻烦你的话，尽量占据我的位置好了，吻吻她。你的来，恐怕不会成为事实，我总希望你办好手续，一旦有机会，不至于手忙脚乱。毕业手续和教授资格审定，也得弄啊。

前几天来了一个中国小姐李英（？）李莹，是哈佛研究生，Gropius 格罗皮乌斯的学生，还不错，尚能欣赏这里的精神，只是身体太弱，书读得太认真了。这是知识阶级的毛病，是在真正的“生活”中间掘了一条很深的沟，他们认为求智是至上的。为了改善农业，学农的人并不愿耕地，却躲在农业改进所里做老爷，他们要一个地位来“管”人，认为这样才能有效，真是隔靴搔痒！只有从生活中体会出来的“方法”，自己是中间的一员，才是 Organic 有机的的。近代资本主义制度是新奴隶制度，人们的精神被巧妙而残酷地鞭策着，所谓 Modern 现代，就是把公式化了的外衣剥去，让你的本性暴露出来，像我们把“礼”废弃了一样。坏人不能伪装成正人君子，本来是件危险的事情，“真”是被许多人害怕的。

Wright 喜欢日本版画，颇不同意。我并未被感动！他对 Greek is Gothic 希腊式就是哥特式也有微辞，认为希腊的东西还是由外而内的，Gothic 哥特式以神为中心也非正确。分析起来他的所谓“内”就是主观，这主观是一切人生哲学、环境……的总和。我总着重 the nature of human being 人的本性，建筑尽管是“材料”（materials），这可以说是“外”，人的本性才是“内”。from inside out 由内而外不是 from interior to exterior 从室内到室外，所谓三维空间并不是拥有外表（elevation 立面）还有内部装修，那还是二维的。我要的是 feeling、爱（love）、美（beauty）、善（?）。

无极有信及作品寄来，并且送我两本书，七叔叔也送我一本 Picasso 毕加索，相当精彩。不过现在我的观点似乎有些转变。Cubism 立体派以人和自然为对象，以抽象为手法自无可非议，只是他们用的 Language 语言难懂，还得慢慢地去领会，超现实亦然。无极的画是进步了，虽然寄来的是无颜色的照片，仍旧十分动人。

Dely 太太处还是托她代你买些衣料等等，不要怕我没钱流落在外国，我岂会如此无用。周仪先已在返国船上，八月初抵沪，他会带给你些袜子、化妆品……吊袜带过几天航空邮寄至南京。

（对于LIFE生活没有意见的人，不配做艺术家。）

Cello的弦什么牌子最好？你要整副的呢？还是哪一种需要多些？让我准备好，有机会就替我们储藏些。关于演奏方面，尤其是钢琴，谁奏的曲最好，比方Grieg piano concerto格里格钢琴协奏曲谁最擅长？……最近听了Robinstein的，很精彩。

Wright的结构是一大革命……

写信给你是我唯一的安慰，亲近你，说想说的话，记下在此的收获，你觉得一封信数百万太贵么？那么以后用轻些的纸，把几封信拼起来寄。亲爱的，我什么都听你的，中国的情形如此糟，不知道我还要什么进步？！也许真有一天，我们做起农夫来，你可以织，我则耕，两人死活在一起，总是甘心情愿的。

郑先生的善良是最可贵的，并不是懂了以后才做，是真正的、自然的性格，附信一封请转给他，似乎他不去和肖那里了。小房间随你如何布置，我回来以后，再制家具等等，反正自己已经能做苦工，不必再不好意思地求教人家了。我还是想躲起来读书，并不是一辈子读书，一年二年是对我有益的，Wright对这问题的意思也极正确。

外汇准备下个月办，假如能够弄几文钱，就买些唱片和书回来，也是好的。

再谈，吻你。

坦

送荪姊的画，十元（十五？忘了）美金买的，已于三星期前平寄莫里坛孙山道，不知是否会遗失！

钱已另外想法汇，不行的话再请你问。茶叶暂缓寄。

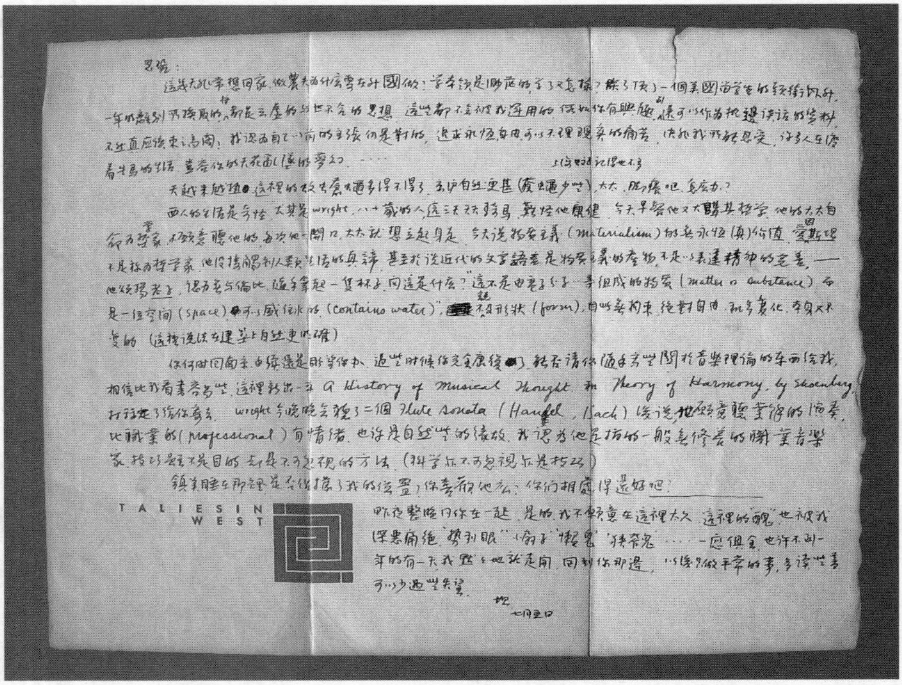

19. 八十岁的赖特（1948年7月5日）

思琚：

这几天常想回家，做农夫为什么要在外国做？学本领是渺茫的，学了又怎样？除了顶了一个美国留学生的头衔以外，一年的离别所换取的，将都是空虚的、与世不合的思想，这些都不会被我运用的，假如你有兴趣，倒还可以作为枕边谈话的资料，不然真应该束之高阁！我认为自己以前的主张仍是对的，追求永恒、自由，可以不理现实的痛苦，决非我可能忍受，许多人在过着牛马的生活，岂容你天花乱坠的梦幻……

天越来越热，这里的蚊虫苍蝇多得不得了，京沪自然更甚（苍蝇少些），太太，脚痒吧？怎么办？

西人的生活是奇怪，尤其是 Wright，八十岁的人，这三天天天骑马，难怪他康健。今天早餐他又大讲其哲学，他的太太自命为哲学家，不愿意听他的，每次他一开口，太太就想起身走。今天说物质主义（materialism）的无永恒（真）价值，爱因斯坦不足称为哲学家，他没接触到人类生活的真谛，甚至于说近代的文字语言是物质主义的产物，不足以表达精神的完善。——他颂扬老子，认为无以伦比，随手拿起一只杯子，问这是什么？“这不是由电子、分子等组成的物质（matter or substance），而是一位空间（space），可以盛住水的（contains water）”，不说及形状（form），因此无拘束，绝对自由，多变化，本身又是不变的（这种说法在建筑上自然更明确）。

1948 年赖特夫妇在泰里埃森（源自 Lois Davidson Gottlieb. A WAY OF LIFE：An Apprenticeship with Frank Lloyd Wright. The Images Publishing Group Pty Ltd，2001：80.）

你何时回南京，手续还是盼望你办，过些时候你完全康复了，能否请你随手写些关于音乐理论的东西给我，相信比我看书容易些。这里新出一本 A History of Musical Thought 音乐思想史和 Theory of Harmony，by Shoenberg 和声理论，勋伯格（美籍奥地利作曲家），打算定了给你寄去。

Wright 今晚晚会听了两个 Flute Sonata 长笛奏鸣曲 Handel，Bach 后说，他愿意听业余的演奏，比职业的（professional）有情绪，也许是自然些的缘故，我认为他是指一般无修养的职业音乐家，技巧虽不是目的，却是不可忽视的方法（科学亦不可忽视，亦是技巧）。

镇美睡在哪里？是否占据了我的位置？你喜欢她么？你们相处得还好吧？

昨夜整晚同你在一起，是的，我不愿意在这里太久，这里的“丑”也被我深恶痛绝，“势利眼”、“小扇子”、“懒鬼”、“狭窄鬼”……一应俱全，也许不到一年的某一天，我默默地就走开，回到你那边，以后只做平常的事，多读些书可以少遇些失望。

坦

七月五日

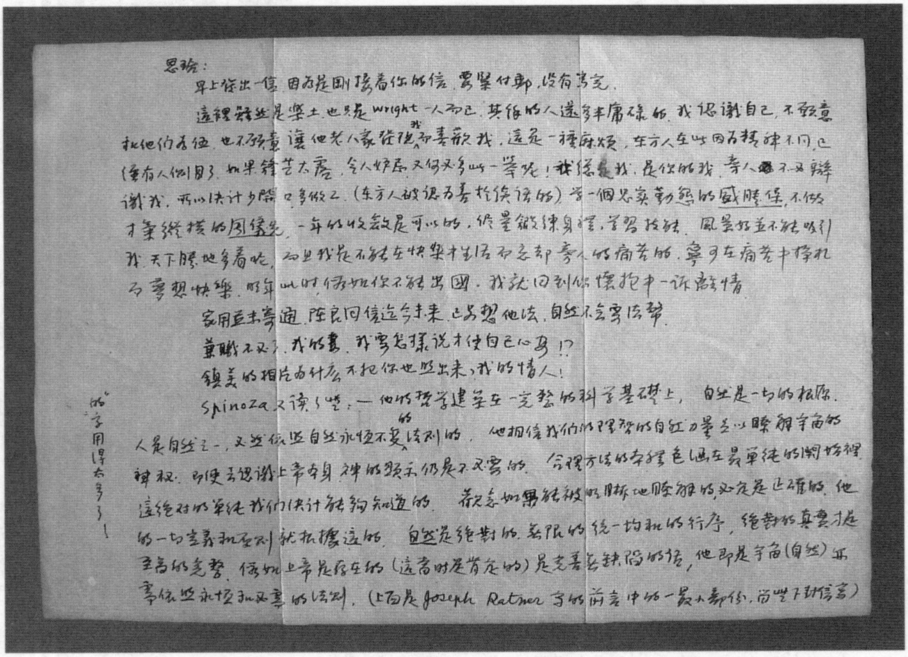

思琚：

早上發出一信，因為是剛接着你的信，要緊付郵，沒有寫完。

這裡雖然是樂土，也只是Wright一人而已，其餘的人還多半庸碌的，我認識自己，不願意和他們為伍，也不願意讓他老人家發現我而喜歡我，這是一種麻煩，東方人在此因為精神不同，已經有人側目了，如果鋒芒太露，令人妒忌，又何必多此一舉呢！我總是我，是你的我，旁人不必辨識我，所以決計少開口多做工（東方人被認為善於談話的），學一個忠實勤懇的盛勝保，不做才氣縱橫的周儀先，一年的收斂是可以的，儘量鍛煉身體，學習技能，風景好並不能吸引我天天瞭地多看她，而且我是不能在快樂中生活而忘卻旁人的痛苦的，寧可在痛苦中掙扎而夢想快樂。明年此時，假如你不能出國，我就回到你懷抱中一訴離情。

家用直未寄通，陳良回信迄今未來，已另想他法，自然不會寄給幫。

董職不必了，我的書，我寧怎樣說才使自己心安!?

鎮美的相片為什麼不把你也照出來，我的情人！

Spinoza又讀了些：—他的哲學建築在一完整的科學基礎上，自然是一切的根源，人是自然之一，又是依照自然永恆不變的法則的，他相信我們的理智的自然力量足以瞭解宇宙的神秘，即使去認識上帝本身，神的啟示仍是不必要的。合理方法的本質包涵在最單純的關係裡，這絕對的單純我們決計能夠知道的。觀念如果能被明晰地瞭解的，必定是正確的。他的一切主義和原則就根據這的。自然是絕對的、無限的統一和和諧的行序，絕對的真實才是至高的完整，假如上帝是存在的（這當時是肯定的）是完善無缺陷的話，他即是宇宙（自然）萬事依照永恆和必要的法則。（上面是Joseph Ratner寫的前言中的一段小部份，留些下封信寫）

"的"字用得太多了！

20. 我总是我（1948年7月）

思琚：

早上发出一信，因为是刚接着你的信，要紧付邮，没有写完。

这里虽然是乐土，也只是 Wright 一人而已，其余的人还多半是庸碌的。我认识自已，不愿意和他们为伍，也不愿意让他老人家发现我而喜欢我。这是一种麻烦，东方人在此因为精神不同，已经有人侧目了，如果锋芒太露，令人妒忌，又何必多此一举呢！我总是我，是你的我，旁人不必辨识我，所以决计少开口多做工（东方人被认为是善于谈话的）。学一个忠实勤恳的盛胜保，不做才气纵横的周仪先。一年的收敛是可以的，尽量锻炼身体，学习技能，风景

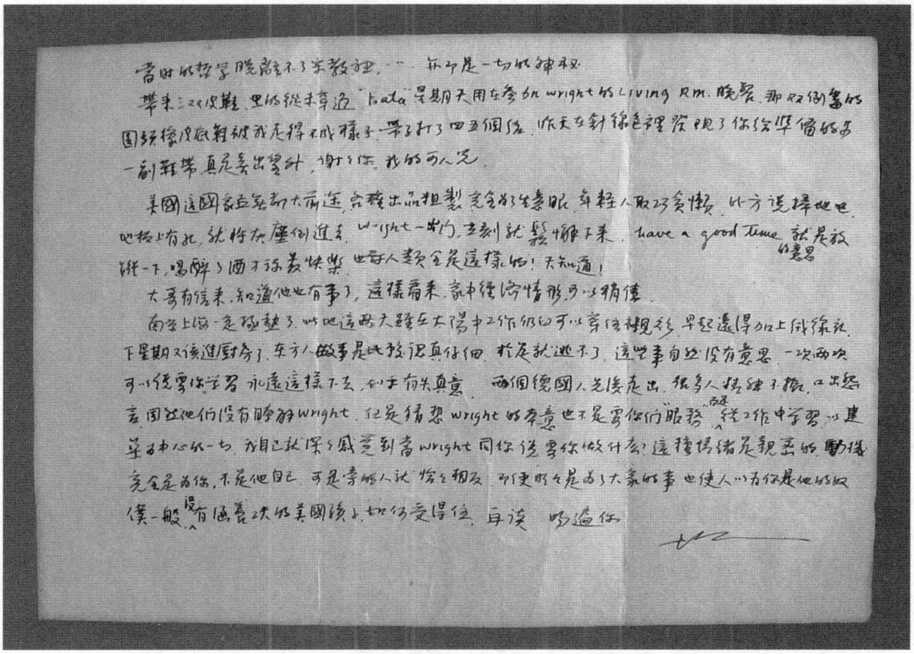

好并不能吸引我，天下胜地多着呢，而且我是不能在快乐中生活而忘却旁人的痛苦的，宁可在痛苦中挣扎而梦想快乐。明年此时，假如你不能出国，我就回到你怀抱中一诉离情。

家用并未寄通，陈良回信迄今未来，已另想他法，自然不会要法币，兼职不必了，我的妻，我要怎样说才使自已心安！？

镇美的相片为什么不把你也照出来？我的情人！

Spinoza 又读了些，——他的哲学建筑在一完整的科学基础上，自然是一切的根源，人是自然之一，必然依照永恒不变的法则的。他相信我们的理智的自然力量足以了解丰富的神秘，即使去认识上帝本身，神的显示仍是不必要的。合理方法的本体包含在最单纯的开始里，这绝对的单纯我们决计能够知道的。观念如果能被明晰地了解的，必定是正确的。他的一切定义和原则就根据此，自然是绝对的，无限的统一均和的行序，绝对的真实才是至高的完整，假如上帝是存在的（这当时是肯定的），是完善无缺陷的话，他既是宇宙（自然）亦需依然永恒和必需的法则。（上面是 Joseph Ratner 约瑟夫 · 拉特纳字的前言中的

1948 年汪坦先生在泰里埃森（汪坦先生家藏）

最小一部分，留些下封信写）

当时的哲学脱离不了宗教、神……亦即是一切的神秘。

带来三双皮鞋，黑的从未穿过。“Bata 皮鞋品牌，1894 年创建于捷克”星期天用在参加 Wright 的 living room 晚餐，那双倒霉的圆头橡皮底鞋被我走得不成样子，带子打了四五个结，昨天在针线包里发现了你给准备的另一副鞋带，真是喜出望外，谢谢你，我的可人儿。

美国这国家应无多大前途，各种出品粗制，完全为了生意眼，年轻人取巧贪懒。比方说扫地吧，地板上有孔，就将灰尘倒进去。Wright 一出门，立刻就松懈下来，have a good time 过得快乐的意思就是放纵一下，喝醉了酒才称最快乐，也许人类全是这样的！天知道！

大哥有信来，知道他也有事了，这样看来，家中经济情形可以稍佳。

南京上海一定极热了，此地这两天虽在太阳下工作仍旧可以穿住衬衫，早起还得加上绒线衫。下星期又该进厨房了，东方人做事比较认真仔细，于是就逃不了。这些事自然没有意思，一次、两次可以说要你学习，永远这样下去似乎有失真意。两个德国人先后走出，很多人精神不振，口出怨言，固然他们没有了解 Wright，但是猜想 Wright 的本意也不是要你们“服务”，而是在工作中学习以建筑为中心的一切，我自己就深深感觉到当 Wright 同你说要你做什么时，这种情绪是亲密的，动机完全是为你，不是为他自己。可是旁的人就恰恰相反，即使明明是为了大家的事，也使人以为你是他的奴仆一般，没有涵养功夫的美国孩子，如何受得住。再谈。

吻遍你。

坦

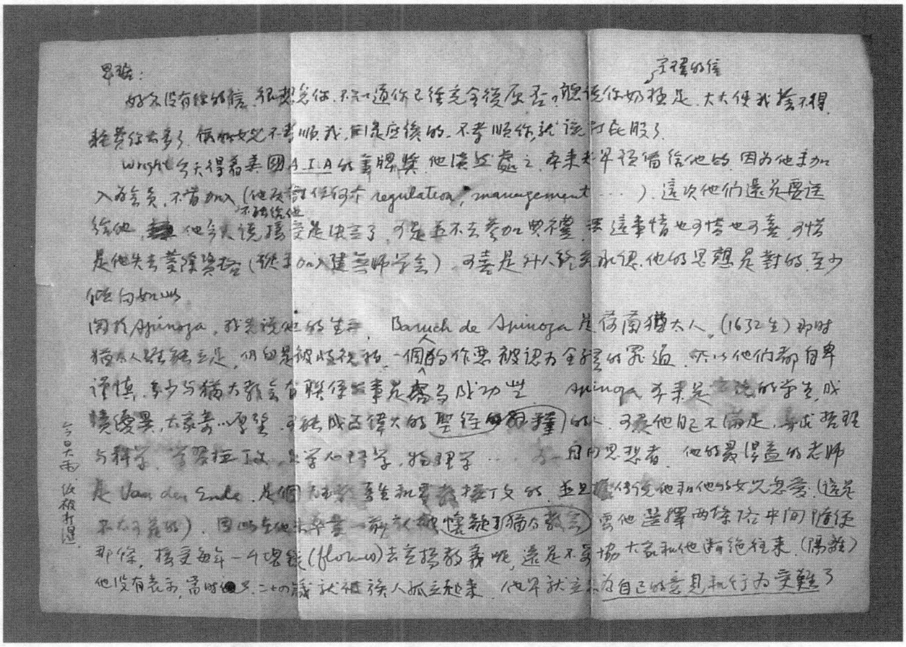

思琚：

好久没有你的信，很想念你，不知道你已经完全复原否？听说你奶极足（宗玮的信），大大使我舍不得，耗费你太多了，假如女儿不孝顺我，倒是应该的，不孝顺你就该打屁股了。

Wright今天得着美国A.I.A的金牌奖，他淡然处之，本来老早预留给他的，因为他未加入为会员，不肯加入（他反对任何regulation，management……），这次他们还是要送给他，他今天说接受是决定了，可是并不去参加典礼，这事情也可惜也可喜，可惜的是他失去业余资格（从未加入建筑师学会），可喜是外人终究承认他的思想是对的，至少……

21．斯宾诺莎（1948年7/8月）

思琚：

好久没有你的信，很想念你，不知道你已经完全复原否？听说你奶极足（宗玮的信），大大使我舍不得，耗费尔太多了，假如女儿不孝顺我，倒是应该的，不孝顺你，就该打屁股了。

Wright今天得着美国AIA American Institute of Architects，美国建筑师学会的金牌奖，他淡然处之，本来老早预留给他的，因为他未加入为会员，不肯加入不能给他（他反对任何regulation规章、management管理……）。这次他们还是要送给他，他今天说接受是决定了，可是并不去参加典礼。这事情也可惜也可喜，可惜的是他失去业余资格（从未加入建筑师学会），可喜的是外人终究承认他的思想是

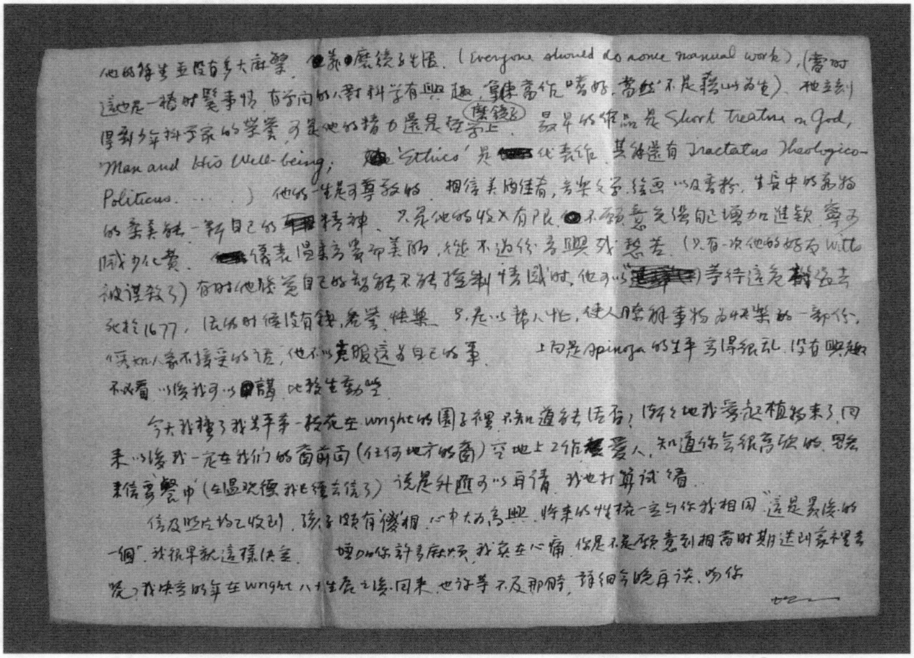

他的余生并没有多大麻烦，靠磨镜子生活。(everyone should do some manual work)，(当时这也是一桩时髦事情，有学问的人对科学有兴趣，拿镜子来当作嗜好，当然不是借此为生)。他立志得到少年科学家的荣誉，可是他的精力还是在磨镜子上。最早的作品是 Short Treatise on God, Man and His Well-being；'Ethics'是代表作，其余还有 Tractatus Theologico-Politicus……）他的一生是可尊敬的，相信美的佳肴，音乐文学、绘画以及香料，生活中的[illegible]的享美能[illegible]自己的精神。只是他的收入有限，不愿意免得能增加进款，宁可减少化费。[illegible]不过分[illegible]兴奋发怒。（只有一次他的好友 Witt 被谋杀了）有时他发觉自己的[illegible]不能控制情感时，他可以[illegible]等待这愤怒过去。死于1677，活的时候没有钱，名誉，快乐，只有以帮人忙，使人了解事物为快乐的一部份。[illegible]人家不接受的话，他可以[illegible]这是自己的事。上面是Spinoza的生平写得很乱，没有兴趣不必看，以后我可以讲，比较生动些。

今天我种了我生平第一棵花在wright的园子里，不知道能活否？渐渐地我喜起植物来了，回来以后我一定在我们的窗前面（任何地方的窗）空地上工作[illegible]爱人，知道你会很高兴的。[illegible]来信[illegible]中（[illegible]）说是[illegible]可以再请，我也打算试试。

信及照片均已收到，孩子颇有[illegible]相，心中大为高兴。将来的性格一定与你我相同，"这是最后的一个"，我很早就这样决定。增加你许多麻烦，我实在心痛。你是不是愿意到相当时期送到家里去呢？我[illegible]在wright八十生辰之后回来，也许等不及那时，详细今晚再谈。吻你

[illegible]

对的，至少倾向如此。

关于Spinoza，我先说他的生平，Baruch 英文：Benedict（本尼迪克特）de Spinoza 巴鲁克·斯宾诺莎是荷兰犹太人（1632年生），那时犹太人虽能立足，仍旧是被歧视的。一个人的作恶被认为全体的罪过，所以他们都自卑谨慎，多少与犹太教会有联系的事是容易成功些。Spinoza本来是正统的学生，成绩优异，大家寄以厚望，可能成为伟大的解释圣经的人，可是他自己不满足，寻求哲理与科学，学习拉丁文，又学心理学、物理学……为一自由思想者。他最得益的老师是 Van den Enden 法兰西斯·凡·登·恩登，是个天主教医生和专教拉丁文的。并且据传说他和他的女儿恋爱（这太不可思议）。因此在他未卒业以前，就被犹太教会怀疑了，要他选择两条路中间随便哪条，接受每年一千块钱去宣扬教义呢，还是不妥协和他断绝往来（隔离）。他没有表示，当时，二十四岁就被族人孤立起来，他早就立志为自己的意见和行为受难了。他的余生并没有多大麻烦，靠磨镜子生活（everyone should do some manual work 每个人都应该干些手工活儿）（当时这也是一桩时髦事情），有学问的人对科学有兴趣，拿磨镜子来当作嗜好（当然不是借此为生）。他立志得到少年科学家的荣誉，可

是他的精力还是在哲学上，最早的作品是 Short Treatise on God，Man and his well-being《简论神·人和人的幸福》，Ethics《伦理学》是代表作，其余还有 Tractatus Theologico-Politicus《政治论》……他的一生是可尊敬的，相信美酒佳肴、音乐文学、绘画以及香粉，生长中的万物的柔美能一新自己的精神。只是他的收入有限，不愿意勉强自己增加进款，宁可减少花费。仪表温柔高贵而美丽，从不过分高兴和愁苦（只有一次他的好友 Witts 维茨被谋杀了），有时他发觉自己的智能不能控制情感时，他可以等待这危机过去。他死于 1677 年。活的时候没有钱、名誉、快乐，只是以帮人忙、使人了解事物为快乐的一部分。假如人家不接受的话，他不以克服这为自己的事。上面是 Spinoza 的生平，写得很乱，没有兴趣，不必看，以后我可以讲，比较生动些。

今天我种了我生平第一枝花在 Wright 的园子里，不知道能活否？渐渐地我爱起植物来了，回来以后我一定在我们的窗（任何地方的窗）前面的空地上工作，爱人，知道你会很高兴的。思宏来信要"餐巾"（在温观德处，我已经去信了），说是外汇可以再请，我也打算试试看。

信及照片均已收到，孩子颇有"傻"相，心中大为高兴，将来的性格一定与你我相同。"这是最后的一个"，我很早就这样决定，增加你许多麻烦，我实在心痛，你是不是愿意到相当时期送到家里去呢？我决定明年在 Wright 八十生辰之后回来，也许等不及那时，详细今晚再谈，吻你。

坦

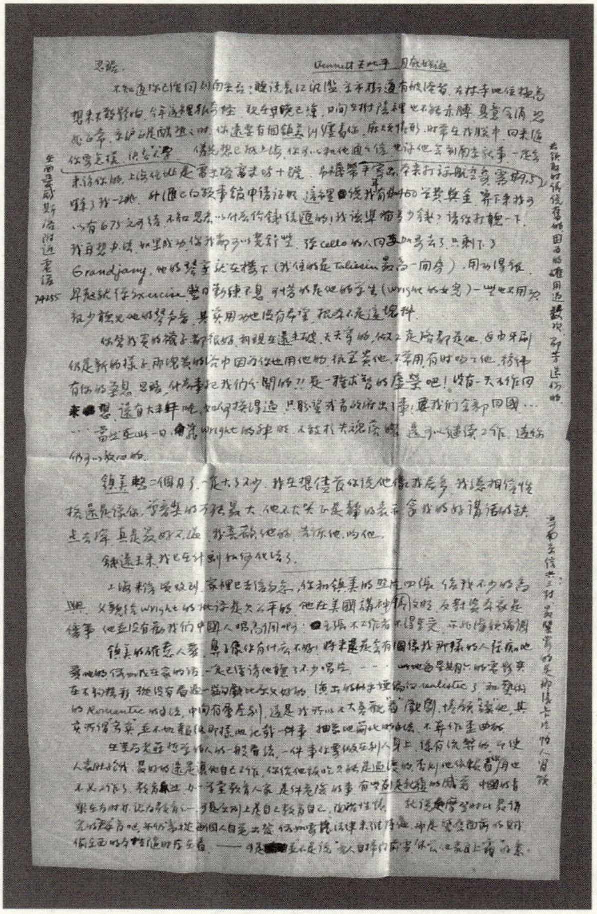

思琚：

Bennett去北平，月底始返

22．文化的相互了解（1948年8月初）

思琚：

Bennett 去北平，月底始返。

不知道你已经回到南京否？听说长江汛滥，南京市街道有被淹者，古林寺地位极高，想来不致影响。今年这里很奇怪，现在早晚已凉，日间在树荫里也不能赤膊，夏意全消，恐非正常。京沪正是酷热之时，你还要有个镇美纠缠着你，

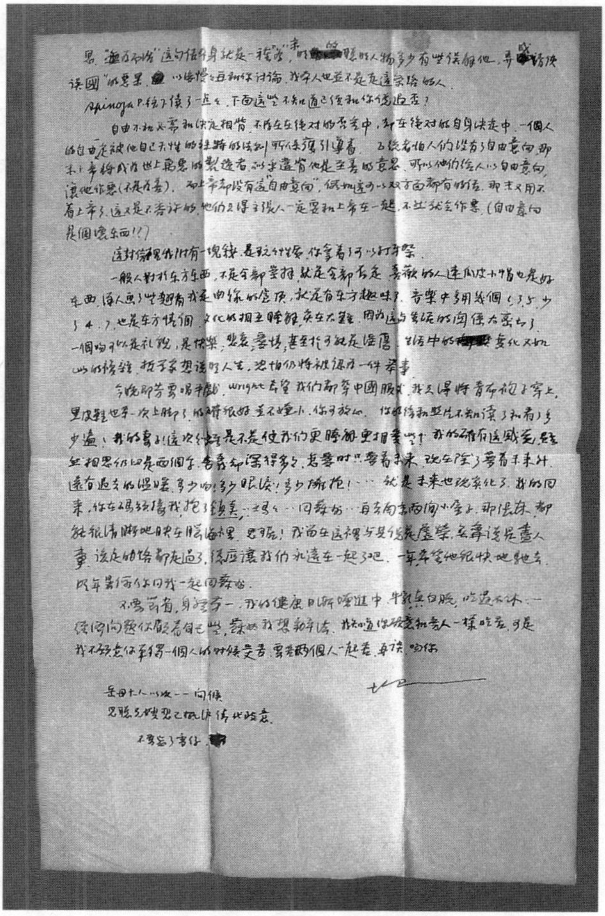

麻烦情形，时常在我脑中。回来随你要怎样，绝无“不”字。仪先想已抵上海，你可以和他通通信，也许他会到南京就事，一定会来访你的，上海住址是雷米路雷米坊十号，吊袜带平寄出（去领取时请说旧的，因为的确用过数次，邵芳送你的）。本来打算航空寄，需＄9.5，吓了我一跳。外汇已向领事馆申请证明，这里说我有＄450学费奖金，算下来我可以有675元可结，不知思宏以什么价钱结汇的？我该准备多少钱？请你打听一下，我再想办法，如果成功，你我都可以宽舒些。

弹cello的人回芝加哥去了，只剩下了Grandjany，他的琴室就在楼下（我住的是Taliesin最高一间房），用功得很，早起就弹exercise练习曲，整日勤练不息，可惜的是他的学生（Wright 的女儿）一点也不用功，很少听见她的琴声，其实用功也没有希望，根本不是这块料。

你替我买的袜子，都很好，到现在还未破，天天穿的，做工走路都是它，毛巾牙刷仍是新的样子，那块贵的浴巾，因为你也用它的，很宝贵，不常用，有时吻了它仿佛有你的气息。思琚，什么事把我们分开的？！是一种求智的虚荣吧！没有一天不作回来想，还有大半年呢，如何挨得过，只盼望或者政府出了事，要我们全部回国……当然，在此一日，靠 Wright 的神明不至于失魂落魄，还可以继续工作，这你仍可以放心的。

镇美整两个月，一定大了不少，我在想尽管你说她像我居多，我总相信性格还是像你，学音乐的可能最大。她不大哭正是静的表示，拿我的好讲话的缺点去掉，真是最好不过。我喜欢她的，告诉她，吻她。

钱还未来，我已在计划如何花法了。

上海来信收到，家里已去信，勿念。你和镇美的照片四张，给我不少的高兴。父亲给 Wright 的批评是欠公平的，他在美国讲精神文明，反对资本家是傻事，他并没有劝我们中国人唱高调啊！主张不工作者不得享受，并非滑头论调。

镇美的确惹人爱，鼻子像你有什么不好？！将来总是会有个像我那样的人发痴地爱她的。假如我在家的话，一定已经请她听了不少唱片……。此地每星期六的电影实在不够精彩，从没有看过一出戏比原文好的，演出似乎嫌偏向 Realistic 现实主义的了，和艺术的 Romantic 浪漫的的手法，中间有层差别，这是我所以不喜欢“看”戏剧、情愿“读”它的原因。其实所谓“写实”，并不如报纸那样的记载一件事，抽象的简化的手法不算作歪曲的。

崇尚老庄哲学的人的一般看法，一件事你要做在别人身上，总有流弊的，即使人家肚子饿，最好的还是让他自己工作，你给他饭吃只能是过渡的，否则他依赖着你，再也不必工作了。教育亦然，办一学堂教育人家，是件危险的事，有些削足就履的感觉。中国的音乐在古时亦认为教育之一，可是原则上是自己教育自己，陶冶性情。就说是摩登时代最讲究的“群”育吧，亦仍需从每个人自觉出发，假如要靠法律来维持它，那是警察面前的贼，偷东西的本性随时存在着……可是并不是说“各人自扫门前雪，休管他家瓦上霜”的意思，“无为而活”这句话本身就是一种“为”。宋、明的聪明人物多少有些误解他，弄成清谈误国的恶果，以后慢慢再和你讨论，我本人也并不是走这条路的人。

Spinoza 只往下读了一点点，下面这些不知道已经和你说过否？

自由不与必须和绝对相背，不存在在绝对的否定中，却在绝对的自身决定中。一个人的自由一定被他自己天性的殊特的法则所保护引导着，正统者怕人们没有了自由意向，那么上帝将成为世上万恶的制造者，似乎违背他是至善的意思，所以他们给人以自由意向，让他做恶（不是为善），而上帝却没有这“自由意向”，假如这可以双方面都有的话，那么又用不着上帝了，这又是不容许的，他们只得主张人一定要和上帝在一起，不然就会做恶。（自由意向是个坏东西！？）

这封信里我附有一块钱，是玩的性质，你拿着可以打牙祭。

一般人对于东方东西，不是全部崇拜，就是全部否定，喜欢的人连瓜皮小帽也是好东西，洋人画了些翘角或是曲线的屋顶，就是有东方趣味了。音乐中多用几个 1、3、5，少了 4、7，也是东方情调。文化的相互了解，实在太难，因为这与生活的关系太密切了。一个吻可以是礼貌，是快乐、悲哀、爱情，甚至于可能是淫荡，生活中的变化又如此的复杂，哲学家想说明人生，恐怕仍将被认为是一件蠢事。

今晚邵芳要唱平戏，Wright 希望我们都穿中国服式，我只得将青布袍子穿上，黑皮鞋也第一次穿上了，的确很好，并不嫌小，你可放心。你的信和照片不知读了和看了多少遍！我的妻子！这次分离是不是使我们更了解、更相爱些了？我的确有这感觉，虽然相思仍旧是两个字，意义却深得多多。恋爱时只梦着未来，现在除了梦着未来外，还有过去的温暖，多少吻！多少眼泪！多少拥抱！……就是未来也现实化了，我回来，你在码头接我，抱了镇美……妈妈……回苏州……再去南京两间小屋子，那张床，都能很清晰地映在脑海里，思琚！我留在这里与其说是虚荣，毋宁说是尽人事，该走的路都走过了，总应该让我们永远在一起了吧。一年，希望它很快地驰去，明年暑假你同我一起回苏州。

不要节省，身体第一，我的健康日渐增进中，牛乳真白脱，吃个不休。经济问题你顾着自己些，苏州我想办法，我知道你愿意和旁人一样吃苦，可是我不愿意你单独一个人的时候受苦，要苦两个人一起苦。再谈，吻你。

坦

岳母大人以次一一问候

思聪兄嫂想已抵沪代致意

不要忘了雪仔

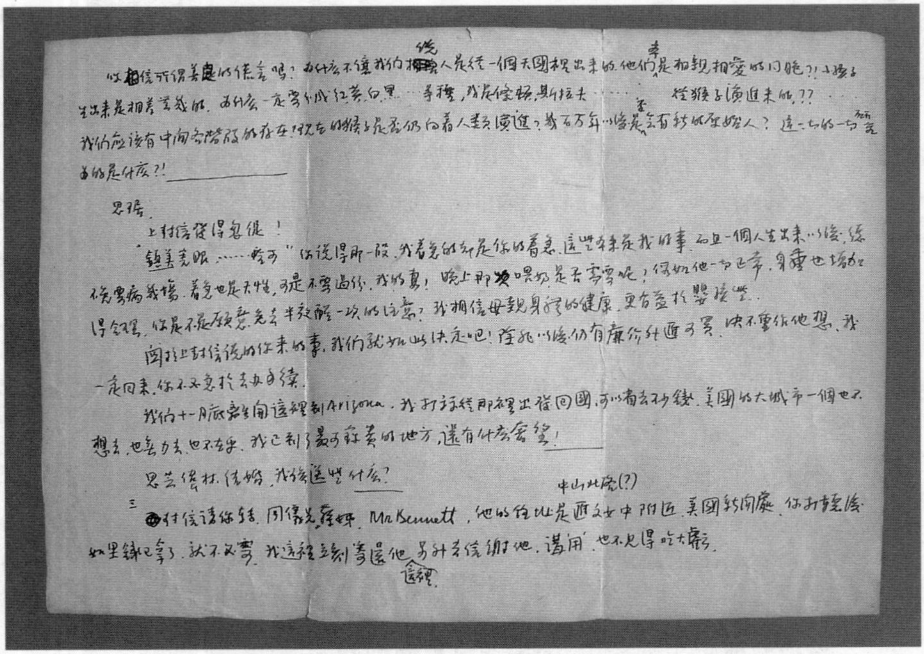

23. 善良的谎言（1948年8月）

思琚：

颜色的“暖”和“冷”本来没有标准的。假如世界上只有一种浓度，我们很难说出它的性质。一切性质是从比较来的。各人所感到的“冷”和“暖”的程度也有所不同或竟相反。尽管 Kandinsky 康定斯基说黄色向着你来，蓝色离你而去，人对颜色的感觉还是在本身。因素（快乐，忧郁……）是复杂的。只有没有感觉的人才听信理论，盲从人家的话。

所谓“深”和“远”是形容一种可及与不可及的感觉，这种距离可以拿时间来表达。“眼”所看得到的是最表面的、最浅近的，几分钟或几天总可以达到它。“脑”比较深远些，凡是你能想到的东西，尽管千奇百怪，数年或数百年吧，是会实现的。只有“心”感觉是最深远的，简直不可捉摸，一刹那或是永恒才和它亲近。说得笨拙一些，眼和脑是属于数字的，而心是“0”或“00”(infinity 无穷大)(这待我以后再细细思索)。

人们在对现实无能解释后，往往逃避到“玄虚”里去，说什么“不存在”、“无所谓美丑”、“善恶不可辨”，其实一切能说的只有存在，即使这一秒钟是善，下一秒钟他变恶了，还是有善有恶。我们人是存在的，只能在“存在”里伤脑筋。所谓精神生活（四度空向生活）是对自己一种安慰（不存在的？！）或是懦弱的逃避。

我的思想体系很紊乱，矛盾的地方很多，也许是年轻人该有的表现，让时间来整理它吧！

你相信所谓善良的谎言吗？为什么不让我们说人是从一个天国里出来的，他们本是相亲相爱的同胞？！小孩子生出来是相差无几的，为什么一定要分成红、黄、白、黑等种，或是条顿、斯拉夫……从猴子演进来的？？

我们应该有中间各阶段的存在？现在的猴子是否仍向着人类演进？几百万年以后是否会有新的原始人？这一切的一切研究为的是什么？

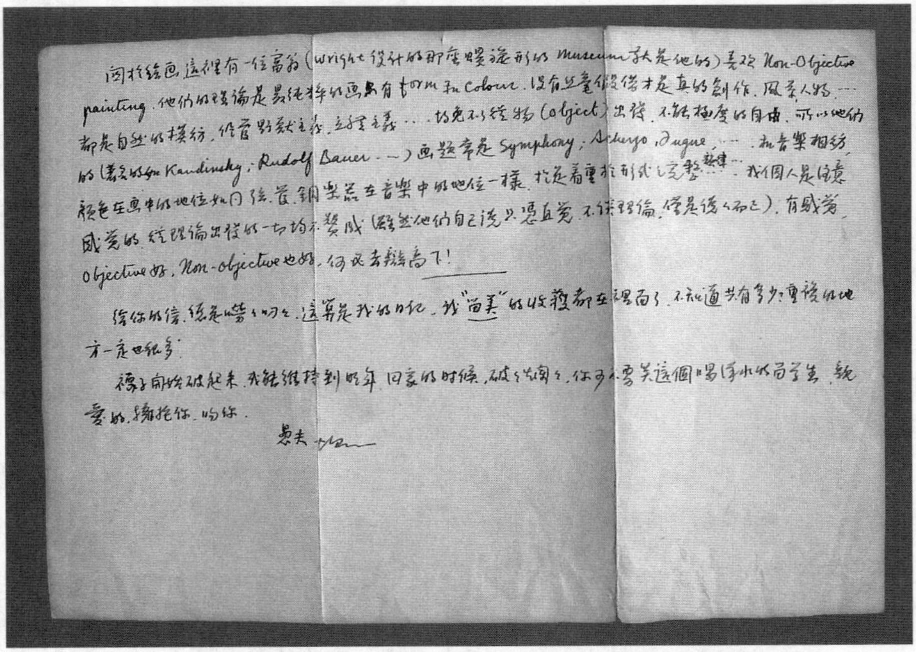

关于绘画，这里有一位富翁（Wright设计的那座螺旋形的Museum就是他的）喜欢Non-Objective painting，他们的理论是要绝对纯粹的画，只有form和colour，没有丝毫假借才是真的创作。风景人物……都是自然的模仿，借重野兽主义、立体主义……均免不了从物（object）出发，不能极度的自由。所以他们的（画家如Kandinsky，Rudolf Bauer……）画题常是Symphony，Scherzo，Fugue……和音乐相仿，颜色在画中的地位如同弦、管、钢琴在音乐中的地位一样，于是着重于形式之完整、韵律……我个人是同意感觉的，经理论出发的一切均不赞成（虽然他们自己说只凭直觉，不依理论，但是说说而已），有感觉，Objective好，Non-objective也好，何必去辩高下！

给你的信，总是唠唠叨叨，这算是我的日记，我"寻美"的收获都在里面了，不知道其中有多少重复的地方一定也很多。

孩子开始硬起来，我能维持到明年回家的时候，硬硬朗朗，你可不要笑这个喝洋水的留学生，就爱她，拥抱你，吻你。

思夫

24．注意感觉（1948年8月）

思琚：

上封信发得匆促！

“镇美害眼……痊愈”你说得那一段，我着急的却是你的着急，这些本来是我的事，而且一个人生出来以后，总不免要病几场，着急也是天性，可是不要过分，我的妻！晚上那次喂奶是否需要呢？假如她一切正常，身重也增加得合理，你是不是愿意免去半夜醒一次的注意？我相信母亲身体的健康，更有益于婴孩些。

关于上封信说的你来的事，我们就如此决定吧！除此以后仍有廉价外汇可买，决不重作他想，我一定回来，你又不急于去办手续。

我们十一月底离开这里到 Arizona，我打算从那里出发回国，可以省去不少钱。美国的大城市一个也不想去，也无力去，也不在乎，我已到了最宝贵的地方，还有什么奢望！

思芸、伟林结婚，我该送些什么？

三封信请你转周仪先、荪姊、Mr. Bennett 班尼特先生，他的住址是中山北路外文女中附近，美国新闻处，你打听后如果钱已拿了，就不必寄，我这里立刻寄还他，另外去信谢他，讲“用”，也不见得吃大亏。

关于绘画，这里有一位富翁（Wright 设计的那座螺旋形的 museum 博物馆就是他的）喜欢 non-objective painting 抽象绘画，他们的理论是最纯粹的画只有 form 形和 colours 色，没有丝毫假借才是真的创作，风景、人物……都是自然的模仿，尽管野兽主义、立体主义……均免不了从物（object）出发，不能极度的自由，所以他们（著名的如 Kandinsky、Rudolf 鲁道夫、Bauer 鲍尔……）的画题常是 Symphony 交响曲、Scherzo 谐虐曲、Fugue 赋格曲……和音乐相仿，颜色在画中的地位如同弦、管、铜乐器在音乐中的地位一样，于是着重于形式之完整、旋律……我个人是注意感觉的，从理论出发的一切均不赞成（虽然他们自己说只凭感觉，不谈理论，仅是说说而已），有感觉，Objective 写实的好，non-objective 抽象的也好，何必去辨高下！

给你的信，总是唠唠叨叨，这算是我的日记，我“留美”的收获都在里面了，不知道共有多少？重复的地方一定也很多。

袜子开始破起来，我能维持到明年，回家的时候，破破烂烂，你可不要笑这个喝洋水的留学生。亲爱的，拥抱你，吻你。

愚夫　坦

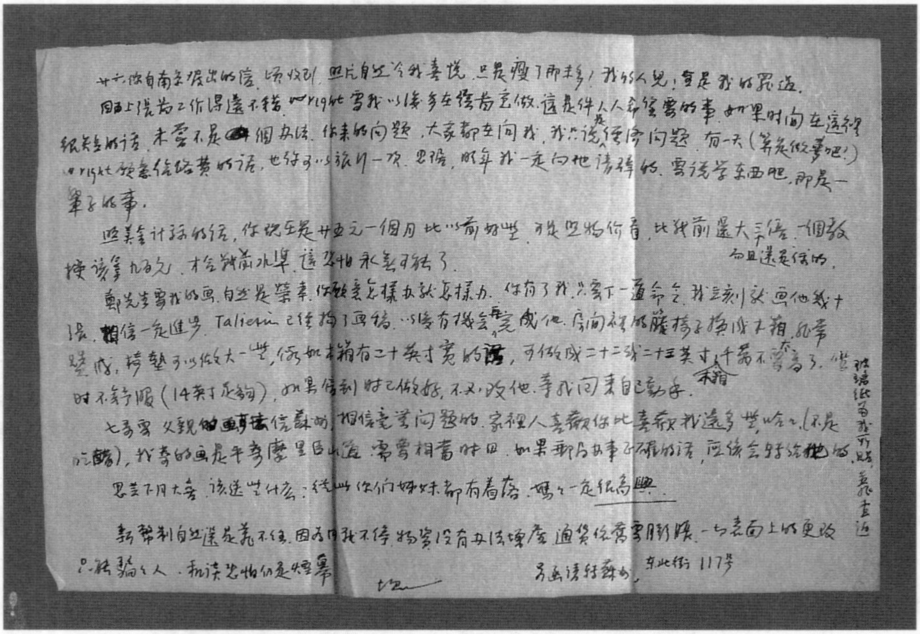

25. 学东西是一辈子的事（1948年9月）

二十六日你自南京发出的信，已收到，照片自然令我喜悦，只是瘦了那么多！我的人儿！全是我的罪过。

因为上张图工作得不错，Wright 要我以后多在绘图室做，这是件人人希望要的事，如果时间在这里很短的话，未尝不是个办法。你来的问题，大家都在问我，我只说是经济问题。有一天 Wright 愿意给路费的话，也许你可以旅行一次（算是做梦吧！）。思琚，明年我一定向他请辞的，要说学东西吧，那是一辈子的事。

照美金计算的话，你现在是二十五元一个月比以前好些，可是照物价看，比战前还大三倍（而且还是假的），一个教授该拿九百元才合战前水准，这恐怕永无可能了。

郑先生要我的画，自然是荣幸，你愿意怎样办就怎样办，你有了我，只要下一道命令我立刻就画他几十张，相信一定进步。Taliesin 已经勾了画稿，以后有机会，再完成它。房间里的藤椅子换成木箱，非常赞成，椅垫可以做大一些，假如木箱有二十英寸宽的话，可做成二十二或二十三英寸，木箱千万不要高了，坐时不舒服（14 英寸足够）。如果信到时已做好，不必改它，等我回来自己动手。

七哥要父亲的画可去信苏州，相信毫无问题的，家里人喜欢你比喜欢我还多，哈哈（不是吃醋）。我寄的画是《平寄摩里臣山道》，需要相当时日。如果邮局办事正确的话，应该会转给他的。

思芸下月大喜，该送些什么？从此你们姊妹都有着落，妈妈一定高兴。

新币制自然还是靠不住，因为内战不停，物资没有办法增产，通货依旧要膨胀，一切表面上的更改只能骗骗人，和谈恐怕仍是烟幕。

坦

另函请转苏州，东北街 117 号

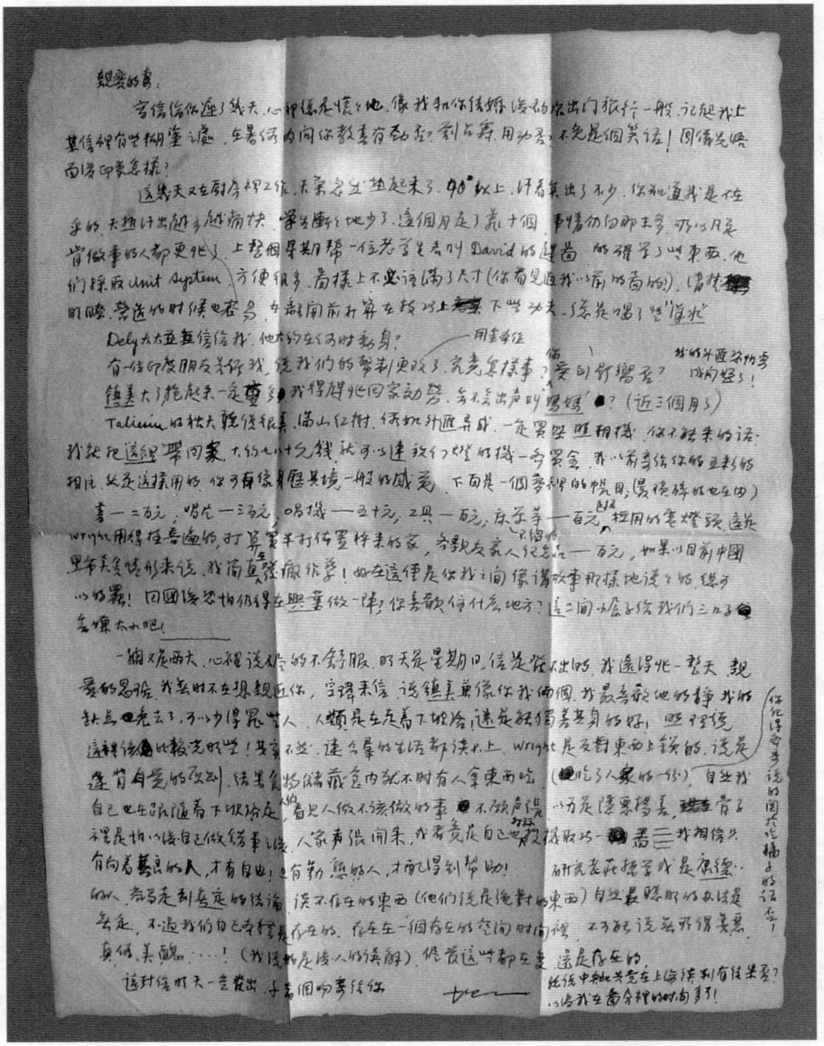

26. 自觉的原则（1948年9月）

亲爱的妻：

写信给你迟了几天，心里总是慌慌的，像我和你结婚后初次出门旅行一般。记起我上某封信里有些糊涂之处，在暑假内问你教书有劲否？不免是个笑话！

周仪先晤面后印象怎样？

这几天又在厨房里工作，天气忽然热起来了，华氏90°（相当于摄氏32℃）以上，汗着实出了不少，你知道我是不在乎的，天热汗出越多越痛快。学生渐渐地少了，这个月走了近十个，事情仍旧那么多，所以凡是肯做事的人都更忙了。上整个星期帮一位老学生名叫David大卫的赶图，的确学了些东西，他们采取Unit System单位体系，方便很多，图样上不必注满了尺寸（你看见过我以前的图的），清楚明了，营造的时候也容易。在离开前打算在技巧上下些功夫，总是喝了些"洋水"。

Dely太太并无信给我，她大约在何时动身？

有一位印度朋友告诉我，说我们的币制更改了，用金本位，究竟怎样事？你受到影响否？

我的外汇恐怕要成问题了。

镇美大了，抱起来一定重多了，我得赶忙回家效劳，会不会出声叫"妈妈"（近三个月了）？

Taliesin的秋天听说很美，满山红树。假如外汇弄成，一定要买架照相机，你不能来的话，我就把"这里"带回家。大约七八十元钱，就可以连放幻灯的机器一齐买全，我以前寄给你的五彩的相片，就是这样用的，你可有身历其境一般的感觉。下面是一个梦里的帐目（最琐碎的也在内）。

书——二百元；唱片——三百元；唱机——五十元；工具——百元；床单等——百元，包括拉用的电灯头，这是Wright用得极普遍的，打算买半打布置将来的家；各亲友家人纪念品——百元；如果以目前中国黑市美金情形来说，我简直在发疯作孽！好在这仅是你我之间像讲故事那样地说说的，总可以的吧！回国后恐怕仍得在兴业做一阵，你喜欢什么地方？这二间小屋子给我们三口子会嫌太小吧！

一搁又是两天，心里说不尽的不舒服。昨天是星期日，信是发不出的，我还得忙一整天。亲爱的思琚，我无时不想亲近你。宗玮来信，说镇美兼像你我两个，我最喜欢她的静，我的缺点免去了，可以少得罪些人。人类是在走着下坡路！还是能独善其身的好！照理说这里该比较光明些！其实不然，连合群的生活都谈不上。Wright是反对东西上锁的，说是违背自觉的原则，结果食物储藏室内就不时有人拿东西吃（吃了人家的一份）。你记得齐哥说的关于吃橘子的话否？自然我自己也在跟随着下坡路走，人们看见人做不该做的事，不愿声张，以为是隐恶扬善，骨子里是怕以后自己做错事之后，人家声张开来，或者竟是自己也打算投机取巧一番，我相信只有向着善良的人，才有自由！只有勤恳的人，才配得到帮助！研究老庄哲学或是康德的人，容易走到无定的结论，谈不存在的东西（他们说是绝对的东西），自然最聪明的办法是无定，不过我们自己本体是存在的，存在在一个存在的空间里，不可能说无所谓善恶、真假、美丑……（我说的是后人的误解）尽管这些都在变，还是存在的。

听说共产党和国民党在上海谈判，有结果否？以后我在图房里的时间多了！

这封信明天一定发出。千万个吻寄给你。

坦

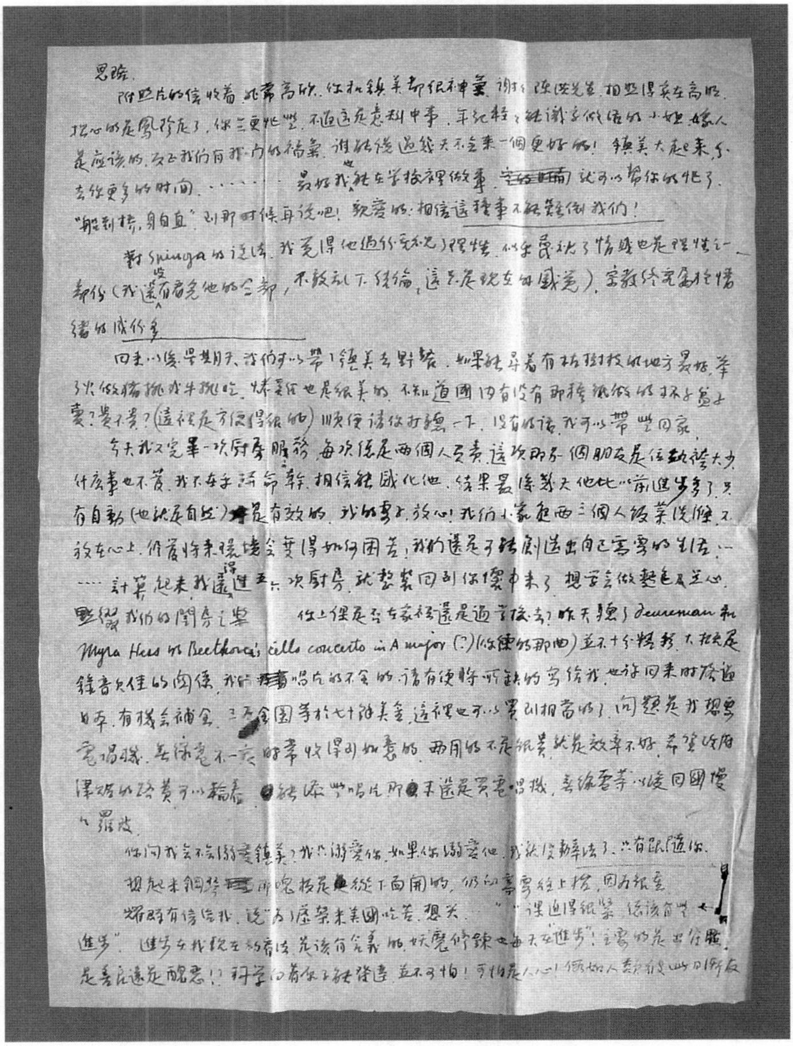

27．说人（1948年9月）

思琚：

附照片的信收着，非常高兴，你和镇美都很神气，谢谢陈洪先生，相照得实在高明。担心的是凤珍走了，你会更忙些，不过这是意料中事，年纪轻轻能

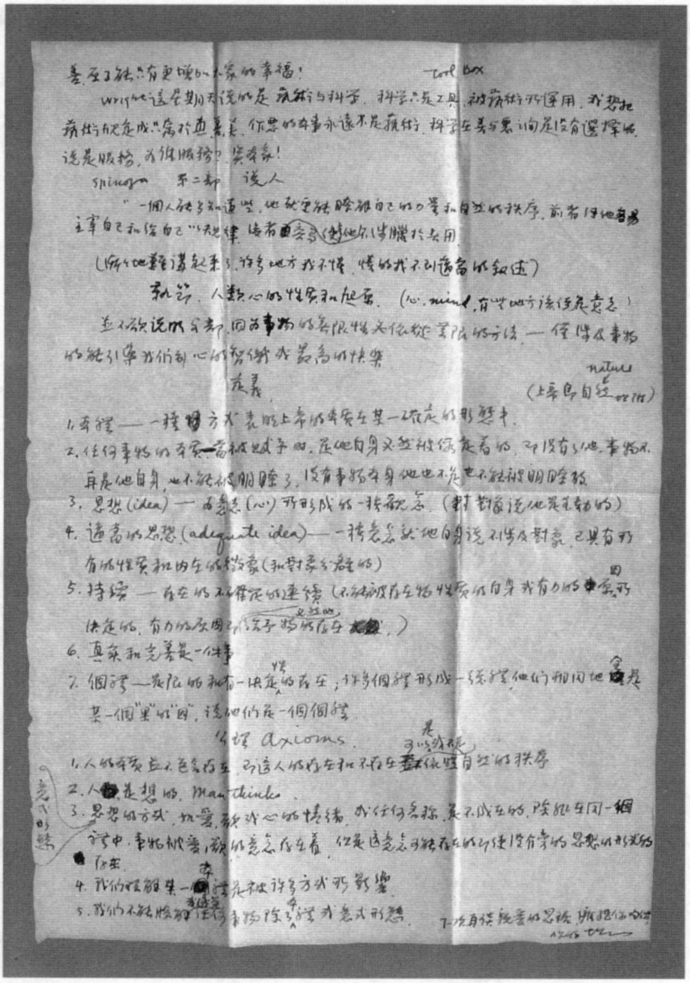

甚至了解，有更增加大家的幸福！　　—tool box

Wright这学期所说的是艺术与科学。科学只是工具，被艺术所运用，我想把艺术规定成只属于真善美，作恶的本事永远不是艺术，科学在善与恶之间是没有选择的，说是服务，为谁服务？实在妙！

Spinoza　第二部　论人

"一個人能多知道些，他就更能瞭解自己的力量和自然的秩序。前者使他容易主宰自己和给自己以规律，后者使他不致[illegible]于无用。

（[illegible]讲起来了，许多地方我不懂，懂的我不[illegible]的知道）

前节，人类心的性质和起源。（心，mind，有些地方该译是意志）

并不欲说明全部，因为事物的无限性无从依从有限的方法——使涉及事物的能引导我们到心的智识或最高的快乐

定义　　（上帝即自然 nature）

1. 本体——一种方式表明上帝的本质在某一确定的形态中。

2. 任何事物的本质……是他自身必然被决定着的，如没有了他，事物不再是他自身，也不能被明瞭了，没有事物本身他也不是也不能被明瞭的。

3. 思想（idea）——由意志（心）所形成的一种观念。（对对象说他是主动的）

4. 适当的思想（adequate idea）——一种意念就他自身说不涉及对象，已具有一切有的性质和内在的徵象（和对象合适的）

5. 持续——存在的不确定的连续（不能被存在物性质的自身或有力的因素所决定的，有力的原因可以设予物以存在[illegible]。）

6. 真实和完善是一件事

7. 個體——是限的和有一决定性的存在；许多個體形成一系体，他们相同地是某一個"果"的"因"，说他们是一個個體

公理 axioms

1. 人的本质並不包含存在，可适人的存在和不存在是可以或不是依照自然的秩序

2. 人是想的。Man thinks.

3. 思想的方式，如爱，欲或心的情绪，或任何名称，是不成立的，除非在同一個體中，事物被爱，欲的意念存在着，但是这意念可能存在的即使没有其他的思想的形式的存在。

4. 我们理解某一本体是被许多方式所影响

5. 我们不能瞭解任何事物除了体或意式形态。

（意式的形态）

下次再谈谈爱的思想，[illegible]

[illegible]

马思琚先生和长女
汪镇美（陈洪摄）

认字做活的小姐，嫁人是应该的，反正我们有我们的福气，谁能说过几天不会来一个更好的？镇美大起来，分去你更多的时间……最好我也能在学校里做事，就可以帮你的忙了。"船到桥，身自直"，到那时候再说吧！亲爱的，相信这种事不能难倒我们！

对 Spinoza 的说法，我觉得他过分重视了理性，似乎蔑视了情感也是理性之一部分（我还没有看完他的全部，不敢乱下结论，这只是现在的感觉），宗教终究属于情绪的成分多。

回来以后，星期天我们可以带镇美去野餐，如果能寻着有枯树枝的地方最好，举了火做猪排或牛排吃，烤鸡也是很美的，不知道国内有没有那样纸做的杯子、盘子卖？贵不贵？（这里是方便得很）顺便请你打听一下，没有的话我可以带些回家。

今天我又完毕一次厨房服务，每次总是两个人负责，这次那另一个朋友是位纨绔大少，什么事也不管，我不在乎拼命干，相信能感化他，结果最后几天他比以前进步多了，只有自动（也就是自然）才是有效的。我的妻子，放心！我们小家庭两三个人饭菜洗涤，不放在心上，不管将来环境会变得如何困苦！我们还是可能制造出自己需要的生活……计算起来，我还得进五六次厨房，就整装回到你怀中来了，想学会做面色及点心，点缀我们的闺房之乐。你上课是否在家里还是过学校去？昨天听了FeuremanEmanuel Feureman，伊曼纽尔·福尔曼，大提琴家和Myra Hess迈拉·赫斯，1890—1965年，英国女钢琴家的《Beethoven's cello concerto in A major》（？）贝多芬A大调大提琴协奏曲（你练的那曲），并不十分精彩，大概是录音欠佳的关系，我们唱片不全的，请有便将所缺的写给我，也许回来时路过日本，有机会补全。三万金圆等于七十余美金，这里也可以买到相当的了，问题是我想要电唱机，无线电不一定时常收得到如意的，两用的不是很贵，就是效果不好，希望政府津贴的路费可以轮着，能添些唱片，那么还是买电唱机，无线电要等以后回国慢慢罗置……

你问我会不会溺爱镇美？我只溺爱你，如果你溺爱她，我就没办法了，只有跟随你。

想起来钢琴那块板是从下面开的，仍旧需要往上抬，因为很重。

耀群有信给我，说："为了虚荣来美国吃苦，想哭……""课迫得很紧，总该有些进步"。进步在我现在的看法，是该有含义的，妖魔修炼也每天在"进步"！主要的是出发点，是善良还是丑恶！！科学向着原子能发达，并不可怕！可怕的是人心！假如人类彼此日渐友善，原子能只有更增加大家的幸福！

Wright这星期天说的是艺术与科学。科学只是工具，被艺术所运用，我想把艺术规定成只属于真善美，做恶的本事永远不是艺术，科学在美与恶之间是没有选择的，说是服务，为谁服务？资本家！

Spinoza 第二部 说人

“一个人能多知道些，他就更能了解自己的力量和自然的秩序”，前者使他容易主宰自己和给自己以规律，后者使他容易不涉猎于无用。

（渐渐地难讲起来了，许多地方我不懂，懂的即找不到适当的叙述。）

第九节，人类心的性质和起源（心：mind，有些地方该说是意志）。

并不欲说明全部，因为事物的无限性必依从无限的方法——至涉及事物的能引导我们到心的智识或最高的快乐。

定义：

1. 本体—— 一种方式表明上帝的本质在某一确定的形态中。

2. 任何事物的本质——当被赋予时，是它自身必然被假定着的，即没有了它，事物不再是它自身，也不能被明了了，没有事物本身它也不是，也不能被明了的。

3. 思想（idea）——为意志（心）所形成的一种观念（对对象说它是主动的）。

4. 适当的思想（adequate idea）—— 一种意念，就它自身说不涉及对象，已具有所有的性质和内在的征象（和对象分离的）。

5. 持续——存在的不确定的连续（不能被存在物性质的自身或有力的原因所决定的，有力的原因即必然的给予物的存在）。

6. 真实和完善是一件事。

7. 个体——是有限的和有一决定性的存在，许多个体形成一总体，它们相同的全是某一个“果”的“因”，说它们是一个个体。

公理 axioms：

1. 人的本质并不包含存在，即这人的存在和不存在可以是或不是依照自然的秩序。

2. 人是想的（man thinks）。

3. 意识形态，思想的方式，如爱、欲或心的情绪，或任何名称，是不存在的，除非在同一个体中，事物被爱、欲的意念存在着，但是这意念可能存在的，即使没有旁的思想的形式的存在。

4. 我们理解某一个本体是被许多方式所影响。

5. 我们不能了解或感觉任何事物，除了本体或意识形态。

下次再谈。亲爱的思琚，拥抱你，吻你。

你的坦

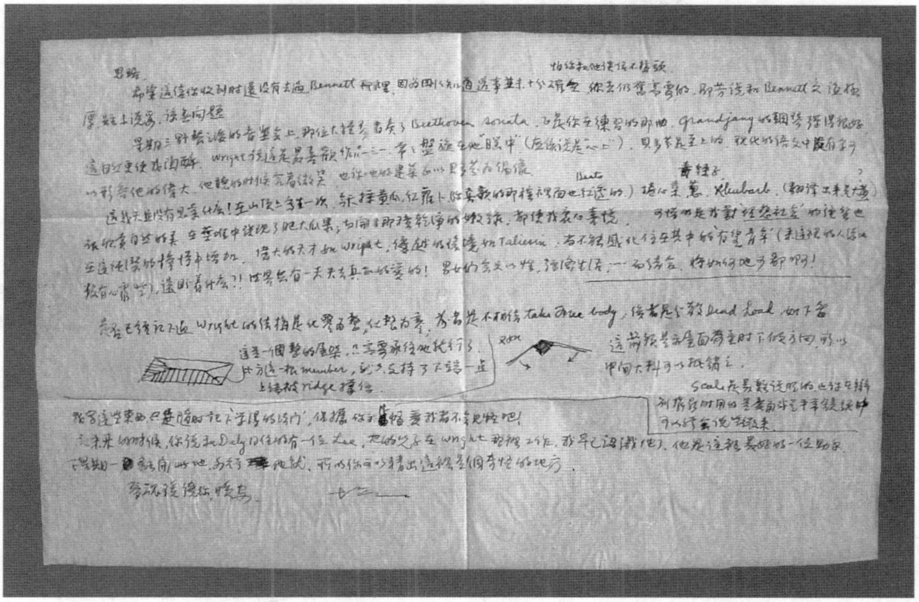

28．学的法门（1948年9月）

思琚：

希望这信你收到时还没有去过 Bennett 那里，因为刚刚知道这事并未十分确定，怕你和他谈话不接头，你去仍旧需要的，邵芳说，和 Bennett 交谊极厚，虽未说妥，谅无问题。

星期三野餐之后的音乐会上，那位大提琴者奏了《Beethoven Sonata》，正是你在练习的那曲。Grandjany 葛兰杰尼的钢琴弹得很好，这自然更使我陶醉。Wright 说这是最喜欢作品之一，常常盘旋在他“脑中”（应该说是“心上”），贝多芬是至上的，现代的语文中没有字可以形容他的伟大。他听的时候含着微笑，也许他的建筑正以贝多芬为偶像。

这几天并没有思索什么。在山顶上写生一次。今天采黄瓜、红萝卜（你喜

1948 年汪坦和周仪先在泰里埃森写生
（汪坦先生家藏）

欢的那种，里面也红透的）、卷心菜、青辣子、葱、Rhubarb 翻译出来是大黄，很欣赏自然的美，在叶堆中发现了肥大瓜果，切开了那种干净的嫩绿，都使我衷心喜悦，可惜的是我对"理想社会"的绝望也在这纯净的憧憬中增加。伟大的天才如 Wright，优越的环境如 Taliesin，尚不能感化住在其中的"有望青年"（来这里的人总比较有心灵些），还盼着什么？！世界会有一天失去真正的爱的！男女们会只以性、经济生活……而结合，将如何的可鄙啊！

是否已经记下过 Wright 的结构是化零为整，化整为零，前者是不相信 take free load，后者是分散 dead load，如下图。这是一个整的屋架，只需要承住它就行了，比方这一根 timber 木料，就只支撑了下端一点，上端被 ridge 屋脊撑住。

又如，这箭头显示屋面荷重时下倾方向，所以中间大料可以抵消之。

Scale 尺度是最难说明的，也许在辨别摄影时用的是广角或是平常镜头中可以体会出些微来。

我写这些东西，只是随时记下"学的法门"，占据你的篇幅，爱我者不会见怪吧！

记得来的时候，你说和 Dely 同住的有一位 Lee，他的儿子在 Wright 那里工作，我早已认识他了，他是这里最好的一位助手。离开此地，另行他就，所以你可以猜出这里是个奇怪的地方。

梦魂环绕你，晚安。

坦

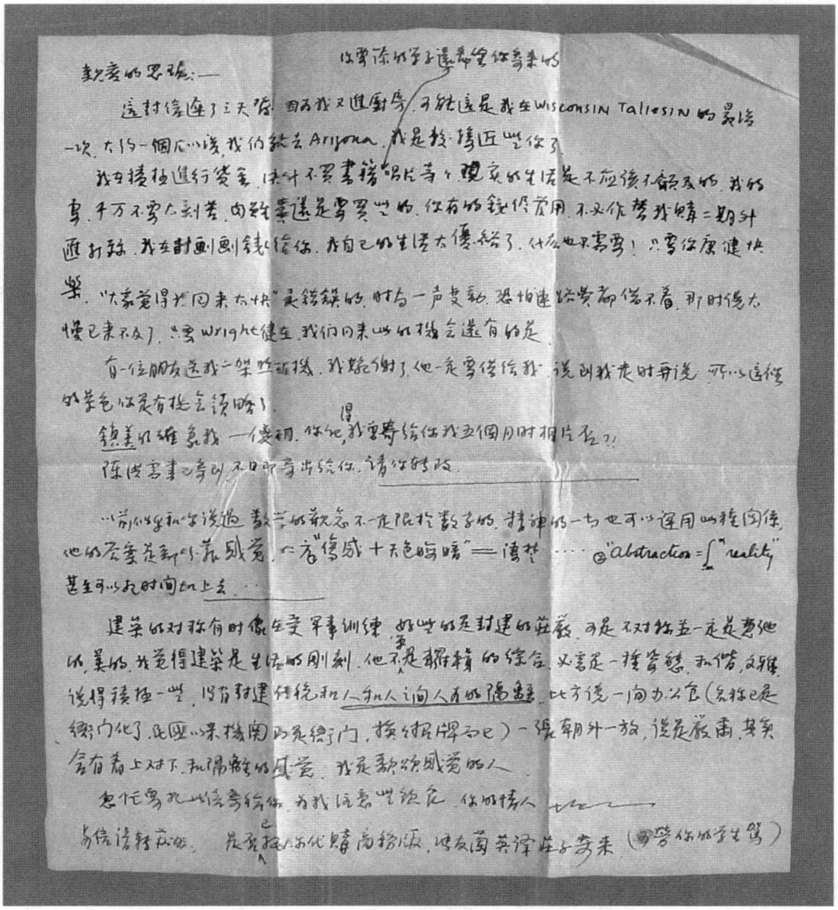
親愛的思琚：——

這封信遲了三天發，因為我又進廚房，可能這是我在 Wisconsin Taliesin 的最後一次，大約一個月以後我們就去 Arizona，我是較接近些你了。

29. 建筑是生活的雕刻（1948年10月）

亲爱的思琚：

这封信迟了三天发，因为我又进厨房，可能还是我在 Wisconsin Taliesin 威斯康星泰里埃森的最后一次，大约一个月以后，我们就去 Arizona，我是较接近些你了。

我在积极进行贷金，决计不买书籍唱片等等，你要添的单子还希望你寄来的，现实的生活是不应该不顾及的。我的妻，千万不要太刻苦，肉鸡贵还是要买些的，你有的钱尽管用，不必作替我购二期外汇打算，我在计划划钱给你，我自己的生活太优裕了，什么也不需要！只要你康健快乐。

“大家觉得我回来太快”是错误的，时局一声变动，恐怕连路费都借不着，那时说太慢已来不及了，只要 Wright 健在，我们回来此的机会还有的是。

有一位朋友送我一架照相机，我婉谢了，他一定要借给我，说到我走时再说，所以这里的景色你是有机会领略了。

镇美的确像我的傻相，你记得我曾寄给你我五个月时相片否？

陈洪需书已寄到，不日即寄出给你，请你转交。

以前似乎和你说过，数学的观念不一定限于数字的，精神的一切也可以运用此种关系，它的答案是部分靠感觉，比方“伤感＋天色晦暗＝凄楚”……“abstraction 抽象 $= \int \propto$ reality 真实”甚至可以把时间加上去。

建筑的对称有时像在受军事训练，好些的是封建的庄严，可是不对称不一定是宽驰的、美的，我觉得建筑是生活的雕刻，他不单是逻辑的综合，必须是一种姿态、和谐、文雅，说的积极一些，没有封建传统和人与人之间人为的隔离。比方说一间办公室（名称已是衙门化了，民国以来机关即是衙门，换换招牌而已），一张牌子朝外一放，说是严肃，其实含有着上对下和隔离的感觉，我是歌颂感觉的人。

急忙要把此信寄给你，为我注意些饮食。

你的情人　坦

另信请转苏州，是否已托你代购商务版冯友兰英译庄子寄来（劳你学生驾）

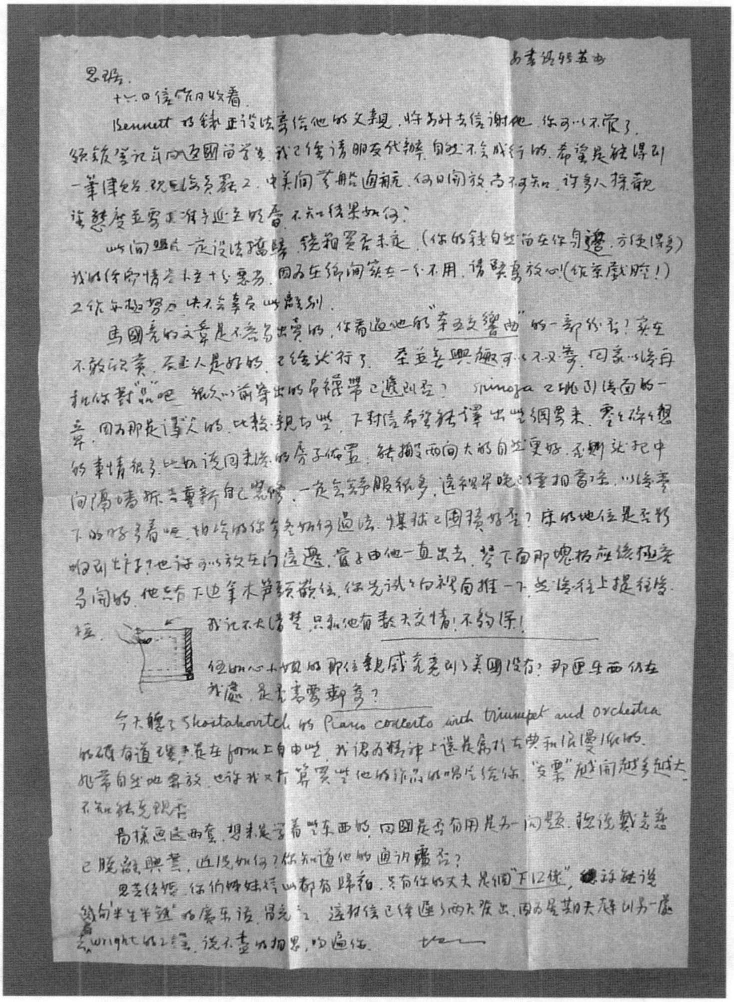

30. 请贤妻放心（1948年10月）

思琚：

十六日信昨日收着。

Bennett 的钱正设法寄给他的父亲，将另外去信谢他，你可以不管了。领馆登记年内返国留学生，我已经请朋友代办，自然不会成行的，希望是能得到一笔津贴。现在海员罢工，中美间无船通航，何日开放，尚不可知，许多人采观望态度并要求准予延至明春，不知结果如何？

此间照片一定设法携归，镜箱买否未定（你的钱自然留在身边，方便得多）。我的经济情况当未至十分恶劣，因为在乡间实在一分不用，请贤妻放心（作京剧腔！）。工作亦极努力，决不会辜负此离别。

马国亮的文章是不容易出卖的，你看过他的“第五交响曲”的一部分否？实在不敢欣赏，反正人是好的，已经就行了。茶并无兴趣，可以不必寄，回家以后再和你对“品”吧。很久以前寄出的吊袜带已递到否？

Spinoza 已跳到后面的一章，因为那是讲“人”的，比较亲切些，下封信希望能译出点纲要来。零零碎碎想的事情很多，比如说回来后的房子布置，能搬两间大的自然更好，否则就把中间隔墙拆去重新自己装修，一定会舒服很多。这里早晚已经相当凉，以后零下的日子多着呢，怕冷的你今天如何过法？煤球已囤积好否？床的地位是否影响到炉子？也许你可以放在门这边，管子由它一直出去，琴下面那块板应该极容易开的，它只有下面拿木榫头嵌住，你先试试向里面推一下，然后往上提往后拉，我记不大清楚，只和它有数天交情！不够深！

伍如心小姐的那位亲戚究竟到了美国没有？那匣东西仍在我处，是否需要邮寄？

今天听了 ShostakovitchDmitry Dmitrievitch Shostakovitch，德米特里·德米特里耶维奇·肖斯塔科维奇，1906—1975 年，前苏联重要的作曲家的 piano concerto with trumpet and orchestra 为钢琴、小号和弦乐所作的协奏曲，的确有道理，只是在 form 形式上自由些，我认为精神上还是属于古典和浪漫派的，非常自然的奔放，也许我又打算买些他的作品的唱片给你，“支票”越开越大，不知能否兑现。

图样画过两套，想来是学着些东西的，回国是否有用是另一问题。听说戴念慈已脱离兴业，近况如何？你知道他的通讯处否？

思芸结婚，你们姊妹从此都有归宿，只有你丈夫是个“下江佬”，算能说几句“半生半熟”的广东话，冒充冒充。这封信已经迟了两天发出，因为星期天赶到另一处去看 Wright 的工程。说不尽的相思，吻遍你。

坦

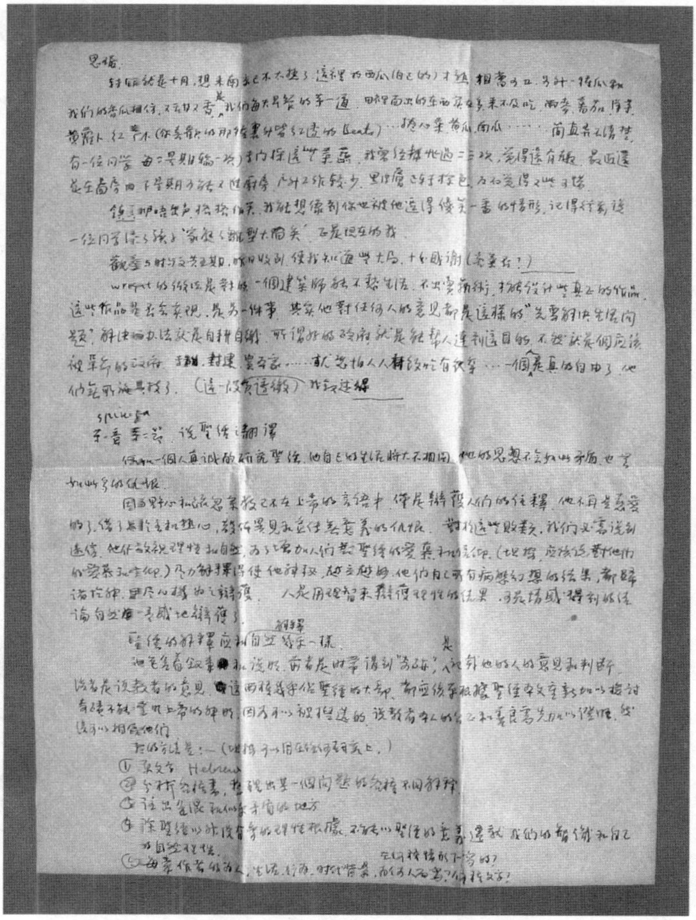

31．圣经之翻译（1948年10月）

思琚：

转眼就是十月，想来南京已不太热了。这里的西瓜（自己的）才熟，相当可口，另外一种瓜和我们的香瓜相仿，又甜又香，是我们每天早餐的第一道。田里面出的东西实在多，来不及吃，而麦、番茄、洋芋、黄萝卜、红萝卜（你喜欢的那种，里外皆红透的）……卷心菜、黄瓜、南瓜……简直弄不清楚。有一位同学（每两星期轮一次），专门采这些菜蔬，我曾经帮忙过二三次，觉得还有趣。

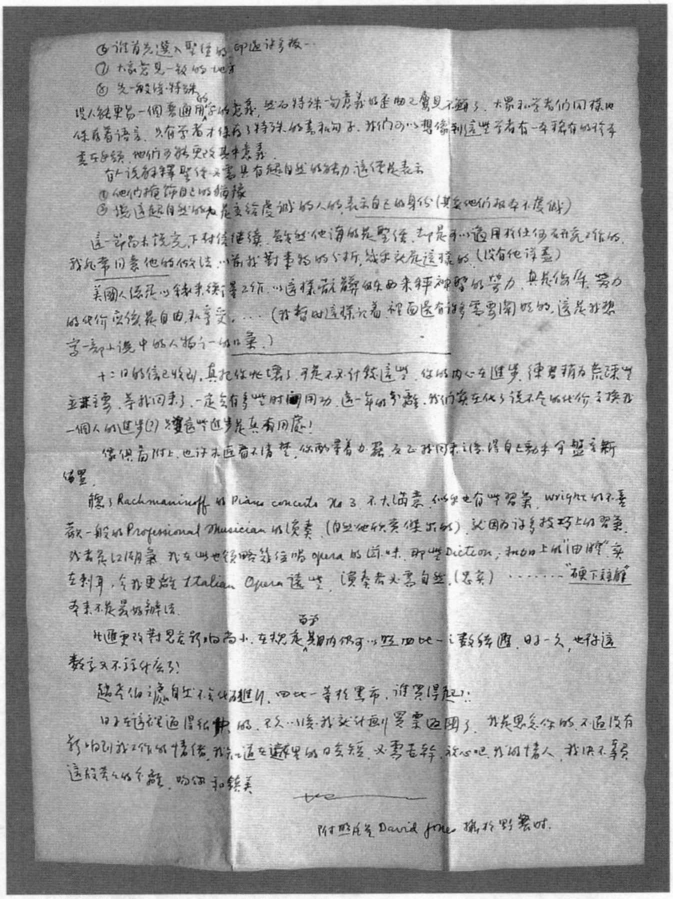

③ 说着先進入聖經的印証許多段……
④ 大家意見一致的地方
⑤ 先一般後特殊
設人能更易一個普通用字的意義，然而特殊一句意義的歪曲之處是不難了。大衆和学者们同樣地保有着语言，只有学者才保有了特殊的書和句子。我们可以想像到這些学者有一本稀有的[illegible]丢在手头，他们可能更改其中意義。
有人说解釋聖經之書具有超自然的能力，這便是表示
① 他们掩飾自己的錯誤
② 提高超自然的地位而主给虔誠的人们，表示自己的身份（其实他们根本不虔誠）

這一節尚未说完，下封信継續。雖然他講的是聖經，却是可以適用於任何研究工作的。我非常同意他的做法，以前我對事物的分析，幾乎就是這樣的。（没有他詳盡）

美國人祇是以錢来衡量工作，以這樣就能解[illegible]由来精神的勞力，真是偉大，勞力的代价应該是自由和享受……（我暂时這樣说着，裡面還有許多需要闡明的，這是我想寫一部小说中的人物之一的口氣。）

十二日的信已收到，真把你忙壞了，可是不必计较這些，你的内心在進步，[illegible]，等我回来了，一定会有多些时間用功，這一年的分離，我们实在化了[illegible]的代价來換我一個人的進步(?)，但這些進步是真有用處！

像俱圖附上，也许不够看不清楚，你就拿着去買，反正我们未試過自己动手全盤去新佈置。

聽了Rachmaninoff的Piano concerto No 3，不大满意，似乎也有些寂寞，Wright的不喜歡一般的Professional Musician的演奏（自然他欣赏傑出的），就因为許多技巧上的寂寞，或者是江湖氣。我在此也领略到往唱opera的滋味，那些Diction，和加上的“曲牌”实在刺耳，令我更喜Italian Opera這些，演奏者必需自然（忠实）……“硬下註解”本来不是最好辦法。

北匯更改對思宏好的尚小，在規定（两）期内你可以照四比一之数結匯，日子一久，也许這数字又不算什么了！

趙老伯讀自己不会化錢[illegible]，四比一等於黑市，誰買得起？！

日子在這裡過得很快的，不久以後我就计劃要回國了。我是思念你的，不過没有影响到我工作的情緒，我知道在這裡的日子会短，必需着緊，放心吧，我的情人，我决不辜負這段寶貴的分離。吻你和鎮美

——

附照片是David Jones攝於野餐时。

最近还是在绘图房内，下星期可能又进厨房，户外工作较少，黑皮肤正转棕色，反而觉得又有些可惜。

镇美咿唔出声，格格作笑，我能想像到你也被她逗得傻笑一番的情形。记得从前说一位同学添了孩子，“家庭之雏形大备矣”，正是现在的我。

《观察》与《时与文》共五期，昨日收到，使我知道些大局，十分感谢！（客气否？）

Wright的做法是对的，一个建筑师能不愁生活，不出卖艺术，才能设计些真正的作品，这些作品是否会实现，是另一件事。其实他对任何人的意见都是这样的，“先要解决生活问题”，解决的办法就是自耕自织，所谓好的政府，就是能帮人达到这目的，不然就是个应该被革命的政府。专制、封建、资本家……

就恐怕人人有饭吃有衣穿……一个人是真正的自由了，他们无所施其技了（这一段我叙述得欠透彻）。

Spinoza

第一章 第二节 说圣经之翻译

假如一个人真诚地研究圣经，他自己的生活将大不相同，他的思想不会如此矛盾，也无如此多的仇恨。

因为野心和疏忽，宗教已不在上帝的言语中，仅是辩护人们的注释，他不再是慈爱的了，借了忠于主和热心，散布异见和宣传无意义的仇恨，对于这些败类，我们必须说到迷信，他们敌视理性和自然，为了增加人们对圣经的爱慕和信仰（坦按：应该说对他们的爱慕和信仰），尽力解释得使他神秘，越玄越妙，他们自己所有病态幻想的结果，都归诸于神，用尽心机为之辩护。人是用理智来辩护理性的结果，可是情感得到的结论自然情感地辩护了。

圣经的解释应和解释自然几乎一样。

他包含着叙事和说明，前者是常讲到"奇迹"，是记载他的对人的意见和判断，后者是说教者的意见，这两种几乎占圣经的大部，都应该单根据圣经本文重新加以检讨。奇迹不能证明上帝的神明，因为可以被挑选的，说教者本人的公正和善良须先加以证明，然后可以相信他们。

我的方法是：（坦按：可以用在任何研究上）

① 原文字 Hebrew 希伯来人

② 分析各种书，整理出某一个问题的各种不同解释。

③ 注出含混和似乎矛盾的地方。

④ 除圣经以外，没有旁的理性根据，不能以圣经的意义，迁就我们的智识和自己的自然理性。

⑤ 每章作者的为人、生活、行为、时代背景，为何人而写？何种文字？

⑥ 谁首先选入圣经的，印过多少版……

⑦ 大家意见一致的地方。

⑧ 先一般后特殊。

没人能更改一个普通字的意义，然而特殊一句意义的歪曲已屡见不鲜了。大众和学者们同样地保存着语言，只有学者才保存了特殊的书和句子，我们可以想像到这些学者有一本稀有的珍本书在手头，他们可能更改其中意义。

有人说解释圣经必须具有超自然的能力，这便是表示：

① 他们掩饰自己的犹豫。

② 说这超越自然的是主给虔诚的人的，表示自己的身份（其实他们根本不虔诚）。

这一节尚未说完，下封信继续，虽然他讲的是圣经，却是可以适用于任何研究工作的，我非常同意他的做法，以前我对事物的分析，几乎就是这样的（没有他的详尽）。

美国人总是以钱来衡量工作，以这样肮脏的东西来秤神圣的劳力，真是侮辱。劳力的代价应该是自由和享受……（我暂时这样记着，里面还有许多需要阐明的，这是我想写一部小说中的人物之一的口气）。

十二日的信已收到，真把你忙坏了，可是不必计较这些，你的内心在进步，练习稍为荒疏些并非主要，等我回来了，一定会有多些时间用功。这一年的分离，我们实在花了说不尽的代价去换我一个人的进步（？），望这些进步是真有用处！

家具图附上，也许木匠看不清楚，你酌量着办吧，反正我回来之后，得自己动手全盘重新布置。

听了 Rachmaninoff 拉赫玛尼诺夫，Sergei Vassilievitch Rachmaninoff，1873—1943 年，俄国作曲家、钢琴家的 Piano concerto no3 第三钢琴协奏曲，不大满意，似乎也有些习气，Wright 是不喜欢一般的 Professional musician 专业音乐家的演奏（自然他欣赏杰出的），就因为许多技巧上的习气，或者是江湖气。我在此也领略几位唱 opera 的滋味，那些 Diction 用语和加上的“油腔”实在刺耳，令我更离 Italian opera 意大利歌剧远些，演奏者必须自然（忠实）……“硬下注解”本来不是最好办法。

外汇更改对思宏影响尚小，在规定留学期内仍可以照四比一之数结汇。日子一久，也许这数字又不算什么了！

赵老伯之处自然不会代为进行，四比一等于黑市，谁买得起？！

日子在这里过得很快，不久以后，我就计划买票返国了，我是思念你的，不过没有影响到我工作的情绪，我知道在这里的日子短，必须苦干，放心吧，我的情人，我决不辜负这般苦苦的分离。吻你和镇美。

坦

附照片是 David Jones 摄于野餐时

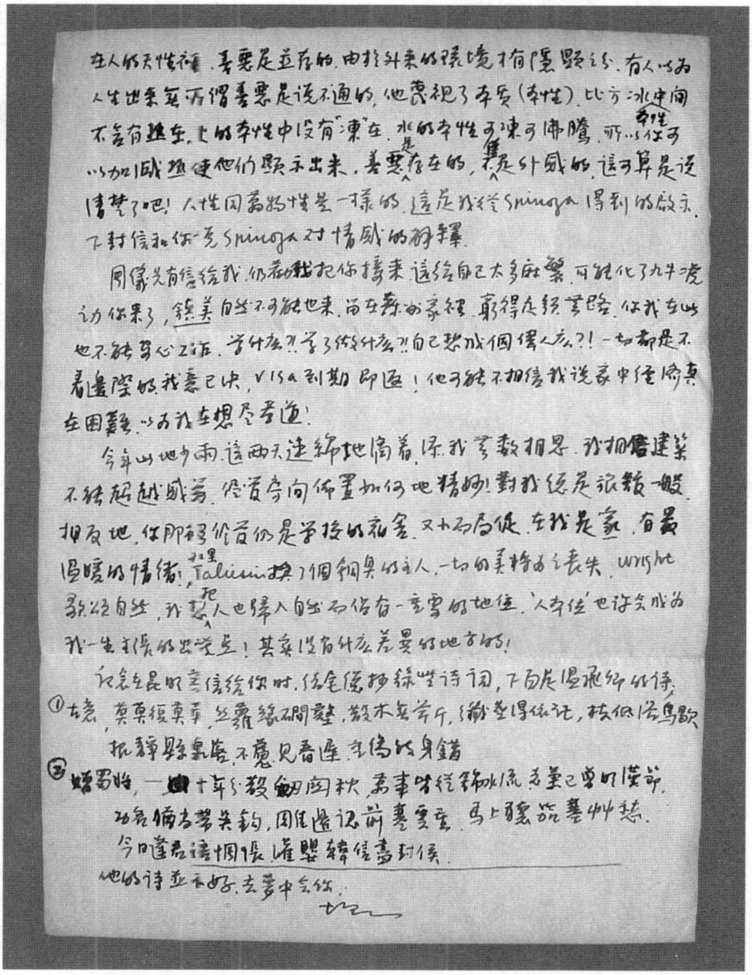

32. 建筑不能超越感觉（1948年10月）

在人的天性里，善恶是并存的，由于外来的环境才有隐显之分，有人以为人生出来无所谓善恶是说不通的，他蔑视了本质（本性）。比方冰本性中间不含有热在，火的本性中没有“冻”在，水的本性可冻可沸腾，所以你可以加减热使它们显示出来，善恶是存在的，不仅是外感的，这可算是说清楚了吧！人性同万物性是一样的，这是我从 Spinoza 得到的启示。下封信和你说 Spinoza 对情感的解释。

周仪先有信给我，仍劝我把你接来，这给自己太多麻烦，可能花了九牛二虎之力，你来了，镇美自然不可能也来，留在苏州家里，穷得走投无路，你我在此也不能专心工作，学什么？学了做什么？自己想成个伟人吗？一切都是不着边际的。我意已决，VISA 签证到期即返！他可能不相信我说家中经济真正困难，以为我想尽孝道！

今年此地少雨，这两天连绵地滴着，添我无数相思。我相信建筑不能超越感觉，尽管房间布置如何的精妙！对我总是旅舍一般。相反地，你那里尽管仍是学校的宿舍，又小而局促，在我是家，有最温暖的情绪。如果把 Taliesin 换了个铜臭的主人，一切的美将为之丧失。Wright 歌颂自然，我想把人也归入自然而占有一重要地位，“人本位”也许会成为我一生主张的出发点！其实没有什么差异的地方的！

纪念在昆明写信给你时，结尾总抄录些诗词，下面是温飞卿的诗：

1．大意：莫莫复莫莫，丝萝缘涧壑。散木无斧斤，纤茎得依托。枝低浴鸟歇，根静悬泉落。不虑见春迟，空伤致身错。

2．赠蜀府将（蛮入成都，频著功劳），温庭筠：十年分散剑关秋，万事皆随锦水流。志气已曾明汉节，功名犹自滞吴钩。雕边认箭塞云重，马上听茄塞草愁。今日逢君倍惆怅，灌婴韩信尽封侯。

他的诗并不好，去梦中会你。

坦

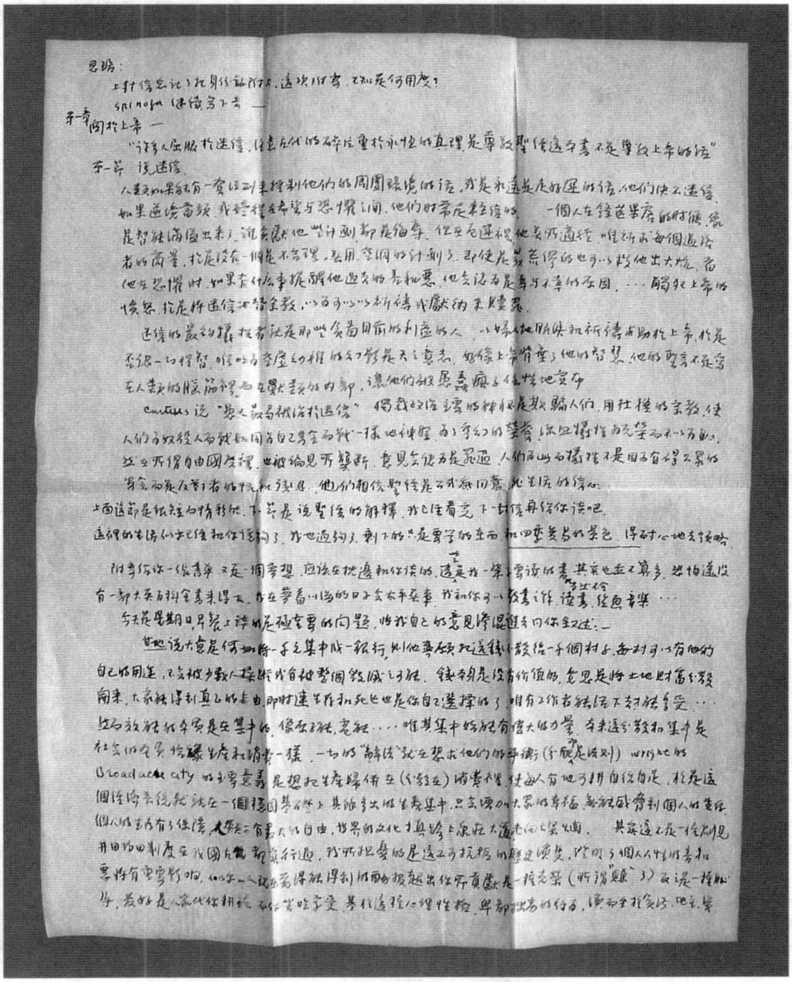

33. 关于上帝（1948年11月）

思琚：

上封信忘记了把身份证附上，这次附寄，不知是何用度？

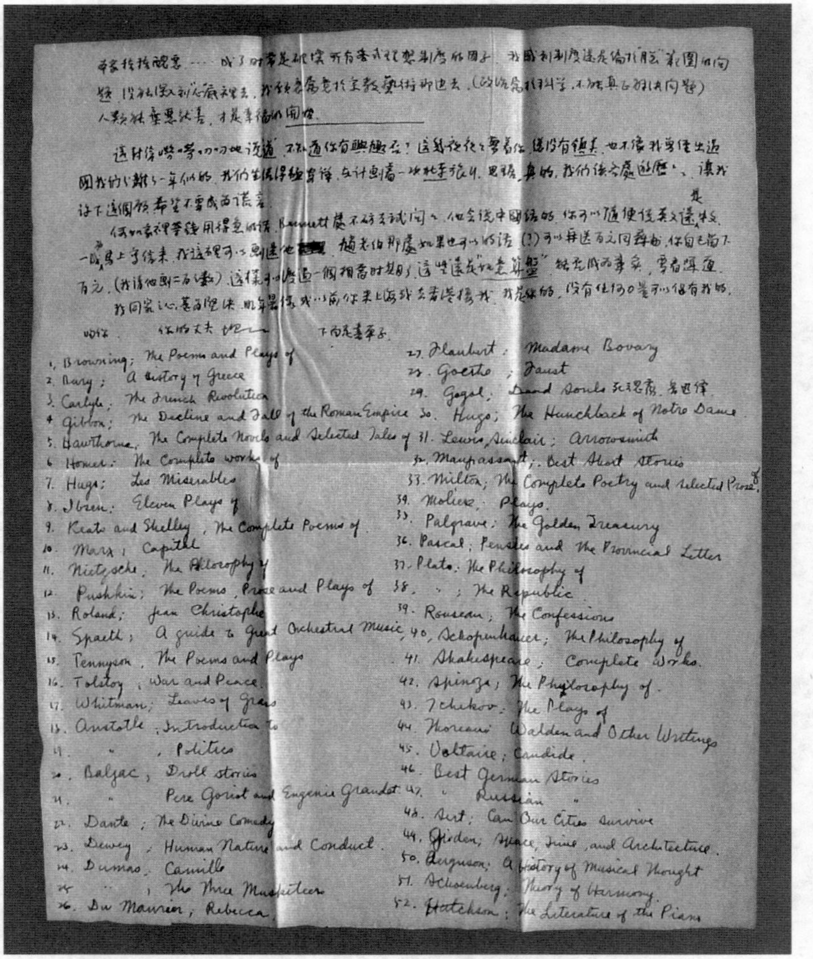

1. Browning; The Poems and Plays of
2. Bury; A History of Greece
3. Carlyle; The French Revolution
4. Gibbon; The Decline and Fall of the Roman Empire
5. Hawthorne. The Complete Novels and Selected Tales of
6. Homer: The Complete works of
7. Hugo; Les Miserables
8. Ibsen: Eleven Plays of
9. Keats and Shelley, The Complete Poems of.
10. Marx; Capital
11. Nietzsche; The Philosophy of
12. Pushkin; The Poems, Prose and Plays of
13. Roland; Jean Christophe
14. Spaeth; A guide to Great Orchestral Music
15. Tennyson, The Poems and Plays
16. Tolstoy, War and Peace
17. Whitman; Leaves of Grass
18. Aristotle; Introduction to
19. " , Politics
20. Balzac, Droll stories
21. " Pere Goriot and Eugenie Grandet
22. Dante; The Divine Comedy
23. Dewey, Human Nature and Conduct.
24. Dumas. Camille
25. " , The Three Musketeers
26. Du Maurier; Rebecca
27. Flaubert: Madame Bovary
28. Goethe; Faust
29. Gogol; Dead Souls
30. Hugo; The Hunchback of Notre Dame
31. Lewis, Sinclair; Arrowsmith
32. Maupassant; Best Short Stories
33. Milton; The Complete Poetry and Selected Prose of
34. Moliere; Plays.
35. Palgrave: The Golden Treasury
36. Pascal; Pensées and The Provincial Letter
37. Plato; The Philosophy of
38. " ; The Republic
39. Rousseau; The Confessions
40. Schopenhauer; The Philosophy of
41. Shakespeare; Complete Works.
42. Spinoza; The Philosophy of.
43. Tchekov: The Plays of
44. Thoreau: Walden and Other Writings
45. Voltaire; Candide.
46. Best German Stories
47. " Russian "
48. Sert; Can Our Cities Survive
49. Giedion; Space, Time, and Architecture.
50. Ferguson; A History of Musical Thought
51. Schoenberg; Theory of Harmony.
52. Hutcheson; The Literature of the Piano

Spinoza 继续写下去。

第一章　关于上帝

“许多人屈服于迷信，注意古代的碎片重于永恒的真理，是尊敬圣经这本书，不是尊敬上帝的话”。

第一节　说迷信

人类如果能有一套法则来控制他们的周围环境的话，或是永远是走好运的话，他们决不迷信，如果逆境当头，或彷徨在希望与恐惧之间，他们时常是轻信的。一个人在锋芒毕露的时候像是智能满溢出来了，谁贡献他些计划都是侮辱，但在厄运里他无所适从，唯祈求每个过路者的商量，于是没有一个是不合理、无用、空洞的计划了，即使是最荒谬的也可以救他出大坑。当他在恐惧时，如果有什么事提醒他过去的善和恶，他会认为是幸与不幸的原因……触犯上帝的愤怒，于是将迷信代替宗教，以为可以以祈祷或献纳来赎罪。

迷信的最初牺牲者就是那些贪图目前利益的人，以妇人的眼泪和祈祷求助于上帝，于是否认一切理智，唯以为空虚幼稚的幻影是天之意志，好像上帝背弃了他的智慧，他的圣言不是写在人类的脑筋里，而在兽类的内部，让他们被愚蠢疯子任性地摆布。

Curtius 库尔修,Ernst Robert Curtius,1886—1956 年,德国学者说“愚人最易被治于迷信”，独裁政治主要的神秘是欺骗人们，用杜撰的宗教，使人们为奴役人而战如同为自己安全而战一样地神圣，为了虚幻的荣誉，流血牺牲为光荣而不以为耻。然在所谓自由国度里，也被偏见所垄断，意见会认为是罪过，人们为此而牺牲，不是因为有碍公众的安全，而是反对者的恨和残忍，他们相信圣经是公式的同意，非生活的信心。

上面这节是很短而精彩的，下节是说圣经的解释，我已经看完，下一封再给你谈吧。

这里的生活似乎已经和你说够了，我也过够了，剩下的只是要学的东西，和四季变易的景色，得耐心去领略。附寄给你一张书单，又是一个梦想，应该在枕边和你谈的，这些是我一辈子要读的书，当然不全，其实也并不算多，恐怕还没有一部大英百科全书来得大。我在梦着以后的日子会太平无事，我和你可以教书之余，读书、绘画、音乐……

今天是星期日，早餐上谈得是极重要的问题，将我自己的意见掺混过去向你叙述：

甘地说，大意是，假如将一千元集中成一银行，他则宁愿把这钱分散给一千个村子，每村可以有它自己的用途，不会被少数人操纵或者被整个毁灭之可能。钱本身是没有价值的，意思是将土地财富分散开来，大家能得到真正的自由，那时连生存和死亡也是你自己选择的了，唯有工作者能活下去，才能享受……然而，效能的本质是在集中的，像原子能、电能……，唯其集中始有伟大的力量，本来这分散和集中是社会的本质，恰像生产和消费一样，一切的“办法”就在要求它们的平衡（分配即是法则）。Wright 的 Broad Acre City 广亩城市的主要意义是想把生产归并在（分散在）消费里，使每人有地可耕，自给自足，于是这个经济系统就站在一个稳固基础上，其余多出的生产集中，只会增加大众的幸福。不能威胁到个人的生存，个人的生存有了保障，人类才有最大的自由，世界的文化才真跨上康庄大道，走向灿烂。其实这不是一种创见，井田均田制度在我国古代都实行过，我所担忧的是这不可抗拒的历史演变，证明了个人人性的善和恶将有重要影响，似乎人人现在觉得能得到的酬报超出你所贡献是一种光荣（所谓“赚”了），反之是一种耻辱。最好是人家代你耕种，而你坐吃享受，基于这种心里性格，卑鄙拙劣的行为，演而至于贪污。地主、资本家种种丑恶，成了时常破坏所有各式理想制度的因子，我感到制度还是偏于“脑”范围的问题，没能深入到“心底”里去。我愿意属意于宗教、艺术那边去（政治属于科学，不能真正解决问题），人类能弃恶就善，才是幸福的开始。

这封信唠唠叨叨地说“道”，不知道你有兴趣否？这几夜夜夜梦着你，总没有镇美，也不像我曾经出过国我们分离了一年似的，我们生活得极安详，在计划着一次北京旅行。思琚，真的，我们该各处游历游历，让我许下这个愿，希望不要成为谎言。

假如家里等钱用得急的话，Bennett 处不妨去试问问，他会说中国话的，你可以随便说英文还是中文，一成功马上写信来，我这里可以划还他。赵老伯那处如果可以的话，可以再送百元回苏州，你自己留下百元（我请他划二百之数），这样可以度过一个相当时期了。这些还是“如意算盘”，能否成为事实，要看运道。

我回家之心，甚为坚决，明年暑假或以前你来上海或去香港接我，我是你的，没有任何力量可以占有我的。

吻你。

你的丈夫　坦

下面是书单子

1．Browning：*The Poems and Plays* 布朗宁：《诗歌和戏剧》

2．Bury：*A History of Greece* 伯里：《希腊史》（伯里，John Bagnell Bury，1861—1927 年，英国著名历史学家、古典学家和文献学家，所著《希腊史》自 1900 年初版以来，成为西方世界最受欢迎的希腊史通史教材）

3. Carlyle: *The French Revolution* 卡莱尔:《法国革命》(卡莱尔, Carlyle Thomas Carlyle, 1795—1881 年, 英国历史学家和散文作家, 1837 年的著作《法国革命》以对社会和政治的犀利批判和复杂的文风为特色)

4. Gibbon: *The Decline and Fall of the Roman Empire* 吉本:《罗马帝国衰亡史》(吉本, Edward Gibbon, 1737—1794 年, 英国历史学家)

5. Hawthorne: *The Complete Novels and Selected Tales* 霍桑:《小说全集和故事精选》(霍桑, Nathaniel Hawthorne, 1804—1864 年, 美国小说家)

6. Homer: *The Complete Works of* 荷马: 全集(荷马, 古希腊盲诗人, 生平和生卒年月不可考。相传记述公元前 12- 前 11 世纪特洛伊战争及有关海上冒险故事的古希腊长篇叙事史诗《伊利亚特》和《奥德赛》, 即是他根据民间流传的短歌综合编写而成)

7. Hugo: *Les Miserables* 雨果:《悲惨世界》(维克多 - 马里 · 雨果, Victor—Marie Hugo, 1802 年 2 月 26 日 —1885 年 5 月 22 日, 法国浪漫主义作家的代表人物, 是 19 世纪前期积极浪漫主义文学运动的领袖, 法国文学史上卓越的作家)

8. Ibsen: *Eleven Plays of* 易卜生: 十一篇剧作(易人性, Henrik Ibsen, 1828—1906 年, 挪威剧作家和诗人)

9. Keats and、Shelley: *The Complete Poems of* 济慈和雪莱: 诗歌全集(济慈, John Keats, 1795—1821 年, 英国诗人。雪英 Percy Bysshe Shelley, 1792—1822 年, 英国文学史上最有才华的抒情诗人之一)

10. Marx: *Capital* 马克思:《资本论》(马克思, Marx Karl, 1818—1883 年, 马克思主义创始人)

11. Nietzsche: *The Philosophy of* 尼采: 哲学(尼采, Friedrich Wilhelm Nietzsche, 1844—1900 年, 德国哲学家)

12. Pushkin: *The Poems, Prose and Plays of* 普希金: 诗歌、散文和戏剧(普希金 Aleksandr Sergeyevich Pushkin, 1799—1837 年, 俄国诗人、散文家、剧作家)

13. Rolland: *Jean Christophe* 罗兰:《约翰 · 克利斯朵夫》(罗兰, Romain Rolland, 1866—1944 年, 法国小说家、音乐评论家、剧作家, 曾获 1915 年诺贝尔文学奖)

14. Spaeth: *A Guide to Great Orchestral Music* 斯佩思 (Sigmund Spaeth):《管弦乐欣赏》

15. Tennyson: *The Poems and Plays* 丁尼生:《诗歌和戏剧》(丁尼生, Alfrad Tennyson, 1809—1892 年, 英国诗人, 其作品包括 1850 年的《悼念》和 1854 年的《轻骑兵的责任》, 反映了维多利亚时期的情感和美学思想。1850 年他获得桂冠诗人的称号)

16. Tolstoy: *War and Peace* 托尔斯泰:《战争与和平》(托尔斯泰, Leo Tolstoy, 1828—1910 年, 俄国作家和哲学家, 其著名小说《战争与和平》和《安娜 · 卡列尼娜》情节细致, 具有深奥的哲学见解)

17. Whitman: *Leaves of Grass* 惠特曼:《草叶集》(惠特曼, Walt Whitman, 1819—1892 年,

美国诗人)

18. Aristotle: *Introduction to* 亚里士多德:导论(亚里士多德,Aristotle,公元前384–前322年,古希腊哲学家)

19. Politics 政治学

20. Balzac: *Droll Stories* 巴尔扎克:《人间喜剧》(巴尔扎克;Honoré de Balzac,1799—1850年,法国作家和现实主义小说奠基人)

21. Balzac: *Pere Goiot and Eugenie Grandet* 巴尔扎克:《欧也妮 · 葛朗台》

22. Dente: *The Divine Comedy* 但丁:《神曲》(但丁,Dante Alighieri,1265—1321年,意大利诗人,被恩格斯誉为"中世纪的最后一位诗人,同时又是新时代的最初一位诗人")

23. Dewey: *Human Nature and Conduct* 杜威:《人性与行为》(杜威,John Dewey,1859—1952年,美国哲学家、教育家)

24. Dumas: *Camille* 小仲马:《茶花女》(小仲马,Alexandre Dumas,1824—1895年,世称Dumas fils,法国小说家及剧作家,为大仲马之子)

25. Dumas: *The Three Musketeers* 大仲马:《三剑客》(大仲马,Alexandre Dumas,1802—1870年,世称 Dumas pЛre,法国剧作家、小说家)

26. Du Maurier: *Rebecca* 杜穆里埃:《蝴蝶梦》(杜穆里埃,Daphne du Maurier,1907—1990年,英国女作家)

27. Flaubert: *Madame Bovary* 福楼拜:《包法利夫人》(福楼拜,Gustave Flaubert,1821—1880年,法国作家,被认为是自然主义学说的先驱,以严谨的文风著称)

28. Goethe: *Faust* 歌德:《浮士德》(歌德,Johann Wolfgang von Goethe,1749—1832年,德国剧作家、诗人、思想家)

29. Gogal: *Dead Souls* (果戈理:《死魂录》(尼古拉 · 瓦西里耶维奇 · 果戈理,1809—1852年,19世纪俄国批判现实主义文学的杰出代表和奠基人)

30. Hugo: *Hunchback of Notre Dame* 雨果:《巴黎圣母院》

31. Lewis Sinclair: *Arrowsmith* 刘易斯 · 辛克莱:《艾罗史密斯》(刘易斯 · 辛克莱,Lewis Sinclair,1885—1951年,美国第一位诺贝尔文学奖得主)

32. Maupassant: *Best Short Stories* 莫泊桑:《最佳短篇小说》(莫泊桑,Henri RenM Albert Guy de Maupassant,1850—1893年,法国短篇小说家)

33. Milton: *The Complete Poetry and Selected Prose of* 弥尔顿:全诗和散文选(弥尔顿,Milton John,1608—1674年,英国诗人及学者,以其史诗《失乐园》闻名于世,该诗描述了人类如何失去上帝的恩宠)

34. Moliere: *Plays* 莫里哀:戏剧(莫里哀,Moliere,1622—1673年,法国喜剧作家、演员、戏剧活动家,法国芭蕾舞喜剧的创始人)

35. Palgrave: *The Golden Treasury* 帕尔格雷夫:英诗金库(Francis Turner

Palgrave, 1824—1897 年，英国诗人和人类学家）

36. Pascal：*Pensees and the Provincial Letters* 帕斯卡：思想录和乡巴佬书信（Elaise Pascal, 1623—1662 年，法国哲学家、数学家、物理学家。因为《思想录》他被认为是存在主义的先驱）

37. Plato：*The Philosophy of* 柏拉图：哲学（Plato，公元前 427—公元前 347 年，古希腊哲学家）

38. Plato：*The Republic* 柏拉图：共和

39. Rousseau：*The Confessions* 卢梭：忏悔录（Jean Jacques Rousseau，1712—1778 年，法国启蒙思想家、哲学家、教育家和文学家）

40. Schopenhauer：*The Philosophy of* 叔本华：哲学（Arthur Schopenhauer, 1788—1860 年，德国哲学家，相信存在意志为基本现实，这一持久奋斗的意志永不知足，最终只能产生折磨）

41. Shakespeare：*Complete Works* 莎士比亚：全集（William Shakespeare, 1564—1616 年，英国剧作家、诗人，作有 37 部戏剧，154 首十四行诗和 2 首长诗。他的作品被认为是英语文学作品中最伟大的戏剧，其中大多在伦敦的全球戏院演出过，包括历史作品，例如《理查德二世》，喜剧包括《无事自扰》和《如愿》；悲剧包括 《哈姆雷特》、《奥赛罗》和《李尔王》 ）

42. Spinoza：*The Philosophy of* 斯宾诺莎：哲学（Baruch Spinoza，1632—1677 年，荷兰哲学家及神学家，他的颇有争议的泛神论主义在知识分子中引发了对上帝的热爱之情。他最为著名的著作为《伦理学》）

43. Chekhov：*The Plays of* 契柯夫：戏剧（(Anton Pavlovich Chekhov，1860—1904 年，俄国剧作家 、短篇小说家）

44. Thoreau：*Walden and Other Writings* 梭罗：瓦尔登湖和其他作品（Henry David Thoreau，1817—1862 年，美国作家，美国思想史上有创见的人物，他一生大部分时间在马萨诸塞州的康科德城度过，在这些地方他与新英格兰的超验主义者来往，1845—1847 年在瓦尔登湖住了两年，他的作品包括 1849 年的《和平抵抗》和 1854 年的《瓦尔登湖》）

45. Voltaire：*Candida* 伏尔泰：康蒂妲（Voltaire，1694—1778 年，法国启蒙思想家、文学家、哲学家）

46. *Best German Stories* 德国小说精选

47. *Best Russian Stories* 俄国小说精选

48. Sert：*Can Our Cities Survive* 塞特：我们的城市能幸存吗

49. Giedion：*Sapce, Time and Architecture* 吉迪翁：空间 · 时间和建筑

50. Aergerson：*A History of Musical Thought* 音乐思想史

51. Schoenberg：*Theory of Harmony* 勋伯格：和声理论（Arnold Schoenberg，1874—1951 年，美籍奥地利作曲家、音乐教育家和音乐理论家，西方现代主义音乐的代表人物）

52. Hutcheson：*Literature of the Piano* 哈契森：钢琴文献（Ernest Hutcheson，1871—1951 年，澳裔美国钢琴家）

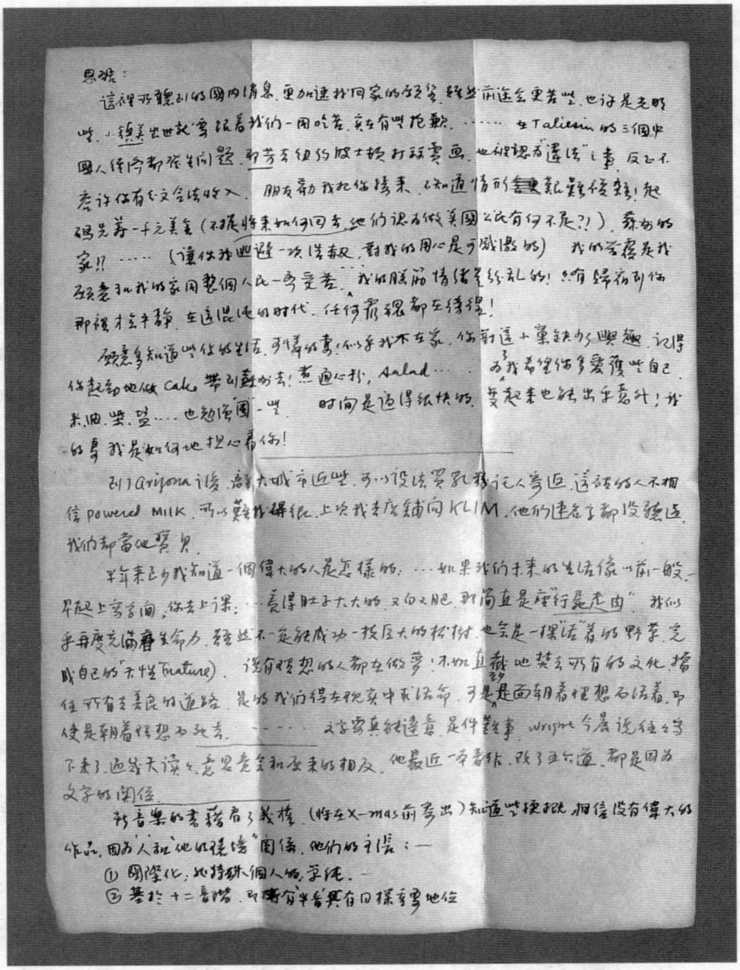

思琚：

這裡所聽到的國內消息，更加速我回家的願望，雖然前途会更苦些，也许是光明些。小镇美出世就要跟着我们一同吃苦，实在有些抱歉……在Taliesin的三個中國人待修都有問題，那芳子纽约的股士顿打話费画，也很認为"遣送"之事，反正不尽许你有个文会法收入。朋友劝我把你接来，你知道情形更難难！起码先筹一千元美金（不提将来如何回去，他们认为做美国公民有何不是?!），苏州的家!!……（让你再迴避一次浩劫，對我的用心是可感激的）我的答復是我願意和我的家同整個人民一齐受苦。我的脑筋情绪是紛乱的！只有归宿到你那裡才会平静。在这混乱的时代，任何前程都在待得！

願意多知道些你的生活，所能的事！所以我不在家，你對這个業缺少兴趣，记得你起勁地做cake帶到蘇州去！煮通心粉，salad……我希望你多費些自己栽种，盆景……也勉强園一些。时间是過得很快的，算起来也能出乎意外！你的事我是如何地担心着你！

到Arizona以後，离大城市近些，可以设法买乳粉托人带回。这裡的人不相信powered MILK，可以避难得很。上次我去店铺向KLIM，他们连名字都没聽过，我们都当他买…

半年来已多我知道一個偉大的人是怎樣的：……如果我们未来的生活像以前一般，早起上写字间，你去上课……覺得肚子大大的，又白又肥，那简直是"行屍走肉"。我们要再度充满着生命力，虽然不一定能成功一棵巨大的松树，也会是一棵"活"着的野草，完成自己的"天性(nature)"。沒有理想的人都在做梦！不如直截地抛去所有的文化，擋住所有真善良的道路，是的我们得在現实中求活命，可是是面朝着理想而活着，即使是朝着理想而死去。……文字要真能達意是件難事，Wright今晨说往事写下来了，過幾天读之，意思竟全和原来的相反。他最近一本著作，改了五六遍，都是因为文字的关係。

新音樂的書稿看了幾樣（將在X-mas前寄出）知道些梗概，相信没有偉大的作品，因為"人"和"他的環境"關係，他们的主張：—

① 國際化，而持殊個人的纯粹。—

② 基於十二音階，即每个半音具有同樣重要地位

34. 一个伟大的人是怎样的（1948年11月）

思琚：

这里所听到的国内消息，更加速我回家的愿望，虽然前途会更苦些，也许是光明些。小镇美出世就要跟着我们一同吃苦，实在有些抱歉……在 Taliesin

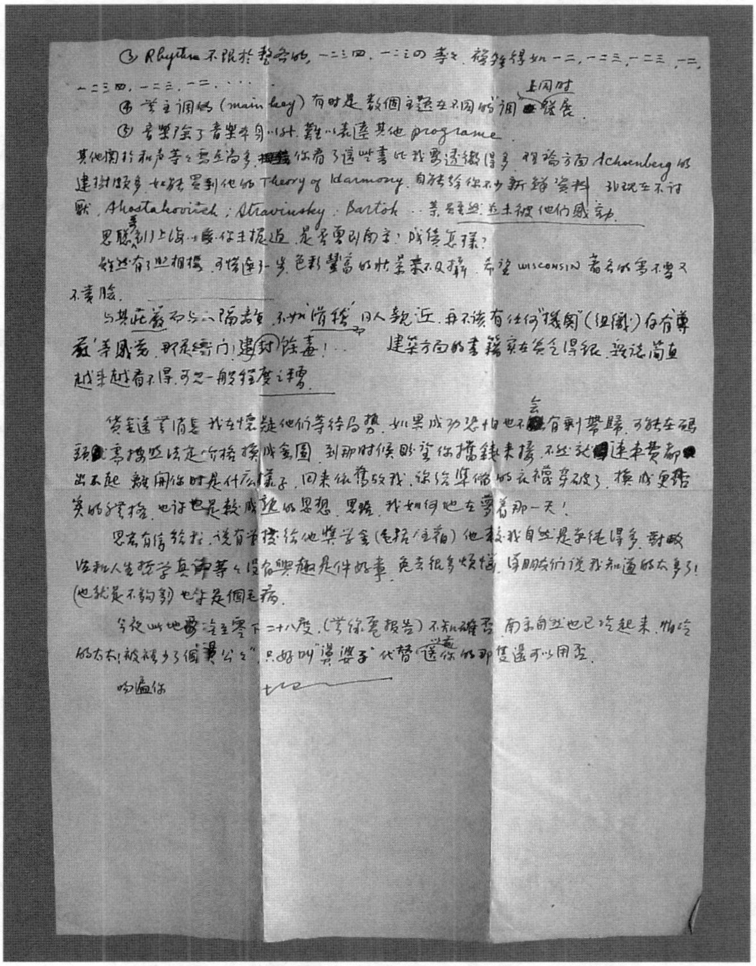
③ Rhythm不限於整齊的，一二三四，一二三四等等，複雜得如一二，一二三，一二三，一二，一二三四，一二三，一二，……
④ 常主调的（main key）有时是数個主题在不同的调上同时発展。
⑤ 音樂除了音樂本身以外，難以表達其他programe。
其他關於和声等等要点尚多，你看了這些書比我要透徹得多。理論方面Schoenberg的建樹頗多，如能買到他的Theory of Harmony，自能給你不少新鮮資料。我現在不討厭Shostakovitch，Stravinsky，Bartok……[illegible]並未被他們感動。
思聪寄到上海的家信[illegible]提[illegible]，是否要到南京？成績怎樣？
雖然有了些相機，可惜[illegible]色彩豐富的材料来不及拍。希望WISCONSIN著名的雪不要又不賞臉。
與其[illegible]不如[illegible]，不如"[illegible]"同人親近。並不該有任何"機關"（組織）存有尊嚴等風氣，那[illegible]建封除毒！……建築方面的書籍實在貴得很，[illegible]越来越看不得，可見一般程度之糟。
資金還有情是我在懷疑他們等待局勢，如果成功恐怕也不会有剩餘歸，可能在碼頭[illegible]換成金圓，到那时候[illegible]你[illegible]錢来接，不然[illegible]連車费都出不起。離開你时是什么樣子，回来依舊故我，[illegible]的衣[illegible]穿破了，換成更[illegible]的[illegible]，也許也是較成熟的思想，思聪，我如何也在夢着那一天！
思[illegible]有信給我，説有[illegible]給他獎学金（包括住宿）他[illegible]自然是[illegible]得多，對[illegible]和人生哲学真[illegible]等等没有興趣是件好事，免去很多煩惱，[illegible]我知道的太多了！（也就是不夠多）也算是個毛病。
今夜此地要降至零下二十八度（[illegible]报告）不知確否，南京自然也已冷起来，[illegible]的太太！被褥少了個"[illegible]公公"，只好叫"[illegible]婆子"代替，[illegible]你的那隻還可以用否。
吻遍你
[illegible]

的三个中国人，经济都发生问题。邵芳去纽约波士顿打算卖画，也被认为“违法”之事，反正不容许你有分文合法收入。朋友劝我把你接来，不知道情形艰难复杂！起码先筹一千元美金，不提将来如何回去（让你我逃避一次浩劫，对我的用心是可感激的），他们认为做美国公民有何不是？！苏州的家！？……我的答复是我愿意和我的家同整个人民一齐受苦……我的脑筋情绪是纷乱的！只有归宿到你那里才会平静。在这混沌的时代，任何灵魂都在彷徨！

愿意多知道些你的生活，可怜的妻！似乎我不在家，你对这小巢缺少了兴趣。记得你起劲地做cake蛋糕带到苏州去！煮通心粉，salad沙拉……，为了我，希望你多爱护些自已。米、油、柴、盐……也勉强"囤"一些。时间是过得很快的，变起来也能出乎意外！我的妻，我是如何地担心着你！

到了Arizona之后，离大城市近些，可以设法买乳粉托人寄返，这里的人不相信Powder Milk奶粉，所以难找得很，上次我去店铺问KLIM奶粉品牌，他们连名字都没听过，我们却当它宝贝。

半年来至少我知道一个伟大的人是怎样的……如果我们未来的生活像以前一般，一早起来上写字间，你去上课……养得肚子大大的，又白又肥，那简直是座"行尸走肉"。我似乎再度充满着生命力，虽然不一定能成为一棵巨大的松树，也会是一棵"活"着的野草，完成自已的"天性"(nature)。如果说有理想的人都在做梦，那不如直截地焚去所有的文化，挡住所有去善良的道路。是的，我们得在现实中求活命，可是至少是面朝着理想而活着，即使是朝着理想而死去……文字要真能达意，是件难事。Wright今晨说往往写下来了，过几天读读，意思会和原来的相反。他最近一本著作，改了五六道，都是因为文字的关系。

新音乐的书籍看了几种（将在X-mas圣诞节前寄出），知道些梗概，相信没有伟大的作品，因为"人"和"他的环境"关系，他们的主张：

1. 国际化：非特殊个人的；单纯。

2. 基于十二音阶，即所有"半音"具有同样重要地位。

3. Rhythm节奏不限于整齐的，一二三四,一二三四等等，复杂得如一二，一二三,一二三,一二,一二三四,一二三,一二……

4. 无主调的（main key），有时是数个主题在不同的"调"上同时发展。

5. 音乐除了音乐本身以外，难以表达其他program节目。

其他关于和声等等要点尚多。你看了这些书比我要透彻得多，理论方面Schoenberg勋伯格的建树颇多，如能买到他的*Theory of Harmony*《和声理论》，自能给你不少新鲜资料。我现在不讨厌Shostakovitch、Stravinsky斯特拉文斯基，I.F.Stravinsky，1822—1971年，美籍俄国著名作曲家、Bartok巴托克，Bela Bartok，1881—1945年，匈牙利作曲家、钢琴家等，虽然并未被他们感动。

思聪哥到了上海以后，你未提过，是否曾到南京？成绩怎样？

虽然有了照相机，可惜迟了一步，色彩丰富的壮景来不及摄，希望Wisconsin著名的雪不要又不赏脸。

与其庄严而与人隔离，不如“滑稽”而同人亲近，再不该有任何“机关”（组织）存有“尊严”等感觉。那是衙门！封建余毒！……建筑方面的书籍实在贫乏得很，杂志简直越来越看不得，可见一般程度之糟。

贷金还无消息，我在怀疑他们等待局势，如果成功，恐怕也不会有剩带归，可能在码头需按照法定价格换成金元。到那时候盼望你携钱来接，不然就连车费都出不起。离开你时是什么样子，回来依旧故我。你给准备的衣袜穿破了，换成更结实的体格。也许也是较成熟的思想。思琚，我如何地在梦着那一天！

思宏有信给我，说有学校给他奖学金（包括住宿），他较我自然是单纯得多。对政治和人生哲学真谛等等没有兴趣是件好事，免去很多烦恼。洋朋友们说我知道的太多了！（也就是不够多！）也许是个毛病。

今夜此地要冷至零下 28℃（无线电报告），不知准否，南京自然也已冷起来，怕冷的太太！被里少了个“烫公公”，只好叫“烫婆子”代替，以前送你的那只还可以用否。

吻遍你。

坦

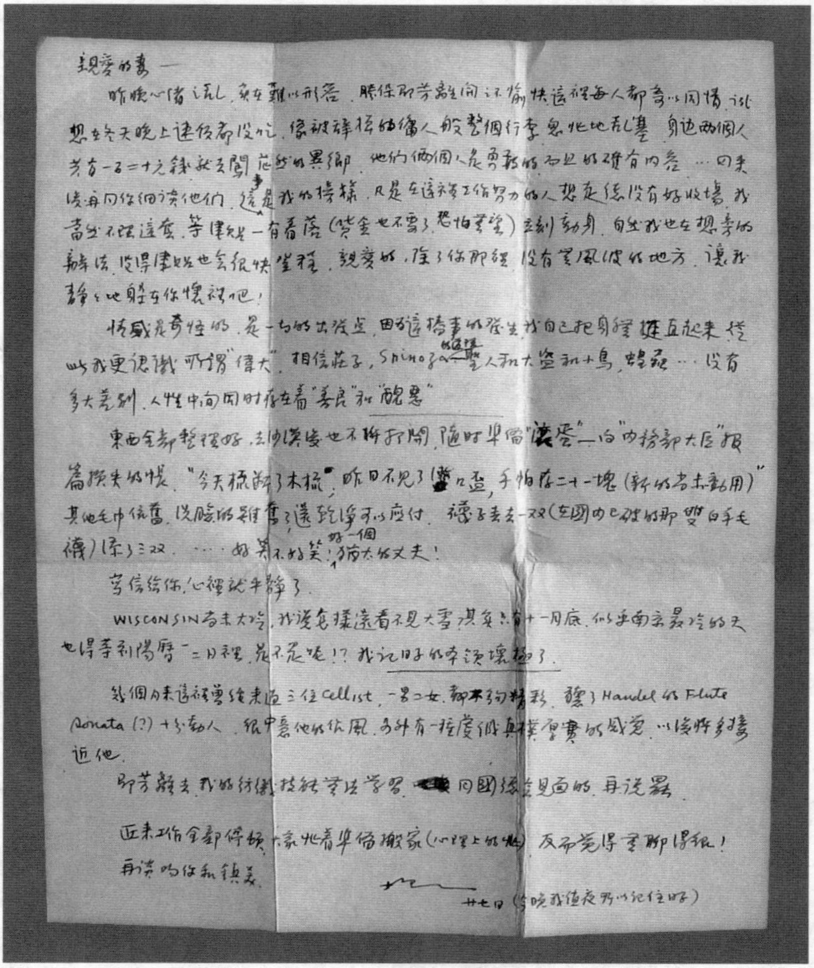
親愛的妻——

昨晚心緒之亂，實在難以形容。勝保、邵芳離開之不愉快這裡每人都寄以同情。試想在冬天晚上連飯都沒吃，像被辭掉的傭人般整個行李匆忙地亂塞，身邊兩個人共有一百二十元錢就去闖茫茫的異鄉。他們倆個人是勇敢的，可是他們沒有內容……回來後再同你細談他們。這是我的榜樣，凡是在這裡工作努力的人想走總沒有好收場。我當然不走這套，等津貼一有着落（獎金也不要了，恐怕要等）立刻動身。自然我也在想旁的辦法，說得津貼也會很快批准。親愛的，除了你那裡沒有受風波的地方，讓我靜靜地躺在你懷裡吧！

情感是奇怪的，是一切的出發點，因為這樁事的發生，我自己把身體挺直起來，從此我更認識所謂"偉大"。相信莊子，Shinoza的信徒聖人和大盜和小鳥、蜻蜓……沒有多大差別。人性中同時存在着"善良"和"醜惡"。

東西全部整理好，去的消息也不再打開，隨時準備"滾蛋"。向"內務部大臣"報告損失的帳："今天損失了木梳"，昨日不見了[redacted]，手帕存二十一塊（新的要去動用）其他毛巾依舊。以後的雜事了還能像樣對付。襪子丟去一雙（在國內已破的那雙白手毛襪）除了三雙……好笑不好笑？好一個猶太的丈夫！

寫信給你，心裡就平靜了。

WISCONSIN今年大冷，我說怎樣這看不見大雪，現在已是十一月底。似乎南京最冷的天也得等到陽曆一二月裡，是不是呢？我記日子的本領壞極了。

幾個月來這裡曾經來過三位cellist，一男二女，都非常的精彩，聽了Handel的Flute Sonata(?)十分動人。很中意他的作風，另外有一種質樸真實的感覺……以後將多接近他。

邵芳離去，我的材料技術要去學習。[redacted]回國後當見面的，再說罷。

近來工作全部停頓，天天忙着準備搬家（心理上的准備），反而覺得無聊得很！

再談 吻你和鎮美。

廿七日（今晚我值夜班以記住吧）

35. 善良与丑恶（1948年11月27日）

亲爱的妻：

昨晚心绪之乱，实在难以形容，胜保、邵芳离开之不愉快，这里每人都寄以同情。试想在冬天晚上连饭都没吃，像被辞掉的佣人般，整个行李，匆忙地乱塞，身边两个人共有一百二十元钱，就去闯茫然的异乡，他们两个人是勇敢的，而且的确有内容……回来后同你细谈他们。这事是我的榜样，凡是在这里工作努力的人想走总没有好的收场……我当然不理这套，等津贴一有着落（货金也不要了，恐怕无望），立刻动身，自然我也在想旁的办法，没得津贴也会很快登程。亲爱的，除了你那里，没有无风波的地方，让我静静地躲在你怀里吧！

情感是奇怪的，是一切的出发点，因为这桩事的发生，我自己把身体挺直起来，从此我更认识所谓“伟大”，相信庄子、Spinoza 的道理——圣人与大盗，与小鸟、蝗虫……没有多大差别，人性中间同时存在着“善良”和“丑恶”。

东西全部整理好，去沙漠后也不将打开，随时准备“滚蛋”——向“内务部大臣”报篇损失的帐：“今天梳断了木梳；昨日不见了漱口盅；手帕存二十一块”（新的尚未动用），其他毛巾依旧，洗脸的虽旧了，还干净可以应付。袜子丢去一双（在国内已破的那双白羊毛袜），添了三双……好笑不好笑！好一个犹太的丈夫！

写信给你，心里就平静了。

Wisconsin 当未大冷，我说怎样还看不见雪？其实只有十一月底，似乎南京最冷的天气也得等到阳历一二月里，是不是呢？我记日子的本领坏极了。

几个月来这里曾经来过三位 cellist，一男二女，都不够精彩。听了 Handel 的 Flute Sonata（？），十分动人，很中意他的作风，另外有一种虔诚、真朴、厚实的感觉，以后将多接近他。

邵芳离去，我的纺织技能无法学习，回国总会见面的，再说吧。

近来工作全部停顿，大家忙着准备搬家（心理上的忙），反而觉得无聊得很呢！

再谈，吻你和镇美。

坦

二十七日（今晚我值班所以记住的）

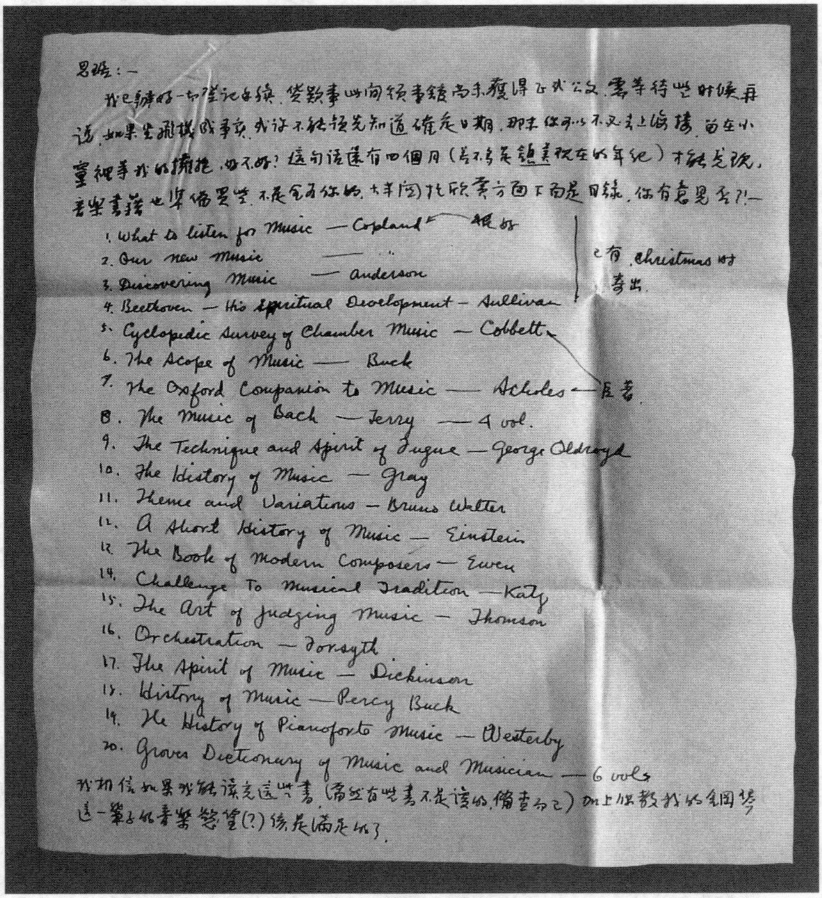

思琚：—

我已辦好一切登記手續，貸款事以向領事館尚未獲得正式公文，需等待些时候再說，如果坐飛機成事實，或你不能預先知道確定日期，那末你可以不必去上海接，留在小窠裡等我的擁抱，好不好？這句話還有四個月（差不多是鎮美現在的年紀）才能兌現，音樂書籍也準備買些，不是全為你的，大半關於欣賞方面，下面是目錄，你有意見否？！—

1. What to listen for Music — Copland ← 很好
2. Our new Music — "
3. Discovering Music — Anderson

（已有，Christmas时寄出）

4. Beethoven — His Spiritual Development — Sullivan
5. Cyclopedic Survey of Chamber Music — Cobbett
6. The Scope of Music — Buck
7. The Oxford Companion to Music — Scholes ← 巨著
8. The Music of Bach — Terry — 4 vol.
9. The Technique and Spirit of Fugue — George Oldroyd
10. The History of Music — Gray
11. Theme and Variations — Bruno Walter
12. A Short History of Music — Einstein
13. The Book of Modern Composers — Ewen
14. Challenge to Musical Tradition — Katz
15. The Art of Judging Music — Thomson
16. Orchestration — Forsyth
17. The Spirit of Music — Dickinson
18. History of Music — Percy Buck
19. The History of Pianoforte Music — Westerby
20. Groves Dictionary of Music and Musician — 6 vols

我相信如果我能讀完這些書（當然有些書不是讀的，備查而已）加上你教我的鋼琴，這一輩子的音樂慾望(?)該是滿足的了。

36．音乐的欲望（1948年12月）

思琚：

我已办好一切登记手续，贷款事项从领事馆尚未获得正式公文，需等待些时候再说。如果坐飞机成事实，或你不能预先知道确定时间，那么你可以不必去上海接，留在小巢里等我的拥抱，好不好？这句话还有四个月（差不多是镇美现在的年纪）才能兑现，音乐书籍也准备买些，不是全为你的，大半关于欣

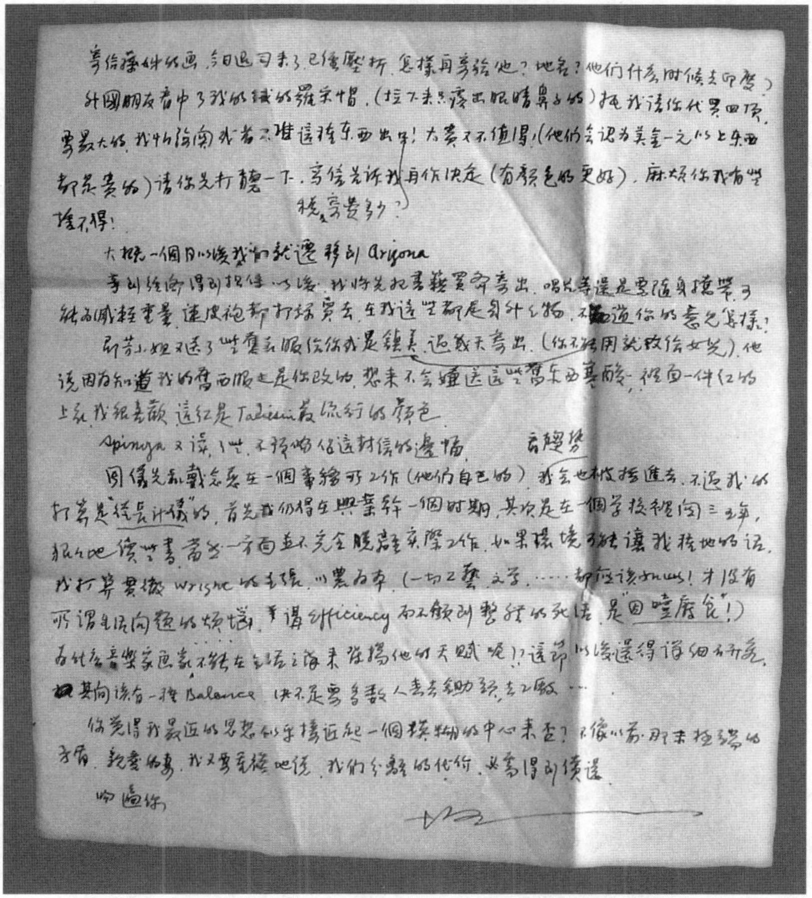
寄信給姆姆的畫，今日退回來了，已經壓折，怎樣再寄給他？地名？他們什麼時候去印度？
外國朋友看中了我的綫的羅宋帽，（拉下來只露出眼睛鼻子的）托我請你代買四頂，要最大的，我們小店內或者可以買得這種東西出來！太貴了不值得！（他們會認為美金一元以上東西都是貴的）請你先打聽一下，寄信告訴我再作決定（有顏色的更好），麻煩你我有些捨不得！[illegible]寄費多少？
大概一個月以後我們就遷移到 Arizona
[illegible]
Spinoza [illegible]
[illegible] Wright [illegible] efficiency [illegible] Balance [illegible]
[illegible]
吻遍你
[illegible]

赏方面。下面是目录，你有意思否？

1. What to Listen for Music——Copland 怎样欣赏音乐——科普兰很好

2. Our New Music——Copland 我们的新音乐——科普兰

3. Discovering Music——Anderson 音乐探讨——安德森

4. Beethoven——His Spiritual Development——Sullivan 贝多芬的精神世界——苏利文

5. Cyclopedic Survey of Chamber Music——Cobbett 室内乐总览——库百特

6. The Scope of Music——Buck 音乐概论——巴克

7. The Oxford Companion to Music——Scholes 牛津音乐指南——舒勒

8. The Music of Bach——Terry——4 Vol. 巴赫的音乐——特里——第四部分

9. The Technique and Spirit of Fugue——George Oldroyd 赋格曲的演奏和精神——乔治·欧德罗伊德

10. The History of Music——Gray 音乐史——格雷

11. Theme and Variations——Bruno Walter 变奏曲——布鲁诺·瓦尔特

12. A Short History of Music——Einstein 音乐简史——爱因斯坦

13. The Book of Modern Composers——Ewen 现代作曲家手册——伊文

14. Challenge to Musical Tradition——Katz 挑战音乐传统——卡兹

15. The Art of Judging Music——Thomason 评判音乐的艺术——托马森

16. Orchestration——Forsyth 管弦乐法——弗斯

17. The Spirit of Music——Dickinson 音乐的精神——迪金森

18. History of Music——Percy Buck 音乐史——珀西·巴克

19. The History of Pianoforte Music——Westerby 钢琴音乐史——维斯特比

20. Groves Dictionary of Music and Musicians——6 Vol. 格罗夫音乐和音乐家辞典——6卷

我相信如果我能读完这些书（当然有些书不是读的，备查而已），加上你教我的钢琴，这一辈子的音乐欲望（？）该是满足的了。

寄给荪姊的画今日退回来了，已经压折，怎样再寄给她？他们什么时候去印度？

外国朋友看中了我的绒的罗宋帽（拉下来只露出眼睛鼻子的），托我请你代买四顶，要最大的，我怕海关或者不堪这种东西出口，税及寄费多少？太贵又不值得（他们会认为美金一元以上东西都是贵的）！请你先打听一下，写信告诉我再作决定（有颜色的更好），麻烦你我有些舍不得！

大概一个月以后我们就漂移到 Arizona。

等到经济得到担保以后，我将先把书籍买齐寄出，唱片等还是要随身携带，可能为减轻重量，连皮袍都打算卖去，在我这些都是身外之物，不知道你的意见怎样？

邵芳小姐又送了些旧衣服给你或是镇美，过几天寄出（你不能用就改给女儿），她说因为知道我的旧西服也是你改的，想来不会嫌送这些旧东西寒酸。里面一件红的上衣我很喜欢，这红是 Taliesin 最流行的颜色。

Spinoza 又读了些，不预备占这封信的边幅。

周仪先和戴念慈在一个事务所工作（他们自己的），看趋势，我也会被掳进去，不过我的打算是“从长计议”的。首先我仍得在兴业干一个时期，其次是在一个学校里关三五年，狠狠地读些书，当然一方面并不完全脱离实际工作，如果环境可能让我种地的话，我打算贯彻 Wright 的主张，以农为本（一切工艺、文学……都应该如此！才没有所谓生活问题的烦恼！讲 Efficiency 效率而不顾到整体的死活，是“因噎废食”）。

为什么音乐家、画家不能在生活之余来发扬他的天赋呢？这节以后还得详细研究。其间该有一种 Balance 平衡，决不是要多数人丢去锄头，去工厂……

你觉得我最近的思想似乎接近起一个模糊的中心来否？不像以前那么极端的矛盾。亲爱的妻，我又要重复地说，我们分离的代价，必须得到偿还。

吻遍你。

坦

请代问赵老伯，赵无违是否仍在美国？地址？因为两枝笔仍无机会修。

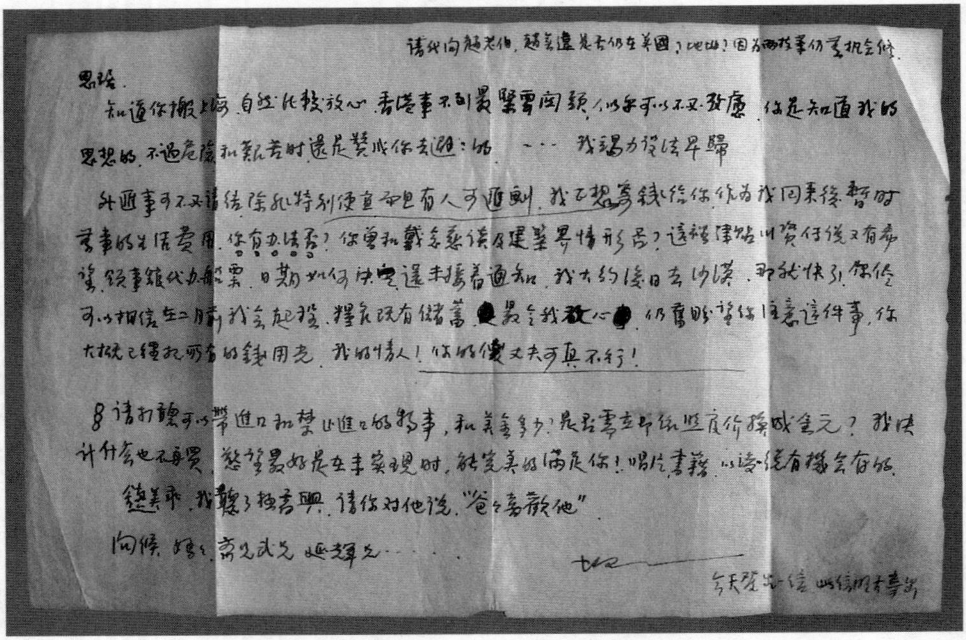

思琚：

知道你搬上海，自然比较放心，香港事不到最紧要关头，似乎可以不必考虑，你是知道我的思想的，不过危险和艰苦时还是赞成你去避避的……我竭力设法早归

外汇事可不必请清结，除非特别便宜而且有人可汇划，我正想寄钱给你，作为我回来后暂时无事的生活费用。你有办法否？你曾和戴念慈谈及建筑界情形否？这里津贴传说又有希望，领事馆代办船票，日期如何决定还未接着通知，我大约后日去沙漠，那就快了！你尽可以相信在二月前我会起程，粮食既有储蓄，最令我放心，仍旧盼望你注意这件事，你大概已经把所有的钱用光，我的情人！你的傻丈夫可真不行！

37．后日去沙漠（1948年底）

思琚：

知道你搬上海，自然比较放心，香港事不到最紧要关头，似乎可以不必考虑，你是知道我的思想的，不过危险和艰苦时还是赞成你去避避的……我竭力设法早归。

外汇事可不必请清结，除非特别便宜，而且有人可汇划，我正想寄钱给你，作为我回来后暂时无事的生活费用。你有办法否？你曾和戴念慈谈及建筑界情形否？这里津贴传说又有希望，领事馆代办船票，日期如何决定，还未接着通知。我大约后日去沙漠，那就快了！你尽可以相信在二月前我会起程，粮食既有储蓄，最令我放心，仍旧盼望你注意这件事，你大概已经把所有的钱用光，我的情人！你的傻丈夫可真不行！

请打听可以带进口和禁止进口的物事，和美金多少？是否须立即依照官价换成金元？

我决计什么也不再买，欲望最好是在未实现时，能完美地满足你！唱片、书籍，以后总有机会存的。

镇美乖，我听了极高兴，请你对她说“爸爸喜欢她”。

问候妈妈、齐兄、武兄、延辉兄……

坦

今天发出一信，此信明天寄出。

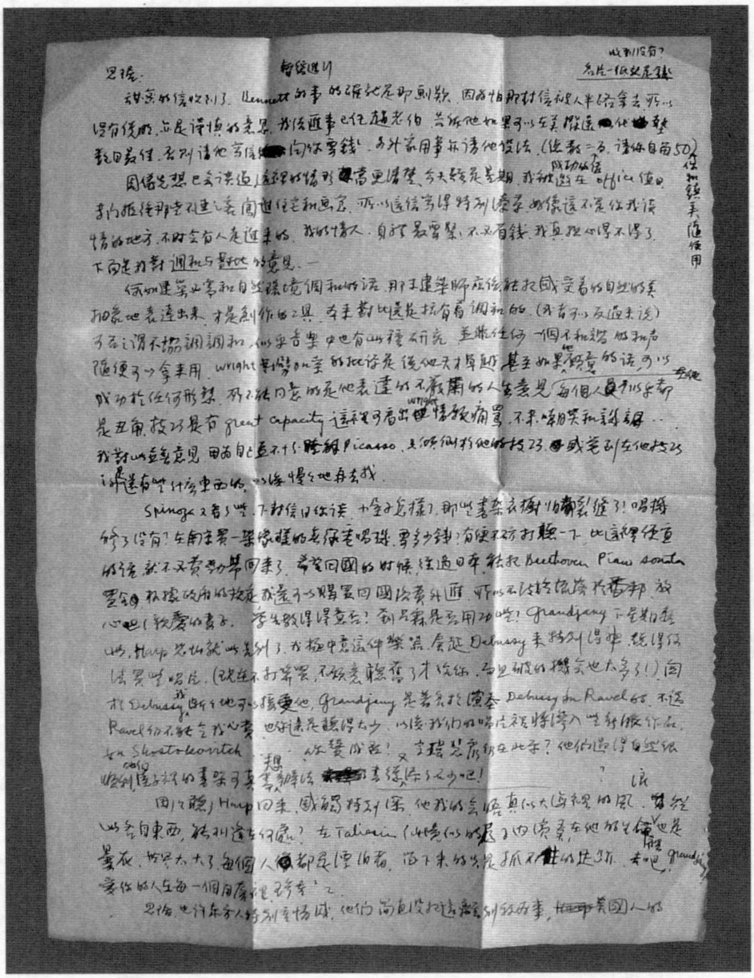

38．每个人都是漂泊者（1948年底）

思琚：

甜蜜的信收到了。Bennett 的事暂缓进行，的确就是那划款，因为怕那封信被人半路拿去（名片一纸就是钱，收到没有？），所以没有说明，亦是谨慎的意思。我结汇事已托赵老伯，告诉他如果可以在美拨还，代垫数目最佳，否则请他写信问你要钱。另外家用事亦请他设法（总数二百成功的话，请你自留50，你和镇美随便用）。

周仪先想已会谈过这里的情形，当更清楚。今天虽是星期天，我被邀在office办公室值日，专门拒绝那些不速之客闯进住宅和画室，所以这信写得特别潦草，好像这不是你我谈情的地方，不时会有人走进来的。我的情人，身体最要紧！不必省钱，我真担心得不得了，下面是我对调和和对比的意见。

假如建筑必须和自然环境调和的话，那么建筑师应该能把感受着的自然的美抽象地表达出来，才是创作的工具，本来对比还是含有着调和的（或者可以反过来说），可名之谓不协调调和。似乎音乐中也有此种研究，并非任何一个不和谐的和声，随便可以拿来用。Wright对毕加索的批评是说他天才卓越，甚至如果他愿意的话，可以成功于任何形态，所不能同意的是他表达的不严肃的人生意见。在他每个人似乎都是丑角，技巧是有great capacity伟大的才能，这里可看出Wright情愿痛骂，不来嘲笑和讥讽。我对此并无意见，因为自己并不十分了解Picasso，只倾倒于他的技巧，感觉到在他技巧之外是还有些什么东西的，以后慢慢再去找。

Spinoza又看了些，下封信同你谈。小屋子怎样了，那些书架衣橱怕都裂缝了！唱机修了没有？在南京买一架像样的无线电唱机，要多少钱？方便不妨打听一下，比这里便宜的话，就不必费劲带回来了。希望回国的时候，经过日本，能把Beethoven Piano Sonata贝多芬钢琴奏鸣曲买全。根据政府的规定，我还可以购回国路费外汇，所以不至于流落于番邦，放心吧！亲爱的妻子，学生教得得意否？刘吕霖是否用功些？Grandjany下星期离此，Harp恐怕就此告别了，我极中意这件乐器，奏起Debussy来特别得神，总得设法买些唱片（现在不打算吧，不愿意听旧了才给你，而且破的机会也太多了）。关于Debussy德彪西，Claude Achille Debussy，1862—1918年，法国作曲家、钢琴家和音乐评论家，我渐渐地可以接受他，Grandjany是著名于演奏Debussy和Ravel拉威尔，Maurice Ravel，1875—1937年，著名的法国作曲家，印象派作曲家的最杰出代表之一的，不过Ravel仍不能令我欣赏，也许还是听得太少，以后我们的唱片里将渗入些新派作品，如Shostokovich，你赞成否？宗玮、慧灵仍在北平？他们过得自然很顺利，他们屋子里的书架可真须想办法，书总又添了不少吧！

刚刚听了Harp回来，感触特别深，它与我的会晤真似大海里的风浪，从此各自东西能相逢在何处？在 Taliesin 仙境的屋子内演奏，在它的生命里也是昙花，世界太大了，每个人都是漂泊者，留下来的只是抓不住的足迹，去吧，Grandjany，疼爱你的人在每一个角落里。珍重，珍重。

思琚，也许东方人特别重感情，他们简直没把这离别称为事，美国人的灵魂永远是浮动的，不懂深刻是什么！

假如你高兴的话，告诉我些物价情形，像肉、菜……让我可以想像你的生活，回来之后，神经也跟得上，不致吃惊。

给仪先的信请转寄上海雷米路雷米坊十号。

诉不尽的相思，吻你。

坦

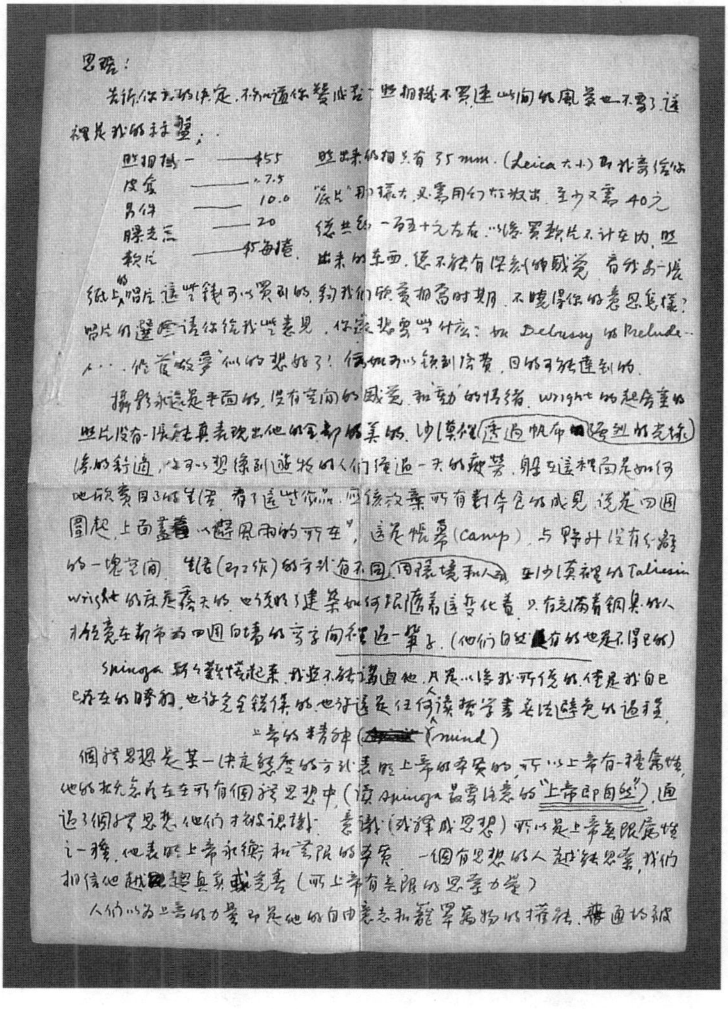
思琚：

告诉你我的决定，不知道你赞成否？照相机不买，连此间的风景也不要了，这里是我的算盘：

照相机 —— $155

皮套 —— 7.5

另件 —— 10.0

胶卷三 —— 20

软片 —— 4/每卷

39. 伟大的人永远是稀有的（1949年初）

思琚：

告诉你我的决定，不知道你赞成否？照相机不买，连此间的风景也不要了。这里是我的算盘：

照相机＄55，皮套＄7.5，零件＄10.0，曝光器＄20，软片＄5/卷。照出来的相只有35mm（Leica莱卡大小），即我寄给你“底片”那样大，必须用幻灯放出，至少又需40元，总共约150元左右，以后买软片不计在内，照出来的东西总不能有深刻的感觉。看我另一张纸上的唱片，这些钱可以买到的，够我们欣赏相当时期，不晓得你的意思怎样？唱片的选择请你给我些意见。你还想要些什么？如Debussy的Prelude序曲……尽管“做梦”似的想好了！假如可以领到路费，目的可能达到的。

摄影永远是平面的，没有空间的感觉和“动”的情绪。Wright的起居室的照片没有一张能真表现出他的全部的美的，沙漠里强烈的光线透过帆布后的舒适，你可以想像到游牧的人们经过一天的疲劳，躲在这里面是如何地欣赏自己的生活。看了这些作品，应该放弃所有对房屋的成见，说是“四周围起，上面盖着以避风雨的所在”，这是帐幕（camp），与野外没有分离的一块空间，生活（即工作）的方式同环境和人而有不同。在沙漠里的Taliesin，Wright的床是露天的，也说明了建筑如何跟随着这变化，只有充满着铜臭的人才愿意在都市的四周白墙的写字间里过一辈子（他们自然有的也是不得已的）。

Spinoza渐渐难懂起来，我并不能讲通他，凡是以后我所说的，仅是我自己已存在的了解，也许是完全错误的，也许这是任何人读哲学书无法避免的过程。

上帝的精神（mind）

个体思想是某一决定态度的方式表明上帝的本质的，所以上帝有一种属性，他的概念存在在所有个体思想中（读Spinoza最要注意的是“上帝即自然”），通过了个体思想他们才被认识，意识（或译成思想）所以是上帝无限属性之一种，他表明上帝永恒和无限的本质，一个有思想的人越能思索，我们相信他越趋真实或完善（所以上帝有无限的思索力量）。

人们认为上帝的力量即是他的自由意志和笼罩万物的权能，普通均被认为出于意志的表现，他们说上帝有毁坏和消灭一切的能力，常拿来和皇帝的力量相比，这决然是不同的。上帝行事必依照他所了解的自己的本质，他的力量仅是他的活动的本质，所以我们不可能想像他会做在他本质里不存在的事。

概念的秩序和其附属（关联）在上帝中这句话原文为the order and

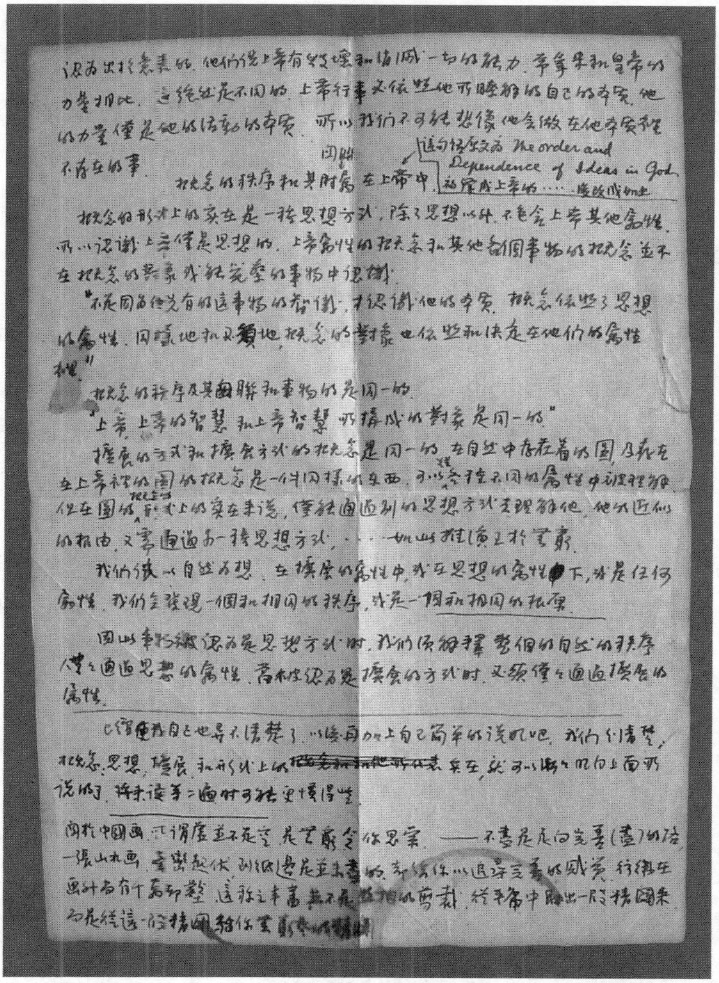

认为出于意志的，他们说上帝有必然性和创造一切的能力，常拿来和皇帝的力量相比。这绝然是不同的。上帝行事必依照他所了解的自己的本质，他的力量仅是他的活动的本质，所以我们不可能想像他会做在他本质里不存在的事。

概念的秩序和其关联在上帝中（这句话原文为 The order and Dependence of Ideas in God 被译成上帝的……后改成如上）

概念的形式上的实在是一种思想方式，除了思想以外，不包含上帝其他属性，所以认识上帝仅是思想的，上帝属性的概念和其他各个事物的概念并不在概念的对象或能觉察的事物中认识。

“不是因为他先有的这事情的智识，才认识他的本质，概念依照了思想的属性，同样地和必须地，概念的对象也依照和决定在他们的属性里。”

概念的秩序及其关联和事物的是同一的。

“上帝，上帝的智慧和上帝智慧所构成的对象是同一的。”

扩展的方式和扩展方式的概念是同一的，在自然中存在着的圆及在上帝里的圆的概念是一件同样的东西，所以在各种不同的属性中被理解，但在圆的概念形式上的实在来说，仅能通过别的思想方式来理解他，他以近似的理由，又需通过另一种思想方式，……如此推演至于无穷。

我们须以自然为想，在扩展的属性中或在思想的属性之下，或是任何属性，我们会发现一个和相同的秩序，或是一个和相同的根源。

因此事物被认为是思想方式时，我们须解释整个的自然的秩序，仅仅通过思想的属性，当被认为是扩展的方式时，必须仅仅通过扩展的属性。

已经连我自己也弄不清楚了，以后再加上自己简单的说明吧，我们仍清楚，概念，思想，扩展和形式上的实在，就可以渐渐明白上面所说的了，将来读第二遍时可能更懂得些。

关于中国画上的所谓虚并不是空，是需要观众的思索。——不尽是走向完善（尽）的一张山水画，章法起伏到纸边是并未尽的，[illegible]以追寻完善的感觉，仿佛在画外尚有千万的山壑。[illegible]

dependence of ideas is God，被译成上帝的……后改成如上。

概念的形式上的实在是一种思想方式，除了思想以外，不包含上帝其他属性，所以认识上帝仅是思想的，上帝属性的概念和其他各个事物的概念并不在概念的对象或能觉察的事物中认识。

“不是因为他先有的这事情的智识，才认识他的本质，概念依照了思想的属性，同样地和必须地，概念的对象也依照和决定在他们的属性里。”

概念的秩序及其关联和事物的是同一的。

“上帝，上帝的智慧和上帝智慧所构成的对象是同一的。”

扩展的方式和扩展方式的概念是同一的。在自然中存在着的圆，及存在在上帝里的圆的概念是一件同样的东西，所以从各种不同的属性中被理解，但在圆的概念的形式上的实在来说，仅能通过别的思想方式去理解他，他的近似的根由，又需通过另一种思想方式……如此推演至于无穷。

我们试以自然为想，在扩展的属性中，或在思想的属性下，或是任何属性，我们会发现一个和相同的秩序，或是一个和相同的根源。

因此事物被认为是思想方式时，我们须解释整个的自然的秩序，仅仅通过思想的属性，当被认为是扩展的方式时，必须仅仅通过扩展的属性。

已经使我自己也弄不清楚了，以后再加上自己简单的说明吧，我们分清楚概念、思想；扩展和形式上的实在，就可以渐渐明白上面所说的了，将来读第二遍时可能更懂得些。

关于中国画，所谓虚并不是空，是无穷，令你思索——不尽是走向完善（尽）的路。一张山水画，从峦起伏，到纸边是并未尽的，却给你以追寻完善的感觉，仿佛在画外尚有千万沟壑，这称之丰富，并不是照像的剪裁，从平庸中辟出一股精辟来，而是从这一股精辟给你无穷尽的精辟。

另外，已买到的书也有十数本陆续寄出，怕坐飞机过重不能多带东西。担心的是小巢里将如何容纳他们？

今天 Wright 赏了我四条领带、一条西裤，两个中国人每人一份，都是他用过的，倒是宝贵的纪念品。

想想回到国内的生活，不免又得坐写字间，无论如何，我们星期天一定得出去爬爬山，户外空气似乎已赢得我心，不像以前出去散步，总是你领着我去似的。Taliesin 的秋天是真美，使我平生第一次有季节的感觉。早晨草地上覆遍着霜，只些微微的绿，衬托出不同的树干，落了叶覆出细腻的枝须，胭脂红透了的，嫩黄的，赭石的，和依然浓绿的松树。天的蓝让我想起昆明的日子注：结婚前，几乎每天想写信给你，自己还说“不知道”。

对称的建筑总被布置的似“立正似的”，并不是严肃，而是被动的、死的，然而不对称的姿态也有时是生硬的，必须是自然的，才能是宽驰的。

伟大的人永远是稀有的，不能被出品着的，所以 Taliesin 的目的不在产生大群天才，只是一个适宜的环境让天才能在这里成长，没有制造的意思，我相信 Wright 该作如此想。

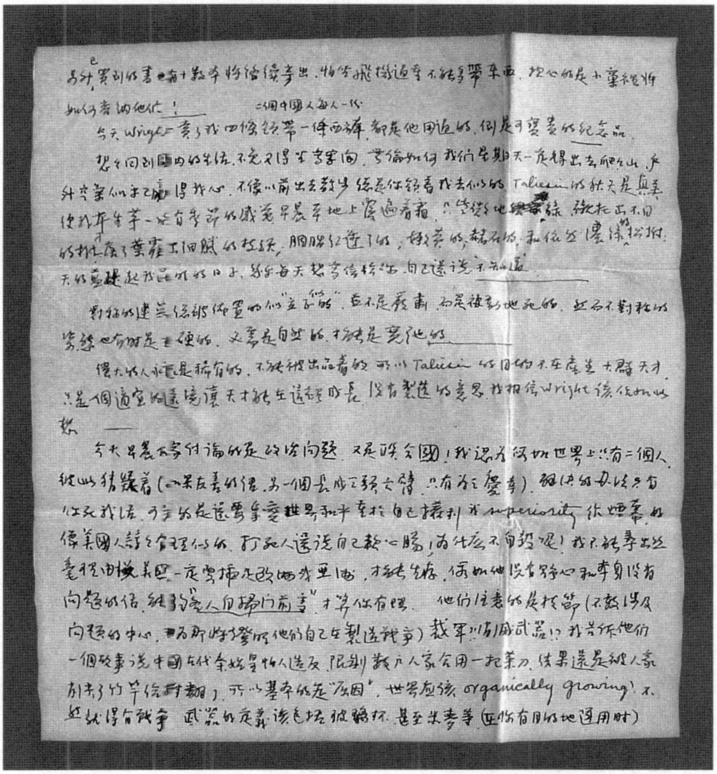

今天早晨大家讨论的是政治问题，又是联合国！我认为假如世界上只有两个人，彼此猜疑着（如果友善的话，另一个长成三头六臂只有为之庆幸），解决的办法只有你死我活，可笑的是还要拿爱世界和平重于自己权利或superiority高傲作烟幕，好像美国人谆谆有理似的。打死人还说自己软心肠！为什么不自杀呢！我不能寻出丝毫理由说美国一定要插足欧洲或亚洲才能生存。假如他没有野心和本身没有问题的话，能够“个人自扫门前雪”才算你有理。他们注意的是枝节（不敢涉及问题的中心，因为那将证明他们自己在制造战争），裁军？！！消灭武器！？我告诉他们一个故事，说中国古代秦始皇怕人造反，限制数户人家合用一把菜刀，结果还是被人家削尖了竹竿给推翻了，所以基本的是“原因”，世界应该organically growing有机生长！不然就得有战争，武器的定义该包括玻璃杯，甚至米麦等（在你有目的的运用时）。

国际问题只有在各个自身歪扭时（不求人）才是有善的基础！

英国的粮食不够，并不是因为它的泥土有毒，而是它想称霸“食物”，变成了工厂。Stability and balance is the nature of everything 稳定和平衡是万物的本性。它没有野心的话，它会让大家有饭吃的。只有人口几何增加是真的世界的烦恼，这威胁还远着呢！而且科学的能力足足应付它。

From inside out does not mean solving the internal question externally 由内而外并不意味着从外部解决内部的问题。

没有一件固定的事能在一天内成功的，“其进快者其退速”。

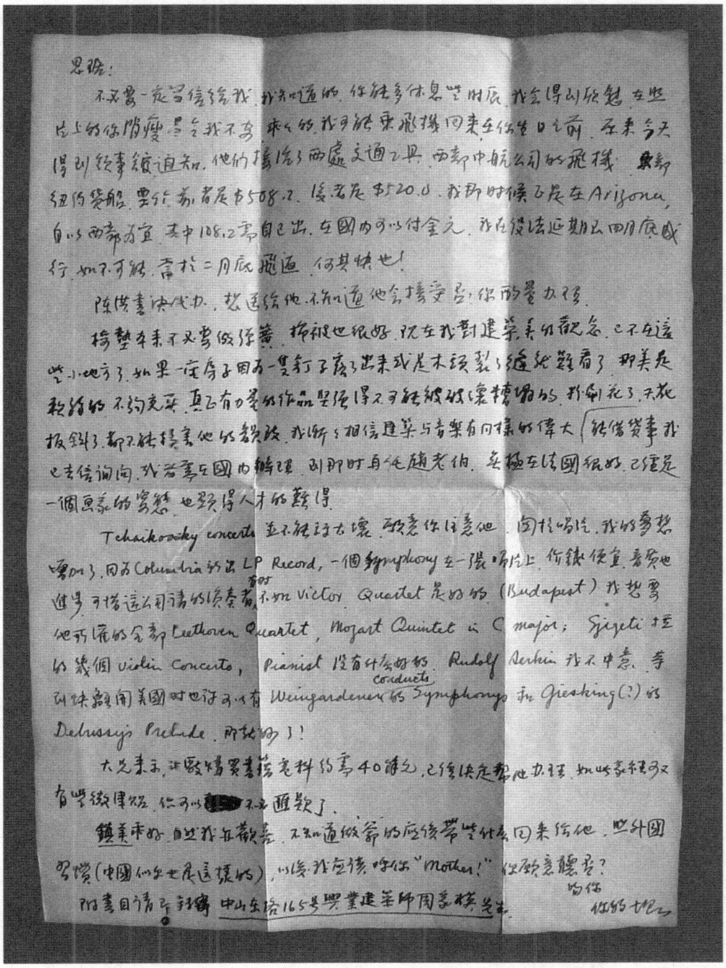
思琚：

不必要一定写信给我，我知道的，你能多休息些时辰，我会得到欣慰。在照片上的你消瘦得令我不安。乖乖的，我可能乘飛機回来在你生日之前。原来今天得到総事領通知，他们擔任了两處交通工具，西部中航公司的飛機，東部纽约貨船，票价前者是$508.00，后者是$520.00。我那时候正是在Arizona，自以西部为宜，其中108.00需自己出，在国内可以付全元。我在設法延期至四月底成行，如不可能，當於二月底飛返，何其快也！

陈从书决代办，稍送给他，不知道他会接受否，你酌量办行。

椅垫本来不必要做得薄，棉被也很好。现在我對建築美的观念，已不在這些小地方了。如果一座房子因有一隻釘子露了出来或是木頭裂了缝就難看了，那美是积弱的，不够充实。真正有力量的作品是经得了可能被破坏糟蹋的，折了剥了，……都不能掩盖他的欲致。我渐渐相信建築与音樂有同樣的偉大（能借贷事我已去信询问，我希望在国内办理，到那时再托赵老伯，要極在法国很好，已经是一個厉害的实想，也顯得人才的難得）。

Tchaikovsky concerto 並不能说太壞，願意你注意他。關於唱片，我的参想增加了，因為Columbia新出LP Record，一個Symphony在一張唱片上，價錢便宜，音质也進步，可惜這公司請的演奏者有的不如Victor。Quartet是好的（Budapest）我想要他所演的全部Beethoven Quartet，Mozart Quintet in C major；Szigeti拉的幾個violin Concerto，Pianist 没有什么好的，Rudolf Serkin我不中意。等到快離開美國时也许可以有Weingardener的（conducts）Symphony和Gieseking(?)的Debussy's Prelude，那就好了！

大兄来了，此欧阳买书籍老料的事40美元，已经决定帮他办理，如此豪强可又有些微薄收入，你可以[redacted]不必匯款了。

鍾美来好，自然我在欢喜，不知道做爷的应该带些什么回来给他，些外國习惯（中國人也是這樣的），以後我应该叫你"Mother!"你願意聽否？

吻你

你的[illegible]

附書目請交给 中山东路165号興業建築師周家模先生。

40．建筑与音乐同样伟大（1949年初）

思琚：

不必要一定写信给我，我知道的，你能多休息些时辰，我会感到欣慰。在照片上你消瘦得令我不安，乖乖的，我可能乘飞机回来，在你生日之前。原来今天得到领事馆通知，他们接洽了两处交通工具，西部中航公司的飞机，东部纽约货船，票价前者是$508.2，后者是520.0。我那时候正是在Arizona，自以西部为宜，其中108.2需自已出，在国内可以付金元。我在设法延期，即四月底成行，如不可能，当于二月底飞返，何其快也！

陈洪书决代办，想送给他，不知道他会接受否？你酌量办理。

椅垫本来不必要做弹簧，棉被也很好。现在我对建筑美的观念，已不在这些小地方了，如果一座房子因为一只钉子露了出来或是木头裂了缝就难看了，那美是软弱的，不够充实，真正有力量的作品，坚强得不可能被破坏糟蹋的，粉刷花了，天花板斜了，都不能损害它的韵致。我渐渐相信建筑与音乐有同样伟大。

能借贷事我已去信询问，或者需在国内办理，到那时再托赵老伯。无极在法国很好，已经是一个画家的姿态，也显得人才的难得。

Tchaikovsky concerto并不能算太坏，愿意你注意他。关于唱片，我的梦想增加了，因为Columbia哥伦比亚新出LP Record密纹唱片，一个新symphony在一张唱片上，价钱便宜，音质也进步，可惜这公司请的演奏者有时不如Victor维克托，Quartet四重奏是好的。(Budapest布达佩斯）我想要他所灌的全部Beethoven Quintet贝多芬五重奏，Mozart Quintet in C major莫扎特C大调五重奏，Szigeti西盖特，Joseph Szigeti，1892—1973年，美籍匈牙利小提琴家拉的几个violin concerto小提琴协奏曲，Pianist钢琴家没有什么好的。Rudolf Seckin鲁道夫·塞金我不中意，等到快离开美国时也许可以有Weingartner conducts魏因加特纳指挥的Symphonys和Giesking吉塞金，Walter Gieseking，1895—1956年，世界闻名的钢琴家，生于法国，后移居德国（？）的Debussy’s Prelude德彪西序曲，那就妙了！

大兄来示，代厂购买书籍电料约需40余元，已经决定帮他办理，如此家里可又有些微津贴，你可以不必汇款了。

镇美乖好，自然我亦喜欢，不知道做爹的应该带些什么回来给她，照外国习惯（中国似乎也是这样的），以后我应该呼你“mother！”，你愿意听否？

吻你。

你的坦

附书目请即转寄中山东路165号兴业建筑师周家模先生

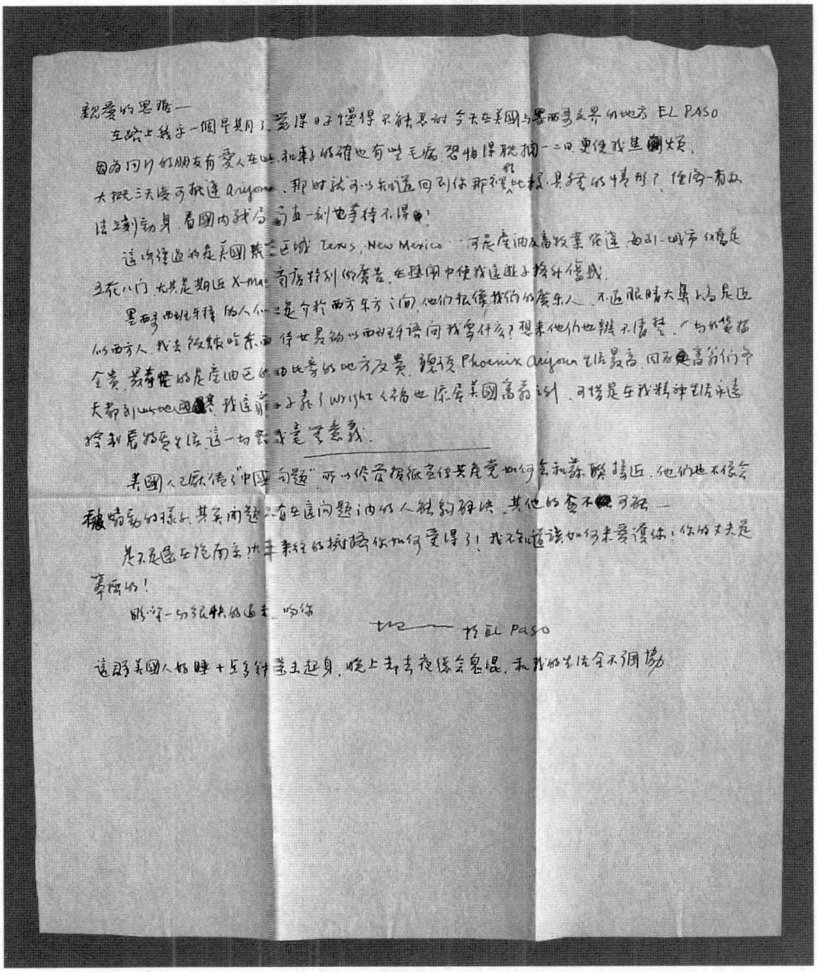

41. 在路上（1949年初）

亲爱的思琚：

在路上几乎一个星期了，觉得日子慢的不能忍耐。今天在美国与墨西哥交界的地方，EL PASO，因为同住的朋友有爱人在此，且车子的确也有些毛病，

准备迁徙（自 Lois Davidson Gottlieb. A WAY OF LIFE: An Apprenticeship with Frank Lloyd Wright. The Images Publishing Group Pty Ltd 2001: 110.）

恐怕得耽搁一二日，更使我焦烦。

大概三天后可抵达 Arizona，那时就可以知道回到你那里的比较具体的情形了。经济一有办法立刻动身，看国内战局简直一刻也等待不得！

这次经过的是美国荒凉区域 Texas 得克萨斯、New Mexico 新墨西哥……可是产油及畜牧业发达，每到一城市，仍旧是五花八门，尤其是期近 X-mas 圣诞节，商店特别做广告，在热闹中使我这游子格外伤感。

墨西哥、西班牙种的人似乎是介于西方东方之间，他们很像我们的广东人，不过眼睛大，鼻子高，是近似西方人的。我去饭馆吃东西，侍女最初用西班牙语问我要什么？想来他们也辨不清楚。一切的货物全贵，最奇怪的是产油区的油比旁的地方反而贵。听说 Phoenix Arizona 亚里桑那州菲尼克斯市生活消费最高，因为富翁们冬天都到此地避寒，我这穷小子靠了 Wright 之福也添居美国富翁之列。可惜的是，在我精神生活永远控制着物质生活，这一切对我毫无意义。

美国人已厌倦了“中国问题”，所以尽管报纸宣传共产党如何会和苏联接近，他们也不像会被煽动的样子，其实问题只有在这问题之内的人能够解决，其他的全不可能。

是不是还在跑南京？火车来往的拥挤你如何受得了！我不知道该如何来爱护你！你的丈夫是笨拙的！

盼望一切很快地过去，吻你。

坦

这群美国人好睡，十点多钟起身，晚上去夜总会鬼混，和我的生活全不协调。

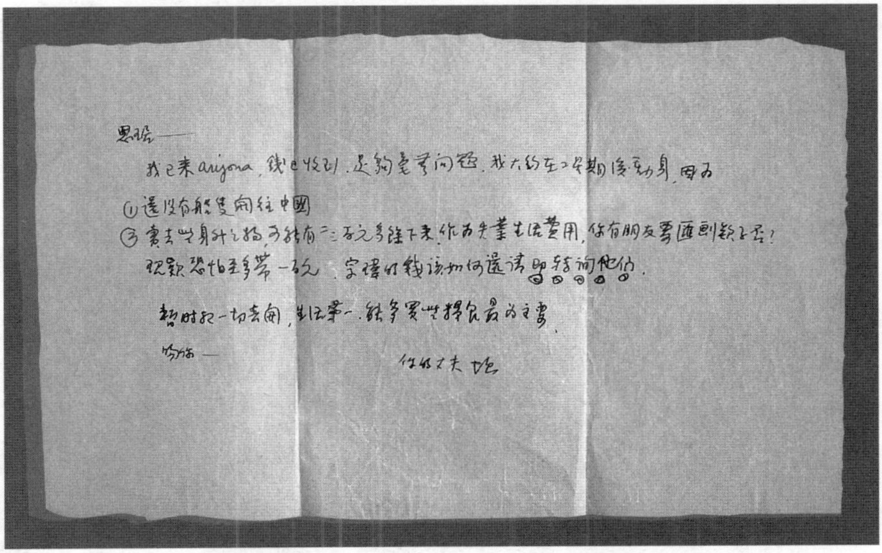
思琚——
我已来arizona，钱已收到，足够毫无问题，我大约在下星期後动身，因为
① 还没有船只开往中国
② 卖去些身外之物，可能有二三百元多余下来，作为失业生活费用，你有朋友要汇划款子否？
现款恐怕至多带一百元，宗玮的钱该如何还？请即转询他们。
暂时把一切丢开，生活第一，能多买些粮食最为主要。
吻你——
你的丈夫 坦

42. 抵亚利桑那（1949年初）

思琚：

我已来Arizona，钱已收到，足够，毫无问题，我大约在上星期该动身，因为：

1. 还没有船只开往中国；

2. 卖去些身外之物，可能有二三百元多余下来，作为失业生活费用。你有朋友要汇划款子否？现款恐怕至多带一百元，宗玮的钱该如何还？请即转询他们。

暂时把一切丢开，生活第一，能多买些粮食最为主要。

吻你。

你的丈夫　坦

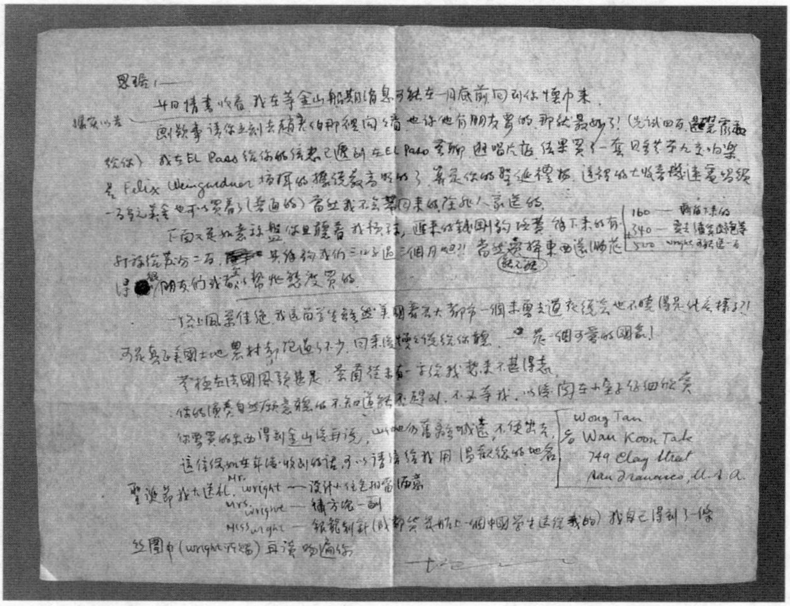

43. 可爱的国家（1949年初）

思琚：

二十日情书收着，我在等旧金山船期消息，可能在一月底前回到你怀中来。

划款事请你立刻去赵老伯（据实以告）那里问问看，也许他有朋友要的，那就最好了（先试四百，还慧灵和给你）！我在 EL Paso 给你的信想已送到，在 EL Paso 无聊，逛唱片店，结果买了一套贝多芬第九交响乐，是 Felix Weingartner 魏因加特纳指挥的，据说最高明了，算是你的圣诞礼物。这里的大收音机连电唱需一百多元美金，也可以买着了（普通的），当然我不会带回来的，除非人家送的。

下面又是如意算盘，你且听着我预算，汇来的钱刚够路费，160 剩余下来的，340 卖去绣货、皮袍等，能有 500，Wright 可能送一百。打算给苏州二百，其余够我们三口子过三个月吧？当然能不能卖掉东西，还渺茫得很，朋友们或者会以帮忙态度买的。

一路上风景佳绝，我这留学生虽然美国著名大都市一个未曾去过，夜总会也不晓得是什么样子，可是真正美国的农村和土地却跑过不少，回来后慢慢说给你听，是一个可爱的国家！

无极在法国风头甚足，景兰从未有一字给我，想来不甚得志。

你的演奏自然愿意听得，不知道能否赶到，不必等我，以后关在小屋子仔细欣赏。

你要买的东西得到旧金山后再说，此地仍旧离城远，不便出去。

这信假如在年后收到的话，可以请信给我，用温观德的地名，Wangtan c/o Wan Koon Tak 749 Glay Street San Francisco, U.S.A。

圣诞节我大送礼：

Mr. Wright 赖特先生设计小住宅相当满意；

Mrs. Wright 赖特夫人绣方块一副；

Miss Wright 赖特小姐银龙别针（成都货，是船上一个中国学生送给我的）。

我自己得到一条丝围巾（Wright 所赐）。

再谈，吻遍你。

坦

书 单

Bach 巴赫

Brandenberg Concerto 布兰登伯格协奏曲

Prelude and Fugue 序曲和赋格曲

Handel 亨德尔

Concerto in B-flat (harp) B调协奏曲（竖琴）

Mozart 莫扎特

Symphony No.35 in D Major 第三十五D大调交响曲

Symphony Concertart 交响音乐会

Beethoven 贝多芬

Quartet No.16, Op.135 作品135号第十六四重奏

Symphony No.9 (Weingartner) 第九交响曲（魏因加特纳）

Sonata Appassionate (Rubinstein) 热情奏鸣曲（鲁宾斯坦）

Sonata in A Major (Cello and Piano) A大调奏鸣曲（大提琴和钢琴）

Sonata No.5 in C Minor (Piatigorsky) C大调第五奏鸣曲（皮亚蒂戈尔斯基）

Concerto No.4 for Piano 第四钢琴协奏曲

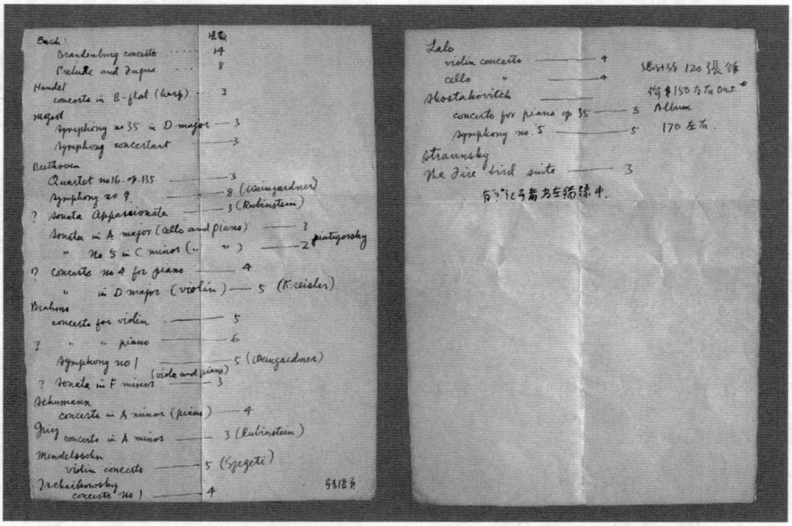

Bach:
Brandenburg concerto …… 14
Prelude and Fugue …… 8
Handel
concerto in B-flat (harp) … 3
Mozart
Symphony no 35 in D major — 3
Symphony concertant — 3
Beethoven
Quartet no16. op.135 — 3
Symphony no 9 — 8 (Weingartner)
? Sonata Appassionata — 3 (Rubinstein)
Sonata in A major (cello and piano) — 3
" No 5 in C minor (" ") — 2 piatigorsky
? concerto no 4 for piano — 4
" in D major (violin) — 5 (Kreisler)
Brahms
concerto for violin — 5
? " " piano — 6
Symphony no 1 — 5 (Weingartner)
? Sonata in F minor (viola and piano) — 3
Schumann
concerto in A minor (piano) — 4
Grieg
concerto in A minor — 3 (Rubinstein)
Mendelssohn
violin concerto — 5 (Szegeti)
Tschaikowsky
concerto no 1 — 4

Lalo
violin concerto — 4
cello " — 4
Shostakovitch
concerto for piano op 35 — 3
Symphony no. 5 — 5
Stravinsky
The Fire bird suite — 3

Concerto in D Major (Violin) (Kreisler) D 大调协奏曲（小提琴）（克莱斯勒）

Brahms 勃拉姆斯

Concerto for Violin 小提琴协奏曲

Concerto for Piano 钢琴协奏曲

Symphony No.1 (Weingartner) 第一交响曲（魏因加特纳）

Sonata in F Minor (Viola and Piano) F 小调奏鸣曲（中提琴和钢琴）

Schumann 舒曼

Concerto in A Minor A 小调协奏曲

Grieg 格里格

Concerto in A Minor (Piano) (Rubinstein) A 小调协奏曲（钢琴）（鲁宾斯坦）

Mendelssohn 门德尔松

Violin Concerto (Szegeti) 小提琴协奏曲（西盖特）

Tschaikovoskey 柴可夫斯基

Concerto No.1 第一协奏曲

Lalo 拉罗：(Edouard Lalo, 1823—1892，法国作曲家)

Violin Concerto 小提琴协奏曲

Cello Concerto 大提琴协奏曲

Shostakovitch 肖斯塔科维奇

Concerto for Piano Op.35 钢琴协奏曲作品 35 号

Symphony No.5 第五交响曲

Stravinsky 斯特拉文斯基

The Fire Bird Suite 火鸟组曲

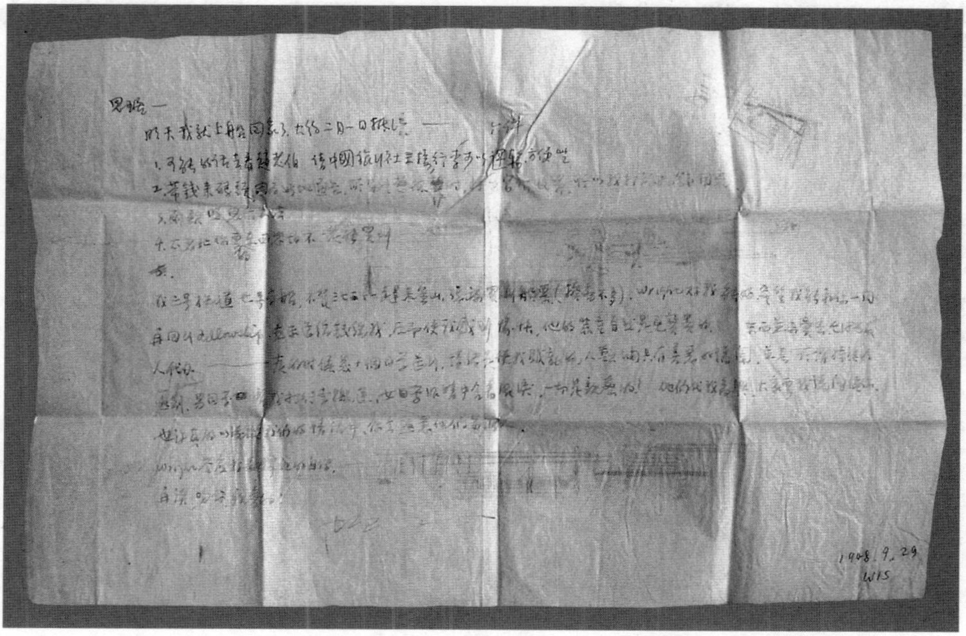

44. 明天上船回家（1949年1月）

思琚：

明天我就上船回家了，大约二月一日抵沪。

1. 可能的话去看赵老伯，请中国旅行社来接，行李六件可以运输方便些。

2. 带钱来码头，因为此地通告，所有外币抵沪时，将以官家收买，所以我打算把钱用光。

3. 付款照思齐办法。

4. 太匆忙，你要的东西恐怕不一定能买到。

我三号知道七号有船，不管三七二十一赶来旧金山，总算买到船票（搭客不多）。Wright 对我很好，希望我能和你一同再回到 Fellowship 学社，并未送钱给我，反而使我感到愉快。他的器重自然是更宝贵的，东西并未卖去，已托

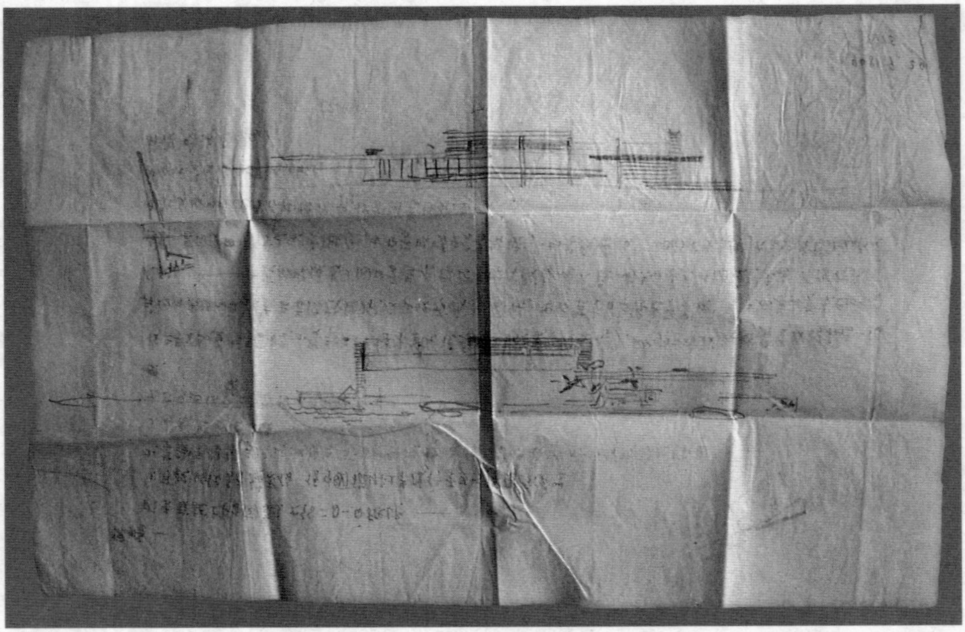

友人代办……走的时候，几十个同学送行，情绪是使我感动的。人类只有善恶的隔阂，并无所谓种族的区别。男同学帮我打行李搬运，女同学眼睛中含着眼泪，一切是亲密的！他们代我高兴，大家要我说问候你。

也许真的以后在我的情话中，你会熟悉他们每一个人。

Wright 答应我翻译他的自传。

再谈，吻你，亲爱的！

坦

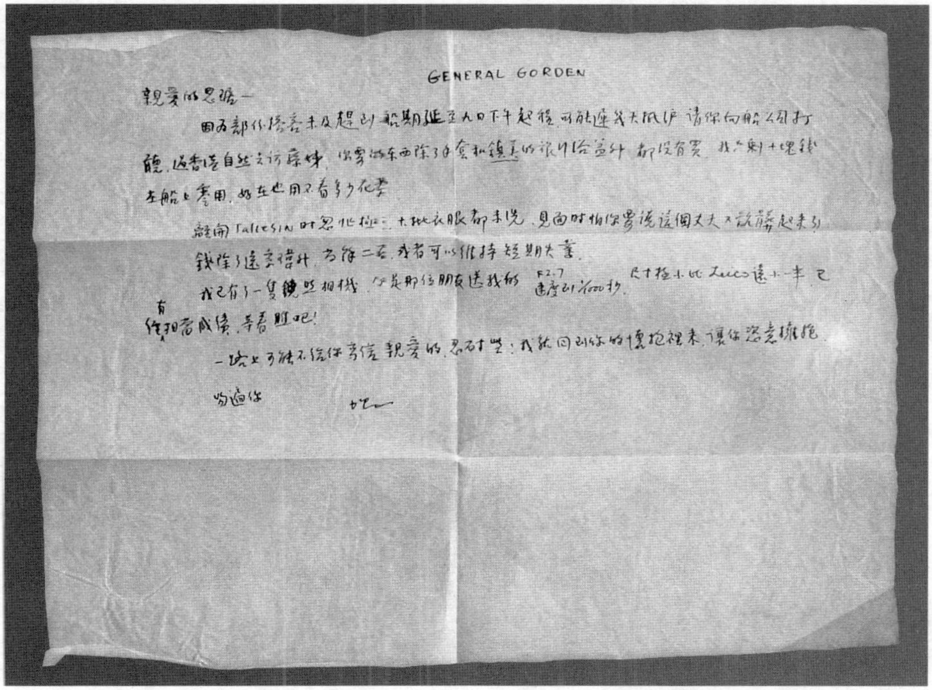

GENERAL GORDEN

親愛的思琚—

因為部份搭客未及趕到 船期延至九日下午起程 可能遲幾天抵滬 請你向船公司打聽 過香港自然去訪蓀姊 你要的東西除了手套和鎮美的旅行浴盆外 都沒有買 我只剩十塊錢在船上零用 好在也用不着多少花費

離開 Taliesin 時忽忙極了 大批衣服都未洗 見面時怕你要說這個丈夫又骯髒起來了

錢除了還宗瑋外 尚餘二百 或者可以維持短期失業

我已有了一隻鏡頭照相機 是那位朋友送我的 F2.7 速度到1/400秒 尺寸極小比 Leica 還小一半 已有照相成績 等着瞧吧!

一路上可能不能給你寫信 親愛的思琚 我就回到你的懷抱裡來 讓你盡意擁抱

吻遍你

[illegible]

45. 我的建筑将永远是平易近人的（1949年1月）

亲爱的思琚：

因为部分搭客未及赶到，船期延至九日下午起程，可能迟几天抵沪，请你向船公司打听。过香港自然去访荪姊，你要的东西除了手套和镇美的旅行浴盆外，都没有买，我只剩十块钱在船上零用，好在也用不着多少花费。

离开 Taliesin 时匆忙极了，大批衣服都未洗，见面时怕你要说这个丈夫又肮脏起来了！

钱除了还宗玮外，尚余二百，或者可以维持短期失业。

美国朋友送的照相机（汪坦先生家藏）

我已有了一只照相机，仍是那位朋友送我的，F2.7，速度到 1/1000 秒，尺寸极小，比 Leica 莱卡还小一半，已经有相当成绩，等着瞧吧！

一路上可能不给你写信，亲爱的，忍耐些！我就回到你的怀抱来，让你恣意拥抱。

吻遍你。

坦

科学仅是方法，是有效率的方法，并不最完善，因为所谓均衡，不是大家所分到的是一样的意思。洗衣服机器可以使一件衣服每一处都揉着，事实上一件衣服有些地方脏些，有些地方简直用不到揉，并不是科学的机械所能办的。

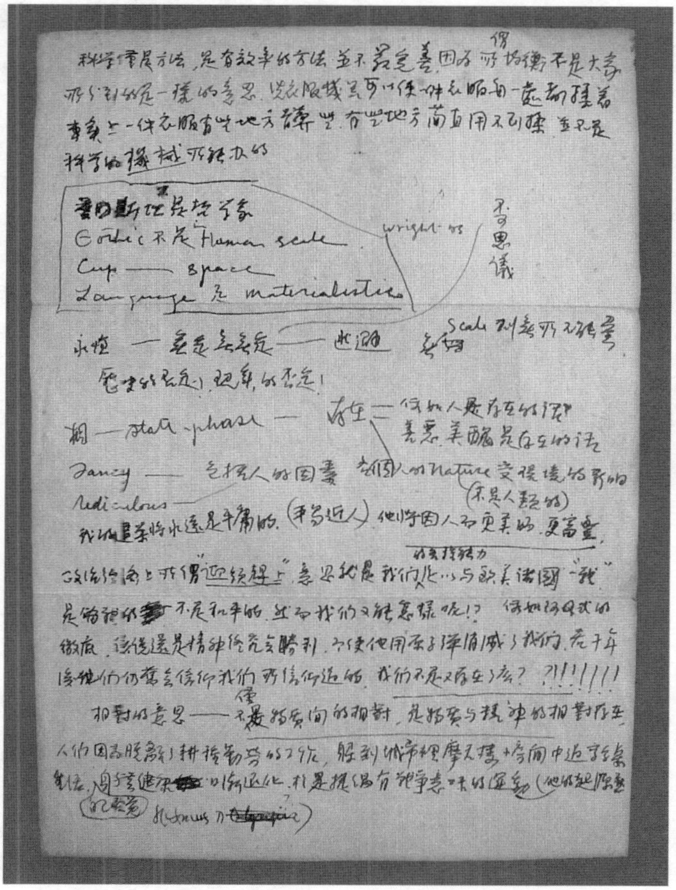

爱因斯坦不是哲学家

Gothic 不是 Human Scale 人的尺度

Cup——Space 杯子——空间

Language 是 Materialistice 唯物主义的

无 Scale 则无所不能

永恒——逃避

历史的否定！现实的否定！

相对——state phase 稳定状态——存在——假如人是存在的话，善恶美丑是存在的话

Fancy 奇特—包括人的因素，各个人的 nature 本性（不是人类的）受环境的影响

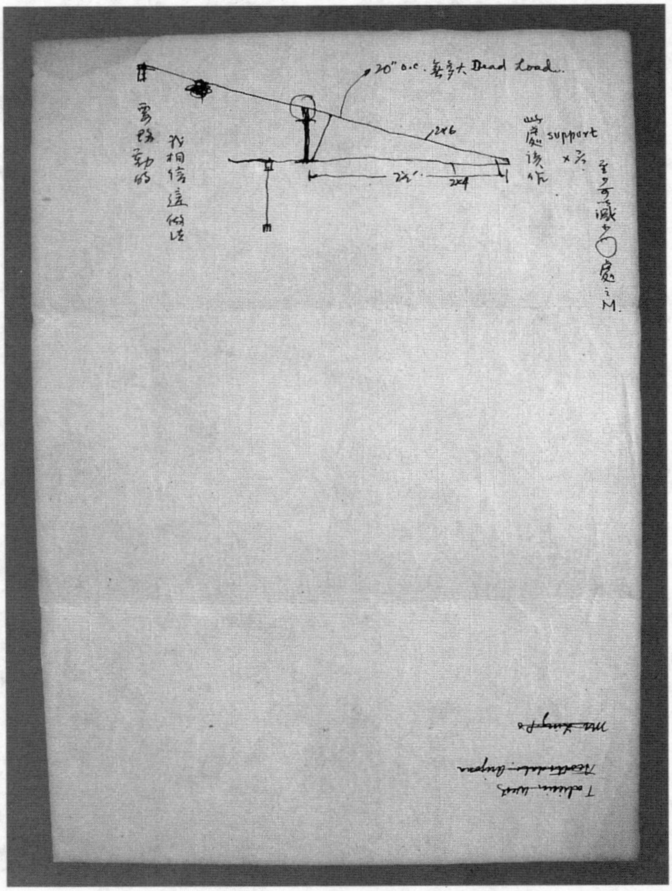

我的建筑将永远是平庸的（平易近人），他将因人而更美丽，更丰富。

政治经济上可谓“迎头赶上”，意思就是我们的各种能力足以与欧美诸国“战”，是备战，不是和平的，然而我们又能怎样呢？例如阿Q似的彻底，该说还是精神终究会胜利，即使他用原子弹消灭了我们，若干年后，他们仍旧会信仰我们所信仰过的，我们不是又存在了吗？？！！！！！！！！

相对的意思——不仅是物质间的相对，是物质与精神的相对存在，人们因为脱离了耕种勤劳的工作，躲到城市里摩天楼小房间中过写字桌生活，自己发觉身体健康日渐退化，于是提倡有战争意味的运动（它的起源并非如此）。

三、在这边

（回国后对赖特的记述）

汪坦先生（吴耀东摄）

1. 汪坦先生的回忆

我去 Wright 处是考取公费留学的，当时国家不给钱，但可以公费买外汇。考完公费有了资格，自己选择去哪里。当时周仪先已由资源委员会公费派出两年，后来没有钱，移民局要赶人，他到 Wright 处，Wright 留下，并改名林白。Wright 的第一个专集在 1938 年出版，第二本在 1948 年。我上学时私人可以订外国杂志，如 *Pencil Points* 和 *Architectural Forum*，所以在大学时就看到他的作品。我曾给 Wright 写信讲自己的建筑观点，林白也推荐，Wright 给我一千元担保，我就去了。徐敬直还给了我一年的工资。在那里学徒，平时给生活费和小用品，我的领带就是 Wright 先生送的。Wright 还给马思琚一千美

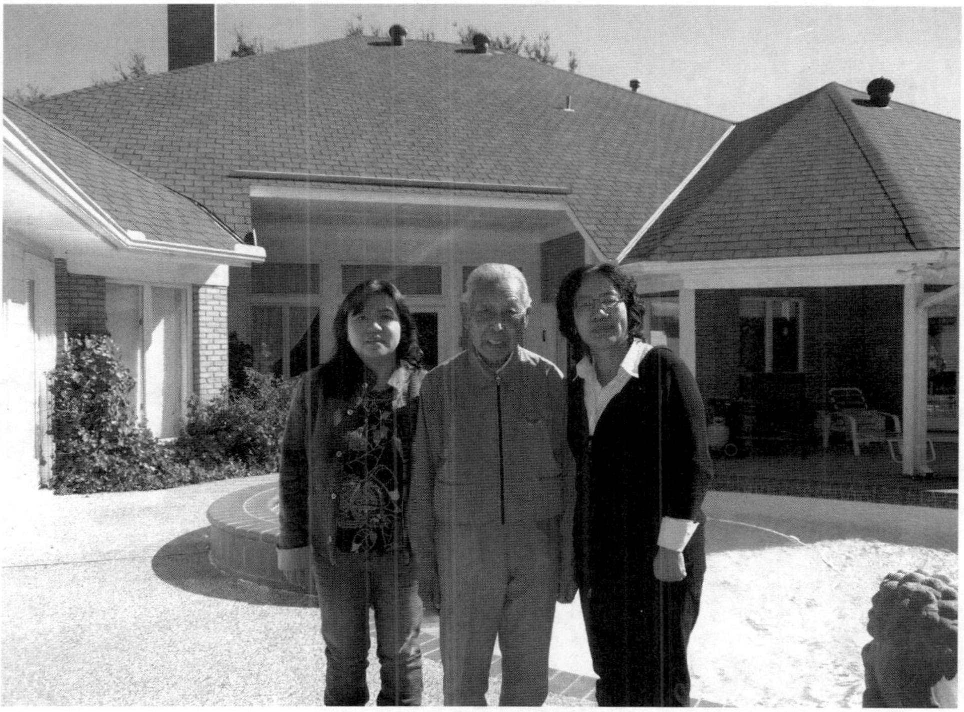

周仪先、汪镇美和于悌在周仪先自宅

元担保，但她最终没有过去。

在 Wright 先生处最深的印象是，学设计不能像他，他说像他就没有出息了。这种老师真是少有。他反对人去打法西斯，意思是说不要为美国那帮人卖命送死。他说法西斯要用武力征服世界，而美国人是要用金钱征服世界。当时美国政府要逮捕 Wright，原因是他的学生不当兵。但结果没有抓，因为他只说。Wright 喜欢音乐，但不喜欢音乐家，因为他们要让人喝彩。他宁愿找业余的，但都是忠于音乐的人。我在 Wright 处时，李莹曾与费正清夫人去过那里。

我 1949 年 1 月离开美国，在 Wright 处工作了 11 个多月。临行前我对 Wright 先生说国内在打内战，小孩才七个月，家里有困难，必须回国。我是中国人，其实来的目的就是为了回中国。Wright 先生很关心，还问能不能先寄肉回去。我是清晨四点离开泰里埃森的，Wright 先生起身送我，他说如果国内不如意，欢迎我随时回去。我请求他同意我翻译他的自传，他同意了。但周仪先认为理解 Wright 很难，最伟大的人总是很难理解的。Wright 夫人在给

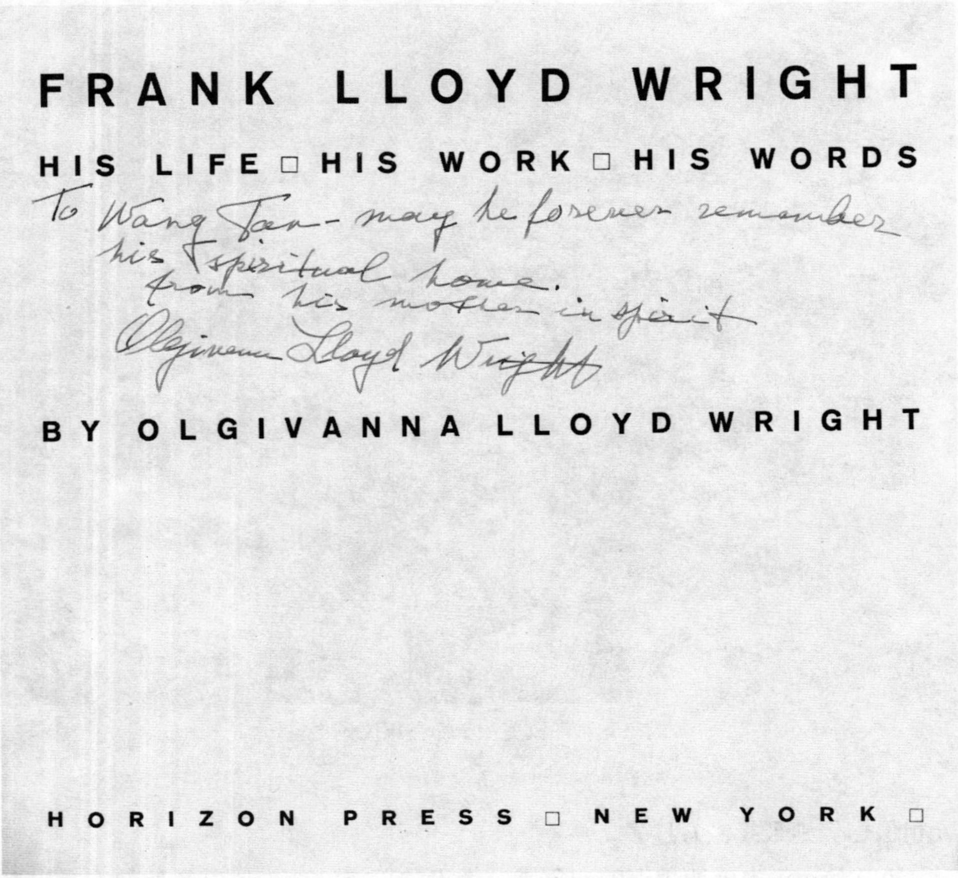
FRANK LLOYD WRIGHT

HIS LIFE □ HIS WORK □ HIS WORDS

To Wang Tan — may he forever remember
his spiritual home.
from his mother in spirit
Olgivanna Lloyd Wright

BY OLGIVANNA LLOYD WRIGHT

HORIZON PRESS □ NEW YORK □

赖特夫人题字（汪坦先生家藏）

我的书上自称 Spiritual Mother，我称她师母。我后来去美国，但她已经过世了。（摘自赖德霖记并注“口述的历史——汪坦先生的回忆”）

赖特（汪坦先生翻拍）

2. 弗兰克·劳埃德·赖特

弗兰克·劳埃德·赖特（Frank Lloyd Wright，1869-1959 年），1869 年 6 月 8 日生于美国威斯康星州利奇兰中心的一个小镇上。幼年受祖籍英国威尔士母系亲属的教育较多。父亲是音乐家威廉·卡里·赖特，在他 15 岁时就离开了家，以后一直未见过面。1951-1954 年他的 60 年作品环球展览的说明书前言上他写道：

献给　母亲安娜 · 劳埃德 · 琼斯 · 赖特

弗雷德里奇 · 福禄倍尔　1876 年

唐古马 · 阿特勒和路易 · 沙里文　1893 年

妻子奥尔杰瓦娜

他的母亲希望他长大成为建筑师，自幼就在房内布置了英国教堂的图片，赖特 7 岁时（1876 年）又带给他德国教育家福禄倍尔（1782–1852 年）的几何积木礼物，他 88 岁时还说："今天，这所有的都仍在我指中。"阿特勒和沙里文是赖特进入建筑事业中最有影响的前辈。1893 年赖特离开他们，创立了自己的事务所。在这块园地上辛勤耕耘了 66 年，1959 年 4 月 9 日去世。他的妻子奥尔杰瓦娜继续了他的事业。

赖特曾进过威斯康星大学攻读土木工程学，事与愿违，他心不在焉，成绩平平，差三个月毕业他就丢下了，去芝加哥寻找自己所向往的道路。

赖特一生设计了 800 余座建筑，建成的近 437 处（根据 William Allin Storrer：A Complete Catalog 2nd.Ed.），遍及美国 34 个州及加拿大 2 处、日本 6 处。

【住宅】

他所设计的建筑中住宅约占四分之三，1901–1909 年即以"草原住宅"显示了他的革新胆识和卓越才能，平均每年约建 10 座（设计约 14 座）。当时美国正处在城市迅速发展中，大量从外国涌入的移民（1860–1990 年达 1400 万人）助长了紧张和不安。住宅将逐渐不再依据家庭传统和地产状况来决定，而成为一种市场商品——不稳定且难以随心所欲。1886 年著名的芝加哥干草广场大暴动，1873 年、1884 年、1893–1897 年三次经济危机，相当一部分中产者卷入剧变，他们憧憬着的平静单纯的世界行将消逝了，对赖特与自然融合的草原住宅（1893–1910 年）有着精神上的联系。在这些人中间，他的声誉应运而起。

草原住宅的特征在：取消了阁楼及地下室，降低层高，深壁炉，小卧室，缓坡屋顶大出檐；底层除了厨房以外，形成一个大空间，仅屏隔成不同活动区域如读书、就餐、会客等，破除了匣子般的感觉；尽可能利用地区材料；突出水平起伏与草原韵律相呼应。这比当时流行的住宅更为有效、合理和经济。由于历史地理条件和受他的影响，美国中西部出现了不少类似的住宅，有草原学派之称。这一时期可以罗比住宅（1908 年）和威立茨住宅（1902 年）作为代表。

罗比住宅距闹市极近，是他的技巧已得心应手的作品，重叠的水平动势有韵律地交错着，深远的悬挑坡顶覆盖着静穆安谧的家人团聚之所。他用了当时崭新的长达 100 英尺的焊接槽形钢梁来发挥他的审美意境，功能上周全合度，实现了与形式合一的主张。威立茨住宅的平面是民间常用的十字形，风格上也依据民间喜闻乐见的，土生土长的，这也是他有机建筑理论的感性根源。

26 年后（1936 年）的美国人住宅——借用了塞缪尔·勃特勒的小说《欧洪》（Evewhon）中用语 U–S–O–N–I–A——赖特再一次想按自己对生活的理解来解决美国人的居住问题。自 1929 年起持续整十年的美国经济恐慌，使中产者感到前途渺茫。住宅不得不更求紧凑，又竭力想守卫这块生活上、精神上最属于自己个人的小天地。和草原住宅相比，建筑多布置在靠近街道一侧，尽可能扩大内院面积；在家中讲排场的进餐和宴客已失去现实性，只在起居室内和厨房相邻区域放一张餐桌，取 2 英尺 ×4 英尺模数格网，组装预制镶嵌木板墙，不加油漆粉刷和其他装饰，没有汽车库，仅设车棚。他希望户主们自己动手建造而且鼓励他们种菜自给。这类住宅的户主大部分是受过高等教育的文化界人士，可以新闻工作者赫勃特、雅各布斯的住宅为例：面积 124.5 平方米，1937 年时造价为 5500 美元。赖特很想推广这种住宅类型，陆续规划设计了多处新村，如 1939 年密歇根一号方案；1947 年纽约附近的愉村等等。1939 年还设计了低造价预制的四家组合，三层公寓，用地省，密度高。先建成一幢，平均每户 213.7 平方米，造价约 4000 美元。经改进后 1942 年为麻省匹兹菲尔特规划了 100 幢的住宅区，后受阻未实现。1956–1958 年还设计了四种预制装配式住宅。由于运费和组装费增加了造价，只建成二十余幢。

赖特的这些努力和他的理想——广亩城市是不可分的。经济衰退打断了他方兴未艾的建筑实践，又目睹资本主义城市化的阴暗面。1893 年芝加哥世界博览会大兴土木，却掩盖着讹诈、虐待、解雇建筑工人的社会实际现象。他反对大工业、大城市，主张取消租赁制度，消费品工业合作化，小商业和服务行业私人所有制。1932 年在《正在消逝的城市》一书中提出了广亩城市的纲要，1935 年完成模型在纽约洛克菲勒中心展出。

1911 年的泰里埃森、1938 年西泰里埃森、1938–1952 年的南佛罗里达学院以及约翰逊公司总部都可以认为是这信念的片断试验。

住宅中最闻名于世的为流水别墅。其他有突出的特征为同行所瞩目的，还

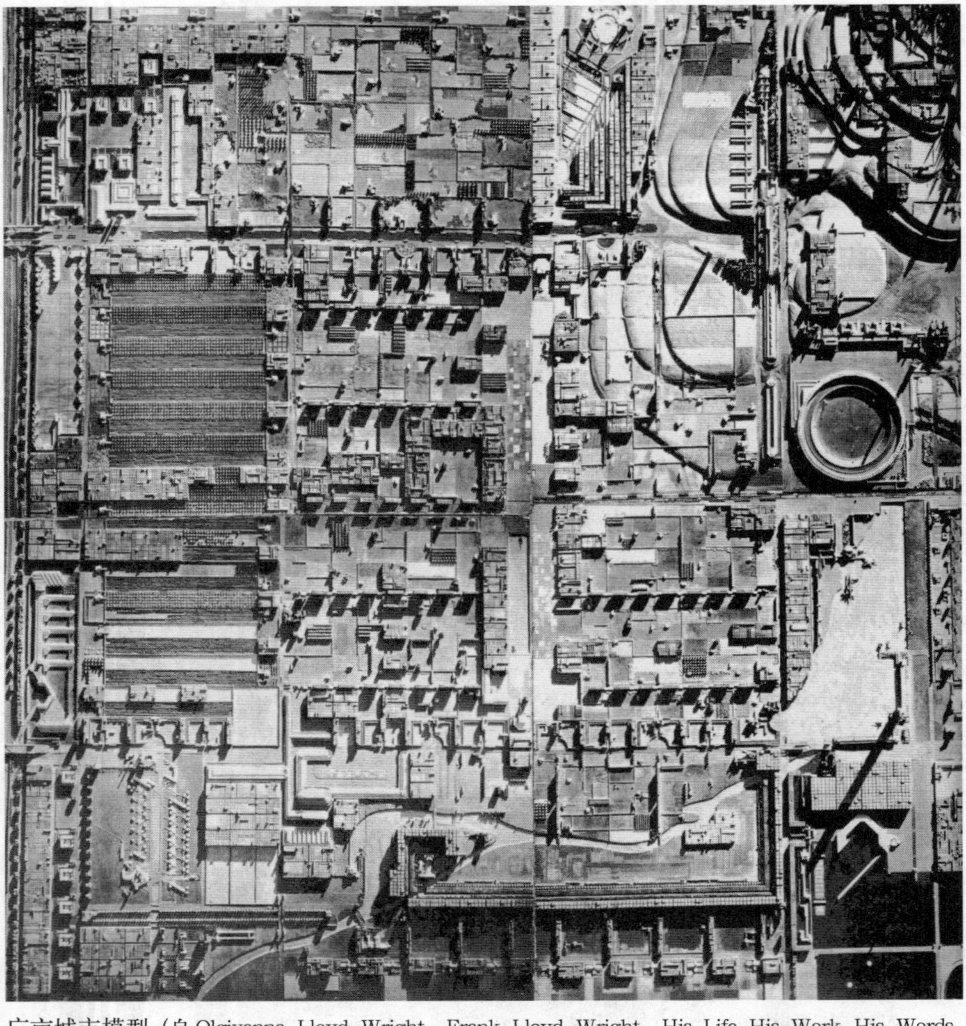

广亩城市模型（自 Olgivanna Lloyd Wright. Frank Lloyd Wright: His Life His Work His Words. Horizon Press New York，1966：114.）

流水别墅（汪坦摄）

泰里埃森（汪坦摄）

有六边形格网模数的保罗·汉纳住宅（1936年）和大小圆鼓形房间组成的拉尔夫·杰士特的适应沙漠气候的住宅（1938年）以及一些豪华住宅等。

【其他作品】

1906年的联合教堂已显出他的创新精神，这里没有用常见的象征教堂的朝天尖塔和陡坡顶。他认为这样的象征作用太像文字了，使建筑成为一种文字般的形式，为他所不取。而且没有必要朝天。为什么不建造为人的教堂呢？它也是人们集会和游乐场所，因此他设计一座普通的平屋顶建筑。由于钱很少，取消了通常在现场浇混凝土内墙内侧砖石、灰条粉刷衬里的做法。外墙面也未加修饰。四周边长高度都相等以节省模板，使教堂形状成为立方体。赖特着意突出了内部空间处理，企图打破匣子般的感觉。

在环境气候差别很大的威斯康星和亚里桑那州泰里埃森，赖特创造了两个迥然不同的形象。1911年的泰里埃森是他的老家，绿树丛里低而长的屋檐围着恬静隐蔽的庭院，既和外界尘世隔断又充分地融合在大自然之中。相距27年（1938年）的西泰里埃森则是暴露在沙漠中，舒展蔓延的游牧部落帐幕与乱石

西泰里埃森钟塔台阶上远眺（萧燕摄）

墙垛犬牙交错，极粗犷之至。两处均是生活、劳动、工作结合在一起的场所，乃广亩城市的局部写照。

约翰逊公司是很特殊的企业，所在地拉辛全是约翰逊姓氏和亲属。企业为家族所有，家长制管理。不是垄断资本，更算不上生产中主要力量，是社区经济和生活的一部分。符合赖特的私有制观点。1936 年总部的整体布局是封闭的，企图避免和外界接触。除办公房间以外，有演出场所、餐厅、电影厅、运动场等，足以自得其乐。以主要集中办公大空间最为著名，圆形平板组成的顶棚有如睡莲浮叶，隙间为细玻璃管波纹图案天窗，24 英尺高支柱上粗下细、亭亭玉立，新颖夺目，也起了有效的广告作用。

1952 年普赖斯塔楼也是很别致的，是水平垂直相间、凹凸交错的 17 层大楼。不像任何城市中的高层建筑，它内外都没有匣子堆砌般的痕迹。所在地巴特尔斯村 1960 年仅 2 万 7000 人。这个塔楼的平面布置反映了工业化前作坊式的工作与居住混合关系。他自己说是作为广亩城市的一个特征。

1915 年设计、1922 年落成的日本东京帝国饭店以经住了 1923 年东京大地震的考验而闻名于世，他对抗震措施从轻型屋顶到混凝土灌注浅而密的桩基乃

帝国饭店（吴耀东摄）

古根海姆博物馆（吴耀东摄）

至管道弯接都经过了仔细考虑。建筑略带和风，赖特是一位对古老日本文化虔诚的爱慕者，却非出于对古董玩赏猎奇，不同于某些傲慢的西方文化使者。这座豪华庄园与环境谐和一致。他替饭店设计的地毯是由我国能手织造的，为此他曾于 1918 年来北京并游览，访问了辜鸿铭博士。

1943 年设计，1959 年赖特去世后才建成的古根海姆博物馆是他留下的最后杰作，也是他在自己所极厌恶的现代都市闹街旁——纽约第五街的唯一规模较大的建筑。他采取了蔑视的姿态，没有考虑和周围环境的协调。展览廊长四分之一英里，盘旋而下，巨大的玻璃穹顶覆盖着通天中庭，形成连续、变化、整体与局部相统一的空间，取代了各个独立展览室串连的传统方式。功能上曾引起一些美术馆管理专家的非议。此馆专为抽象派绘画而设，赖特坚持了个人的观点。施工极为复杂，年轻的乔治·柯亨总其成，得以名铭基石，同垂后世。

【有机建筑理论】

德国伟大诗人、美学思想家歌德（1749—1832 年）很早就用“有机的”来形容建筑，他把哥特式建筑作为“在智者头脑中生长出来的有机产物。”这本来是一种假借或类比，建筑自身不可能像生物那样生长的，从来且永远是人工的。在文学艺术里用有机的这个词，主要是指形式的创造不是抄袭的、拼凑的、矫揉造作的和表面的，而应该是内在的、自然的、本质的和发展演变的，是一种动态的过程。赖特 1901 年题为“机器的艺术与工艺”的报告，1908 年、1914 年两次题为“为了建筑”（*In the Cause of Architecture*）的报告，就已提出了有机建筑这一概念。他一生的全部实践和论著都以此为核心。1953 年他给用在建筑上的“有机的”下的定义是：“有机的这个词指的是统一体（Entity），也许用完整的或本质的（Intrinsic）更好些。原来在建筑上，有机的即‘部分之与整体如同整体之与部分’的意思，因此作为完整的统一体就是这个词的确实意义。本质的。”

他所设计的住宅建筑，体形与自然环境和谐结合，固然已为众所共识。而从他的广亩城市到四家组成的公寓，贯穿着始终如一的信念——有机的社会模式和生活模式，更有其重要的思想性。他处于 19 世纪末社会结构急剧变化的时代，看到了资本主义城市化带来的恶果，高度集中，垄断造成的土地投机和金融寡头，亲身感受到经济恐慌的无情扫荡。当时一部分敏感的知识分子如爱默生（1803—1882 年）、托洛（1817—1862 年）、惠特曼（1819—1892 年）等，这些人精神上都留恋农业文明的精华，向往着宁静和平。稍晚的赖特是他们的爱慕者。他竭力主张城市的有机疏散原则，这和《明日的花园城市》作者霍华德(1850–1928 年)是一致的，赖特则在实践中形成了更为完整的有机建筑理论。他曾认为“土生土长是所有真正艺术和文化的必要的领域”，“像民间传说和民歌那样产生出来的房屋比诸不自然的学院企图更有研究价值”，“形式与功能是一件事。”这些都是有机建筑的注释。

他极推崇我国战国时期哲学家老子，常引用“凿户牖以为室，当其无，有室之用”来阐明他的空间概念。他酷爱自然，尊重本性也和道家思想相通。

赖特是 20 世纪的一位伟大的建筑师、艺术家和思想家。他的作品代表了美国文化，是对世界文化宝库的杰出贡献。

参考书目

Frank Lloyd Wright. The Future of Architecture. Horizon Press Inc,1953.

Frank Lloyd Wright. The Living City. Horizon Press Inc,1958.

Olgivanna Lloyd Wright. Frank Lloyd Wright –His life, His Work, His Words. Horizon Press Inc, 1966.

John Sergeant. Frank Lloyd Wright's Usonian Houses. New York, 1976.

流水别墅（汪坦绘）

3. 流水别墅

流水别墅建于1936−1938年，是美国著名建筑师赖特为埃德加·考夫曼（Edgar Kaufmann）设计的周末别墅，是他的代表作，也是20世纪现代建筑杰出作品之一。赖特自己曾说这座建筑是由环境激起的灵感而构思的新例子，借助于钢材的力量，乃得其所而遂其形，原则上并无异于先期作品。在茂林深处，巨石鸣瀑，一座精舍凌空飞跃，参差俯仰其间，似乎是自然之至。

宅占地380平方米左右，而室外平台阳台亦近300平方米。从而刻画了他的内外与共，沉浸在绿树玄岩清泉怀抱中的主旨。凹凸起伏的片石墙垛和在泰里奚森赖特自住所所见相同，而此处则就地取材和山岸纹理相通，更有天成之感，就是他所说的有似从环境里生长出来的。这块基地南北最深处不足12米，背靠陡崖，面临溪流而足下则砾石磊磊，实难以为屋。赖特当时已经69岁了。修养和经验都已达到炉火纯青的境界。他精心经营，依山就势。把这座绝妙的建筑镶嵌在这里，为有机建筑理论作了确切的注解。

流水别墅（汪坦摄）

流水别墅（汪坦摄）

流水别墅（汪坦摄）

杏黄色的横向混凝土阳台栏板——上下左右前后错叠，宽窄厚薄长短不一，构成了鲜明突出的形象。由于与惯见的同形重复的手法迥然不同，就给人心理上以不稳定的感觉，使得非常深远的出挑更显得奇险。其结构乃是一系列交相穿插覆盖的托盘，盘边栏板实为阳台底板的一部分向上弯折以加强刚度，上下盘间支粗壮石垛，盘下承以大梁，形成整体。看上去好像被悬崖峭壁牢牢钳住。其实梁下仍设混凝土墩，起居室挑悬部分约占进深三分之一。当时有些工程师对此颇为担忧。户主在最初几年曾加以量测，发现确有变移——头年沉一些、次年即回升。时间一久，就习惯于这种现象，恐惧也消除了。全屋地面都是乱石板铺置，下为红杉毛地板，有空气层同钢筋混凝土楼板分开，以提高保温隔声效果。起居室壁炉前还保留了巨块露头岩石，层高较小（不到2.50米，入口门厅最低处仅1.95米），顶棚中心的方形吸顶槽灯尺度却十分夸张，处身其间，有洞天山堂的气氛。推开室内船舱似的玻璃活动罩盖，经悬挂楼梯可通向瀑布上池面。拾级而下，寻声问源，这种意境早已超越了户主的最初想像了！

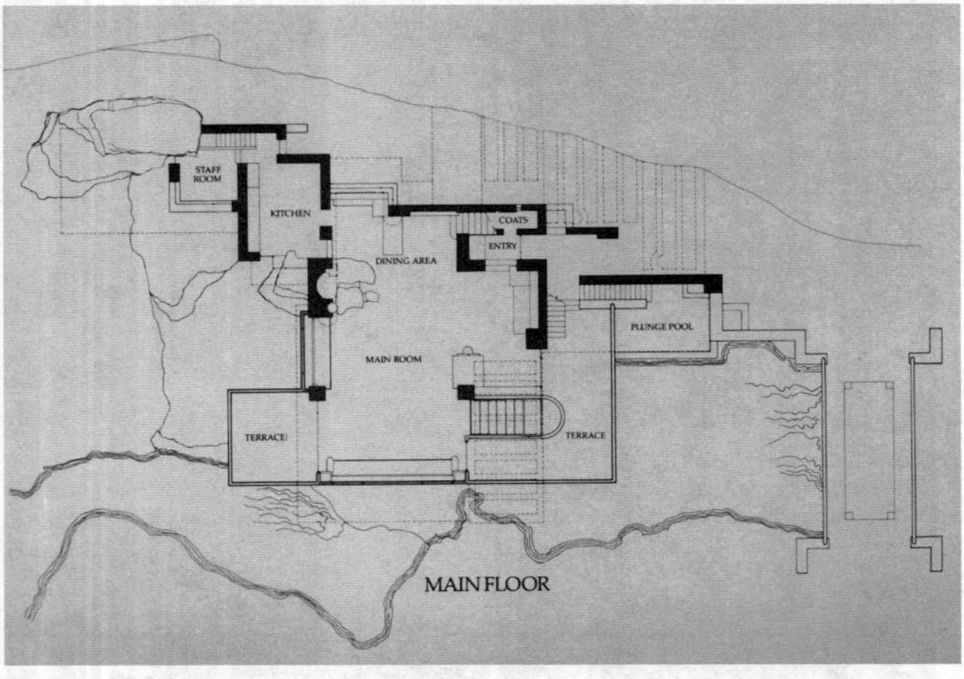

流水别墅平面图（自Edgar Kaufmann, jr. Falling Water: A Frank Lloyd Wright Country House. Abbeville Press Publishers New York, 1986: 73.）

当代意大利建筑理论家赛维（Bruno Zevi）曾引用19世纪维也纳派艺术史家黎格尔（Alois Riegl，1858—1905年）的一段话——对于建筑空间的形式和体量的组合这两方面，艺术家们往往牺牲了后者以发展前者，或相反。赛维认为赖特此作独能两全其美。

参考文献

Edgar Kaufmann. Frank Lloyd Wright's Falling Water 25 Years after. L'Architecture, Aug. 1962.

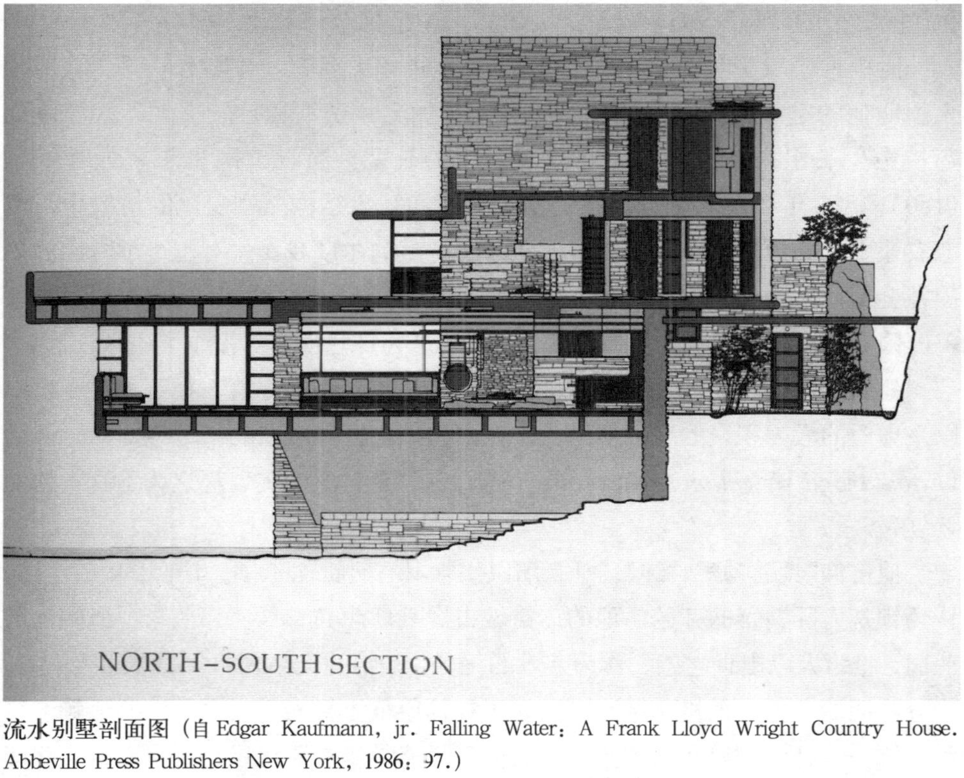

流水别墅剖面图（自 Edgar Kaufmann, jr. Falling Water: A Frank Lloyd Wright Country House. Abbeville Press Publishers New York, 1986: 97.）

4. 给从事于建筑的青年（1931年）

[美] 弗兰克 · 劳埃德 · 赖特 著　汪坦 译

赖特（F.L.Wright，1869–1959 年）生于美国威斯康星州，幼年受祖籍英国威尔士的母系亲属教养较多。他曾攻读过土木工程学，未毕业即去芝加哥，后从当时著名的阿特勒和沙利文建筑师学习建筑，1893 年开创了他自己的事业，他的有机建筑理论影响极大。评论家詹克斯（C.Jencks）曾统计赖特在 1931 年的一次报告中有 51 处关于有机建筑的解释，却说不清楚。现代建筑名著《空间时间与建筑》作者吉迪恩（Gedions）也认为只能通过对赖特的作品分析来理解。本来这种假借类比的概念是难以确切限定的。歌德曾称哥特式建筑为“在智者头脑中生长出来的有机产物”，这是指形式的创造不应该是抄袭的、拼凑的，而是内在的、自然的、发展演变的。赖特曾说过“土生土长是所有真正艺术和文化的必要的领域”，似乎已是最具体的表达了。

他极推崇我国哲学家老子，常引“凿户牖以为室，当其无，有室之用”，来阐明他的空间概念。他的作品，尤其是住宅、别墅和自然交融，好像是从环境中生长出来的。他的思想受同时代的长辈、当时美国思想家如爱默生（1803–1882 年）等的影响，在资本主义冲击社会结构急剧变化的情境中，留恋农业文化的恬静素朴而不能容忍垄断所产生的尔虞我诈。对于这个时期的美国社会某些现象深恶痛绝。这篇文章就是反映了这种心情。后面的一篇，“与美国国家广播公司记者谈话”（1953 年）则是为自己创作过程作了注释。

他欣赏原始人的艺术，因为这些作品打开了我们的眼睛，扫除了多少世纪以来虚假的教养积聚的垃圾，使我们能回归到与自然和谐的、单纯的约定俗成（*Frank Llogd Wright on Architecture*，P62）。这他称之为美，称之为更真实的文艺复兴。

他信仰“真”、“诚”、“纯”、“朴”，所以用木材有时锯而不刨。生活中从不用锁，认为锁是人际猜疑的开始。他的广亩城市规划理想具有乌托邦色彩。他的寓所庄园，也给人以出世之感。作为艺术的一种，赖特的作品有非常强烈的感染力，十分鲜明的个性。黑格尔把建筑归属于纯粹象征主义的层次上去，要依赖雕塑和装饰来弥补它的表现力的不足。这似乎只能是指普通房屋建筑来说。一些理论家企图用自然科学动植物分类方法来区别各种艺术特征，但往往对建筑创作的甘苦体会不深，于是建筑曾有被放逐到表现艺术王国边缘上去的倾向。应该说各种艺术既各有所长也有所短。莱辛的《拉奥孔》十分雄辩地说明了这一点。建筑是一种最具体地和现实地表现人的力量和智慧的艺术，它虽不能令人哭泣，却长于描画崇高、庄严、华丽、典雅等这一类气质和生活情趣等方面。随着科学技术的迅猛发展，创造形式的手段更为丰富有力。与人类文明进步息息相关，也是他得天独厚之处。汪坦

据我看来今天的青年听到关于新和旧的论争实在太多了。对“新”的零星评述使他们年轻的照相机般的头脑去相信（未成熟的建筑师的急就章）、去欢呼或哀悼这曙光。如果这位新手意外地建造了一座房屋，即使并没有高鸣报喜，那格格啼声却凌驾于那只蛋。赞扬或反对的宣传家们认旧作新或把新归旧。历史学家们则以他们自己转弯抹角的推论作为事实列成表格。善变的“主义者”和“主义”的信奉者宣称现代的就是新的。然而建筑从来不是旧的，无论何时永远是新的。小溪把它们自己从建筑这主流解脱，流成一条混浊的河道以便重新积聚，并被大江所澄清，似乎这些小川小河从未存在过。我们时代的所有艺术就是那样的，而我们所目睹的只是大自然倡议的挥霍浪费，她为了获得一棵植物却撒出了无数种子——仿佛是在欣赏她的奢侈。无疑，在精神生活中大自然的实际结果同样是浪费的，她欣赏她的奢侈，在无数幻想中为了一个观念；无数思维活动为了一个思想；无数房屋为了一件真正的建筑。是的，她现在愉快地为了一而付出一百万，因为精神现象已经衰退了五百年以至到了商业的权宜用具的地步。你们可以看到这现象本身已处在危险中。因此，应该高兴地把涉及个人的书籍的杂乱，美学运动的放弃看作生活的迹象。尤其应该高兴地看到新手们的未成熟的房屋。

但观点的混乱是目的反常的浪费。我们可以发现这种混乱意味着自然本身永远不能容忍的目标分散。引起混乱是由于在某些心灵里存在着疑惑，某些心灵里有所恐惧而在另一些心灵里还有希望，因为建筑的边界是变动着的。由于砂浆桶和某些砖给金属板、锁缝和粉碎装置让路，像工人给自动化机器让路一样，所以建筑师似乎要给工程师、推销员或宣传家让路。

我在这里确告你们：建筑的边界正惊人迅速地在变化着，然而它的中心是保持不变的。在这里我是否只要重新肯定，即建筑永远要回归自身以产生新的

形式，以致它将长生不老？在新的阳光照耀下，并带着损失的痛苦，美国只有到了现在才醒悟过来，认识到为什么和如何把艺术想像成商业的权宜办法或降低为感情的工具，已经出卖了美国人的生活。是的，这是一个理由说明为什么艺术的边界就整体来说是在迅速地变化。这边界是在变化，因为对现实的渴望还没有死亡，因为人们的视野被科学作为人类的本性所扩大，且由于内在的体验而深化了。

建筑中心保持不变是由于——虽则全部未被公认或隐瞒不周——美仍旧和过去一样是理性建筑努力的真正目的，正如美保持了建筑本身的基本特征一样。今天由于科学成就人们更加明确地把美理解为整体的秩序；秩序被觉察为人类感觉的一种意象；秩序为理智所领悟，为科学所实现。是的，依靠更伟大的科学的、比任何以往的更为完整的秩序现在可能实现。完整的秩序一旦被建立起来，你们就能感觉到来自和谐的韵律。和谐的就是在基本意义上的美：一个良好的高地从这里跃向动人的无限，也即现在。这在建筑中就是上帝和自然在相对的领域内汇合。所以现代建筑的第一要义就是把这秩序作为整体的敏锐感觉。即形式本身和目的，或功能是处在有秩序的关系中；部分本身和形式在有序中；材料、工作方法两者共在有序中；一种自然的整体——各个在全体中和全体在各个中的整体。这就是正确的新秩序。

那么，这新秩序和旧式的差异何在呢？仅仅是这样的旧式的秩序已经步入了歧途，被“文化”所出卖、历史家所欺骗。但是由此而获得的作为新的有机单纯是宇宙万象的单纯，它和任何机器的单纯十分不同，正如艺术的存在于世和游移徘徊其中并不是一回事。

内部的无序即使不是建筑的死亡也是建筑的疾病。年轻人，你要成为一个建筑师，最最需要的就是对你内心世界的这个根本秩序的一些智慧上的领悟，愈直接愈好。要把你的内心世界看作建筑。

你可以把秩序有灵感的感觉作为一种天赋来领受——学校肯定不能把它给你。因此，对从事建筑的青年来说，“根生的”这个词应该是个美好的词。根生意味着“属于根”或“为了根”——从头开始，这个词不加修饰地站着。任何建筑师天性上必须是根生的，因为对他来说从旁人停止的地方开始是不够的。

在建筑中传统已被证明是不安全的。在躺满机会尸体的大地上你们现在看到了宣扬死去的东西同宣扬活着的一样不值得信赖。两者都与有机建筑毫无共同之处。

向着整体秩序原则的努力是你们仅有的安全前题。所以建筑学校的真正任务应该是帮助你们在知解这种秩序中研究世界的各种建筑。否则学校的存在只能妨碍和戕贼青年。只使你能做出房屋设计以谋生，对任何学校来说都是不合适的。你可能从这个秩序的定义看到像这样的“秩序”和现代的、即所说的有机建筑，没有任何不同。同样你可以看到各个时代的伟大建筑能帮助你成为建筑师的可能性是如何微小，除非你从它们那里寻找使它们在当时的秩序中成为新的那种原则的作用。作为当然的事，对它们适合的特定形式和细部，当你企图为你自己建造而抄袭它时，却对你成为古怪——灾难。我认为这至少对所有的心灵大体上是明显的，因为机器时代已经渗入人类的观念，已经加给建筑比以往更为严厉的限制，但正是这些限制却是你们伟大的新鲜的机会。

目前，即使那些抄袭者也被无情的环境所迫认为旧材料要给新材料让路——新的工业体系取代了老的体系——正如众所周知，美国的社会自由概念取代了封建制度、寡头政治和世袭的上流社会；而且也由于环境的推动，所有的人现在都无情地被迫承认我们没有或只有少得可怜的东西来表达任何这些伟大的变化，建筑就是如此。

正是由于这些原则在起作用，成为我们的机器或机械化产品的决定者，今天，你可以看到在它们的最好的中间出现了新的美的秩序，在某种意义上它是和老的秩序背道而驰的。在更深的意义上以后你们可能会把它看作古老秩序的科学鉴定。但是你们青年要重新开始受限制，虽则我希望得到灵感的启示不会少。新秩序的这种意义仅仅刚开始取得成果。只有被科学扩大了的眼界，被尊严意识促进的人类敏感以及作为一个独特的人的个人价值，只有把内在秩序的新的更细腻的意义继承过来，作为建筑的精神，才能使你成为一个现在的建筑师。你的房屋必须是新的，因为法则在天地存在之前已经是旧的了。

你可以看到，在你周围，那原则在这个和谐的变化的精神中作用着，今天正像开始时一样地起着作用。如果你是为了本性，建筑不能是无法则的。然而你不必害怕，你可以不考虑那些法则，但你永远不是无法则的，如果为了本性的话。

你愿意成为现代的么？那么你现在应该明智地研究事物的本性并应该真诚地献身于它。和往常一样，出自和本性交往，你将感觉到那是新的秩序和学会去理解：它是旧的，因为它曾是旧中之新。再者我非常肯定一个原则的更为明确的知解，在任何建筑方式或任何技术方法能为你完成任何事情之前，今天在你心灵中必须是“原样的”。

至于这些技术的方式方法，用卡莱尔（1795—1881 年）的话说，有多少无限辛苦工作本能的个人就有多少途径。所有的都是从场所本身内发现的，这场所是活跃的商业结果，那里的一切形成了今日的美国。一个建筑师事务所可能是这个场所的较近角落。一所学校，在那里你能看到现代机器和方法真正在工作，将是那场所中属于你的确实的角落。如果我们学校中有了一所这样的学校，其价值将是其他学校的总和。但是，只有一种急进的和反叛的精神在我们现在已有的学校里才是安全的，而在那里度过的时间却正在失去这种精神。在我们这个国家里艺术的感受往往是一种不自然的态度，这对你们是不幸的，一种同乡里人在上流社会中态度相似的态度。乡里人不愿根据天生的和善与好意行事，因此试图观察其他客人以便照样举动。唯恐被发现可笑，是他醒着的恶梦。同样，天赋的良好感觉在艺术的理念王国中背弃了乡里人。依靠保持着对他似乎是友好的交往，同“地位较高的人”交往，他设想自己会是安全的。这种不自然的对自我存在的恐惧，这种怯弱地投降于“既成事实”，是的，建筑日益增长的屈从正是如此——年轻人！这就是你们的继承物。从建筑师的命运被置在“介乎中间”，不旧不新，不死不活时起，就是你们的继承物。如果并非如此，你将不会这样难于脱颖而出，因为你生来就充满活力。但是就我们已经获得的弱小的现代建筑成果来看，年轻的建筑师们，不论他们的年龄，将在遭遇少得多的折磨远非痛苦时就显现出来，因为第三代是站在我们一边的。那一代将不太可能以它抄袭的手法主义或转借来的“风格”向后代宣扬。因为按照精神整体性的任何理想来说，它既未曾是学者又非绅士。

让“介乎中间”的那些建筑师们作为你们的装模作样商业化了的前辈，逃避你们的压倒建筑遗产的谴责将是不公平的。他们原应该引导，而他们却唯命是从。不把做原则的评价人作为神圣的权利，他们却变成了情趣的评价人或牺牲者，这往往是一种无知。当悠闲和钱财光临了，你们的这些前辈们成了古玩的鉴赏家，模仿的主顾和小贩。所以除了少数例外，就是这些感情用事的或因袭的建筑师们：“孩子，替这位女士抄录都铎第 37 号加上一个凸窗”，或小心翼翼：“夫人，你喜欢什么风格？”少数人坚持了，所有的崇敬归于他们。一个关于沙里文的故事说到一位女士要求设计一所殖民地式的住宅——他说：“夫人，你要接受我们给你的。”

除了在极少有的情况外，我们今天仅有接近建筑的房屋都是工业厂房，它们是根据常识来建造的：为具有常识的制造商建造的房屋或是为满足实际需要的住户建造的房屋不存在卑下和高尚的关系——也没有愚蠢的和手执“文化”荣誉的差别。这些明智的作品为我们所有而为世人所钦佩、羡慕和效法。这具有常识的美国人是今天美国仅有的“出路”。它仍旧是美国从来和现在仅有的建筑财富。他需要什么，他什么时候需要，就给他。

去发现他需要什么，不论何时何地你可以到工厂去研究各种过程与产品的关系，并到市场去研究反映。研究制造产品的机器是怎样的。研究造成产品的材料以获得技术，研究产品的目的，研究在它中间的勇气，属于它的勇气。在你的心灵中在你所作所为中把这些全部保存下来，因为仅有拙劣技术的理想是流产。

联系到“技术”的实质，你可能有兴趣知道，即培养你们的大部分美国前辈的巴黎美术学院本身就是混乱的，现在大概要重新解释它的教导，否认它以前的成果和剥夺它的宠儿们的继承权或废黜它本身，因为后裔已在拒绝儿辈们作为继承者；这些儿辈们使得图样工厂兴旺，使得这“态度”在感情的起死回生尝试中继续存在。是的，对心灵来说即对觉得文化产品如何可耻地出卖了美国的心灵来说，它一天天在变得更为明显。它正在开始显示而且它使美国蒙羞。旧世界十分和善地嘲笑我们作为“文化”的建筑。他们希望来这里看我们理想被合适地盛装着，却看到我们时髦地和官腔地可笑，经由服装和仪态的装模作样，受自然和环境强迫，附着于完全不同的某些事物上。他们看到出卖的不只我们自身而且还有我们的国家自身。但是现在靠了自由的恩典我们有了一点相反的表现，可以博得逐渐出现的尊敬。我不像普通人那样认为摩天楼就是这些事物，世界也没有说到它，除了作为一种为出租而形成空间的笨拙的冒险事务——一种巨大的怪物。我再度向你指出，那些单纯真挚的尝试的就是我们自身，并使得隐藏在不寻常地方或在工业生活中发现的我们自己机会的大部分成为家园或工厂。我们的富翁并没有拥有它们。大规模的商业并不在它们中投资，除非作为直接营业的房屋，那里不考虑“文化”，且柱子不能给予信誉。

美国的巨大财富还没有给予未来以值得拥有的任何东西，像建筑那样，或是未来将接受像这类的东西，除非作为一种遗憾。在她已经拥有的这种用途的房屋中，美国正以惊人的浪费过日子。

虽则房屋的一半造价是致力于使它们成为美的，足以称为建筑的，没有一个设计上综合的思想产生的结构拥有美国的巨大财富，更不必说美国的雇佣化的“学问”，然而却成功于公诸于世。美国的财富已经被“卖”掉了，正如它本身曾被买卖一样，并通过各种表示，或把斯克里布（法国的剧作家，1791–1861年）交付给法利赛人（《圣经》：言行不一的伪善者——译者注）。因此，年轻人，今后十年不要对美国的大富翁抱有任何希望。今后四分之一世纪不要对你们的政府抱有任何希望！我们的政府，同样（多数票的无能工具，艺术的不幸），已经传输给建筑以封建思想的乏味残余，或以奴隶侍候诡辩家的思想。这就是为什么美国建筑的未来确实地在于小康的商人——有独立的见解和自己的性格，没有被经济上的巨大成就所玷污——即所说的不会由于赢得了自己的比赛就使他相信自己是懂得一切其他的东西那种人。

今天发展建筑的机会在于那些真挚的、率直的人们，他们，爱美国为了它自己的缘故，安静地过他们自己的生活，和多方面的美保持联系——对奠定这个国家基础的自由理想的理解保佑他们。在我们伟大的美国里尽管“统治者”或任何“温和派”宣称输入了文化影响，这些自发生长的儿女们仍是我们国家的灵魂；他们是新鲜的未被污染的生命，因此他们是你们在艺术中的机会，正如你们艺术家是他们的机会一样。你们将是他们从介乎中间的集团中显现出来的财富。

这些把美国的“理想”带给我们，这个美国的理想在建筑中应该像它在生活中一样。为什么要被任何矫饰的美学或学院派的公式弄得意义含混？当我们为了生活的直接表现挨次反应那加在生活本身的愉快所赠予的力量，艺术不过是这类媒介物——丰富了此后所有的人类经验。美国的艺术是在自由的土壤上，因此不可避免地要召唤富有创造力的艺术家。

我们所喜爱的、召唤着美国人的新生活的灵魂就是自由：自由是宽容的，且如此真挚，以致它必须看成所有人的自由，否则它自身就受苦，这个自由是美国的最高理想。要获得它，那么，是内在的经验，因为并不存在“外部的”自由。自由是从内部发展出来的且是在高级状态中心灵的完整秩序的另一表现。哪里有不和，不论是在内部或在外部，自由就不可能。所以没有人有完全的自由，虽则所有的人都可以这样期望。就获得自由的程度来说，副产品称为“愉快”将是它的结果，我以为意思就是无辜的生活。

很好——把自由的美国理想从人类的意识王国转移到意识的特定表现，我们所称的建筑上。任何装饰师的店铺，即使叫它为“工作室”，出售从世界“风格”堆栈中拣出的任何现成东西，是否能够比打扮或败坏这本质的情操做得更多？——为虚伪地盛装起来的人为促成的社会机会？不，这将不可能做得更多了—建筑像自由一样，不能硬加的，必须从内部解决问题。

任何建筑学校的谆谆教诲能让希腊古罗马文化更好地适合古老文化的流行抽象，像供奉诡辩家以奴隶那样么？不，古代文化不能产生任何东西来适合一个个人从内部发展出来的自由。这是正当的理由——（是不是？）——由于没有任何发展而假货得以继续仅因假货是组织起来的。所以装饰师可以持有现货，图样工厂出售它，学校供应它，对当前把这种出卖建筑的趋势称为现代的，我们断然地说“不”。

如果我们自己决心做自由的人（我们就是），你将用你建造的东西对这种学院派式样的更低下的背叛骄傲地说“不”。

我们是自由人么？当然不是。但是问题的所以重要是——在我们心中是否有它，正像要自由已被写在我们的宪章里？我们的理想是否诚恳地、热情地要自由？尽管有如此多的胆怯的普遍的相反迹象，我仍旧认为这是我们的理想。那些在自由王国里最高尚的人应该建造合适的房屋且现在就建造它们，为了这种精神，首先——为了美国去反复考虑。在心中不再存在任何怀疑即最终美国将有一种具有真正特色的建筑——许多已经为你们写在逐渐不见的墙上和正在消失的洞穴中。

从事建筑的青年，不论你是谁，不论你是什么年龄或不论我们做什么工作，我们——美国的青年一代，应该成为精神现象的突击队投入行动，以抵抗这至高无上的美国理想的崩溃。在这意义上，这将是青年在建筑中赢得自由日子的到来。

美国的建筑不能是模仿的建筑是不辩自明的，尽管有那些虚伪的准则。其所以不辩自明，是由于没有从事模仿的建筑师，也没有任何模仿的建筑物能够是自由的——一个是奴隶，另一个永远在囚禁中。自由的建筑必然是发自内心的——一个整体，或像现在我们在建筑中说的一种“有机的”事物。只此缘故，别无其他。现代建筑不会是“样式”，也永不会再是任何“风格”，你们必须要保护它，反对这两者，否则衰老在另一个三十年周期将再度降临。

那么你会问究竟真正的“现代”建筑是怎样的？这回答是“能量”——即所谓物质资源——“直接地应用于目的”，如同我们看到它就这样地应用在飞船、海轮或汽车上一样。因此这是很自然的，也许一些刚觉醒的建筑师错认为在接受直接性和整体的特性的影响之后，房屋本身必须相似于家用的机器或飞行的、打仗的或蒸汽的机器或其他用具。但是机器与房屋之间有着基本的差异（它导致所有的差异）。房屋不是器具或用具。作为建筑的房屋是从人的心中生长出来的，与地永远协调，和树作伴，是在他自己精神王国里人的忠实反映。因此他的房屋是神圣的空间，在那里他寻求身体的保护、休养和安静，但尤其是为了心灵。所以机器年代的房屋并不需要相似于机器，正同机器不必相似于房屋一样。

某些品质，人情上合乎需要的品质，我肯定你可以借助于机器或是靠巧妙运用我们机械化系统来获得，并不要通过工厂化了的美学把你的灵魂出卖给雇佣思想。这里存在着更为严肃的情况——为了在环境中适合我们自己，我们的建筑更人情化，我们的居住场所变得更理想地新鲜和独创，以便克服不只是“文化的标签”而且也是机械单调、令人厌烦的阻力和纯粹机器的乏味，否则我们将以此为特征并最终毁坏我们。但“主义”和“主义者”的“追随者”对于新的机器——美学表示了如此全神贯注，以至他们不能自拔——这样迅速，沉溺在为机器和技术的奋斗之中。头脑已经发热的建筑师的“现代派”和装饰家的“现代主义”，使简单的问题变得混乱。我希望你们相信要真正的新，那么人必须赢得机器而不是机器经由人来战胜人。

我们已经注意到不论何时如果建筑是伟大的它必定是现代的，不论何时如果建筑是现代的，人的意义是所保存的仅有意义。我重复说在这更深意义上的现代建筑只是对新手们说的新颖，因为眼下感动我们成为现代的原则就是那些曾经感动弗兰克人和哥德人、印第安人、玛雅人以及摩尔人的原则。它们和感动阿特兰提斯重新创造的原则也是同样的。如果在火星和金星上存在着建筑，至少有火星和金星它们本身的建筑——那里就有同样的原则在起作用。

原则是普遍的。

如果你从内部研究原则，你将看到许多我们吹捧的传统被竞争所消灭，从来没有和原则对话，即使在口头上，然而通过无能或习惯的令人讨厌的势力却和教育有密切关系，诸如此类。现代建筑现在认识到它们是虚张声势，且正在获得勇气把它们连同那些坚持他们的作用和照料它们的人们一起扔出去。实质上你应该愉快地认识到所谓“现代运动”是一点也没有意义的。

歌德曾说死亡是自然的策略，为了她能获得更多的生命。那么你可以知道为什么必须有一个新的，而且为什么这新的必须永远是老的、死亡的理由。但如果你坚持原则，那么这个悲剧只需发生在涉及“形式”时。这是因为我们未曾依靠原则，所以人类的天才现在正重新负担起去发现一种全新的房屋种类，那将是历史上从未有过的更为直接的应用能量于目的。但让我重复一遍，即在给今天的“能量”以特征的不可变标准化中去探索我们在外部自然觉察到的那种美时，我们应该不要去戏剧化机器而要戏剧化人。年轻人，你必须努力从今天的生活里消除那不论是机器的或是感情的作为“器具”的祸根。

但是这个现代的建设性努力一开始就被某种新美学观点欺骗了，那里外貌成为目标，代替了以品质为目的。这“新”的美学因此在最初就成了“旧”的，因为它只是另一“器具”。法国人似乎用他们全部的文雅和媚力来代替心灵，并以法国特有姿态的天赋，在合适的时刻，对这些器具的附加物作出了非常的贡献。如此多短命的“艺术运动”的发起人，他们辨认另一次“运动”的时机。新世界和旧世界两者也都已经认识到某种新秩序，即机器的光秃秃、生硬的外表的美——欣赏一种由于直接机械化构筑所形成的外部单纯。但是某些美学家——法国人由于同情或交情——试图说服我们，即这种外部的单纯作为一种新的装饰，在这机器时代，是任何东西的合适“外貌”。法国的绘画愚蠢地宣称首先看到它——其所以说是愚蠢的因为我们自己早已看到了。但是法国建筑的现代主义把它转换成扁平的二维发展，即从长度和宽度去观察它。虽则这些面和体的效果在我们的国家里早已处理得很好了（二维，被平行于大地的面所完成,第三维则把整个房屋紧抓在地面上）。巴黎依然蔑视这些,由于对“运动”的特有愿望和在二维中建立特有的机器外貌（即巴黎所熟悉的面和体的效果），于是建筑由此而成为装饰。你可以从那些时髦的店铺中看到，当法国要想用五千四百元的房屋在美国领域内宣传她的艺术和工艺时，美国正忙于制造足够的汽车而四处奔走。

某种灵感使法国的最初认识成为特征，但平庸的模仿变得重复，最终除了另一种“样式”外没有其他出现，另一种美学的格言宣布降低为表面的时髦。另一“主义者”、另一“主义”走过场——这次不是坐马车而是乘飞机。

是的，美国是年轻的，如此健康以致它马上对缺点不耐烦。我们这里的缺点是对感觉的神秘深度陌生。这是抗议的。抗议是有用的，但难得是美的。当他停止抗议并自己为建设者时，一些新的抗议者将起而代之，我们可拭目以待。

然而对年轻的美国来说，转入低级用途太久的一线光明，历尽了所有的宣传和迷惑。今天再度照耀。这个光明就是整体秩序的容貌，一个比世界以前已经充分理解得更为深远、一致的秩序，那里构筑中能量应用于目的正像数学升华为音乐一样。依靠这光明你可以清晰地看到，哪里没有整体秩序，哪里就没有美，虽则这秩序不会比数学在音乐中更明确些。

新手认为机器本身就是新秩序的预言家是不足为奇的，然而你不应该忘记虽则音乐是升华了数学，数学教授却不会作曲。哲学博士、构造大师、热情的考古家也不能创造建筑。

没有任何机器的理性化和美学的工厂化能混淆建筑是生长出来而不是制造出来的这事实，不论它变成什么，必须是一贯地从内部生长的。它采取这样的形式必然是材料、建造方法和目的的自然发生。人的头脑是一种有伟大手艺的伟大的工具，但是在建筑中你们参与了当我们居住在大地上和旁人交往时对人类生活特殊的美的感觉。有机建筑探索用途的最高意义以及舒适的更细致的意义，表现在有机的单纯中。这便是你们，应该称之为建筑的。用途和舒适为了要成为建筑必须转变成精神上的满足，在那里心灵保证了一个更为微妙的用途，获得了更经常的安静。所以建筑倾诉如同诗对心灵一样。在这机器时代如同在其他所有时代一样，要去吐露这样的诗即建筑，你必须学习自然的有机语言，它永远是新的语言。要懂得任何语言你应该知道字母。我们机器时代建筑的字母是钢、玻璃和混凝土的本性——机械作为工具的本性以及新材料的本性。

然后什么语言？

建筑中的贫困——建筑这人类心灵的语言——被人为的不自然用途所增大，被对器具的盲目崇拜弄得不幸和悲惨，不论是被当作机器的还是感情的器具。流行的历史同情被规定为标准化的学问已经把艺术和考古学混淆。在这个学术上的混淆中，我们已不能致力于这原则，即把建筑作为我们自己的本质生长出来的一朵心灵之花，像花从土地生长出来一样。

要使建筑生长，现在你必须觉察到我们文明的基本动力用任何工厂化或机械化的任何肤浅的辞句永远不能被表达出来，即使用大写字母长段写出。如果你对建筑的中心是忠诚的，不论建筑的边界能成为什么，你将会把机器看作一种无匹敌的工具，但不那样你会认为任何机器就是枯燥本身。在全神贯注于新技术的严肃奋斗时你不要不顾你对浪漫的爱，除了像我们目前的伤感或衰老那样愚蠢滥用的浪漫之外——我们长久以来的不毛之地。

我确告你们：即已经显现在我自己经历中的事实至少足够向我证明人运用机器的能量对于多变的富于想像的建筑的确毫无阻碍。

没有任何心灵会怀疑我们工业化主义的有价值产品也能够提供比古代意大

利人、意大利的模仿作品或中世纪曾经给予我们的更容易消化的艺术欣赏粮食。但这些艺术欣赏不应该也不能意味着机器时代的普通事物也作为有价值的东西接受下来。这可以理解为这些普通事物被内在的热情改观和改变性质，在那无际的各个年代的回忆中去获得它们看作人类杰作的地位。这种被内在的热情作为自然王国中的品性的阐述，就是从事建筑的年轻人的工作。

啊，美国将不得不和你们一起通过许多肤浅的实验。我们美国人可能会屈服于愚蠢的实验，诸如“快速周转”宣传那样的美国方式。然而我们应该忍耐些，因为建筑是长久的。

建筑是文明本身的真正实体。它的生长需要时间，只有当它是思想产物时才开始成为建筑，就是说，它是被理性的开端所完成的一种综合体，并且，像呼吸那样地自然地非伪装的现代的。

美国将更加工厂化和雇佣化，而许多美国人将由于装饰恐惧症和装饰疯狂症在任何目标达到以前死于路旁。她将从所有的和各方面听到许多理由，并且将公正地蔑视理想中大部分的毒瘤。她将在你们中间看到许多小分队或派系对近似的思想和稀泥，企图在我们已经充分知道的所谓“现代运动”中，为了个人的荣誉，和它们一齐奔跑，踢中一个目标。你会通过地球上每个重要国家的每个角落亲身了解到完美无疵理想的开拓，当美国的妇女俱乐部发现我们生活在这个迅速变化的秩序中家庭的伟大意义时，而这种情况他们只是现在才从古物中间学会称之为现代的。此外美国将以特有的方式倾向于误解，为了事物本身而滥用事物且把事物扔掉。作为一种特有的滥用，我们已经看见假古典建筑砍去了它的挑檐、柱头盖板和柱子，而基本上没有变化，以巨大的尺度当作现代的，使我们心神不安，我们将马上看到在更大的尺度上，更多这样的建筑。但是在耳朵后面替假古典洗刷是不能使建筑成为现代的。

一个滥用的公式能使图样工厂一夜之间就现代化，即所有建筑取消了装饰就是现代的。另一令人困扰的公式让装饰家“暂停”，即尖角切去的平的表面就是现代的。没关系——我们将接受任何东西，就这样再现的衰老不会重新成为新的美学。

是的，现代建筑是年轻的建筑，青年的喜悦必然使它来临。青年的爱，永恒的青春必然能发展和保持它。你应该把这建筑看成聪明的，但不是甚至聪明得像敏感和沉思，也不是比知觉更科学些，甚至不那么像飞机那样作为一种灵感的杰作。

请仔细考虑一下房屋是居住的机器，但用这样的表征那么心脏就是一具抽水机。有知觉的人是以这种心脏的概念终止的地方作为起点的。

请仔细考虑一下房屋是居住的机器，但建筑是在这房屋的概念终止的地方开始的。所有的生命在不完全的意义上都是机器，然而，机器是无生命的。仅仅是因为生命，机器才成为机器。你们最好从一般的走向特殊的，所以不要从机器理性化到生命。为什么不从生命思索到机器？实用器具、武器、自动机器，都是器具。歌曲、杰作、大厦是人类的热情流露——人类在生命胜利中的喜悦：我们瞥见了无限。这个一瞥或幻想就是使得艺术成为一种内部经历——因此是神圣的，在这个时代比起以往来不少且会有更多的独特性。

建筑呈现人类生活，机器不能，任何器具无论如何也不能。器具只能为生活服务。

缺乏对器具和生活之间差异的评价应该对在美国那种令人讨厌的精心选择的假古典事件负责。然而在美国大城市中，我们更为成功的“现代”建筑却依旧忙于用砖式石材包裹住钢框架。代替从根本上改正这种错误，是否任何浅薄的美学伪装成新的，使得这个同样缺乏对建筑原则的评价并对作为另一次三十年周期的器具中一种机器的抽象，再度惩罚我们？如果是这样的话，那么，在建筑作为情感的器具和作为机器的器具之间或甚至和美学抽象本身作为器具之间，对美国来说最好你还是选择作为机器的器具。但，于是有机建筑将不得不只在它自己的狭小领域内继续下去。在这个它自己的世界里，盒子缺乏想像力轮廓的生硬线条和光秃秃的面，两者都有一席地——正如地毯在地面上有一席地一样，但赤裸裸的高跷信条，而作为高跷，没有它的地位。水平的面把一切都紧握在大地上，开始进入有机建筑中去，完成形式的意义，它并不把内容“禁闭住”，而是富有想像地去显现空间。这是现代的。

在有机建筑中，这生硬的直线在硬是需要停止的地方断成点线，如此为了让合适的韵律进入，留给它的正确评价以暗示。这是现代的。

在有机建筑中，任何房屋的任何想像，作为一座房屋从最初开始并朝着作一张画似的即兴表现向前走，而不是从作一张画似的一些即兴表现向后摸索。这是现代的。

由于重复的光秃秃的普通事物使眼睛疲乏，在那里光被空白的表面所拒绝或暗淡地陷入切刻在它们上面的一些洞穴中，有机建筑把人再次带到同自然的明暗变幻和阴影深邃面对面，去观察呈现在思考灵感中的天赋的、富有创造力的人类思想的新鲜展望和天赋的感觉。这是现代的。

在有机建筑中，作为实体的内部空间感觉与现代材料扩大了的方法相协调。房屋现在就是在内部空间的这种感觉中被觉察的；这围合场所不再按照仅是屋顶或墙被觉察，而是作为“被屏隔的”——空间。这实体就是现代的。

因此，在真正的现代建筑中，面和体量的感觉在光中消灭了，或成为它和力量联结起来的构成。这种构成就是“能量指向目的”原则的表达，不能在任何现代器具或实用机器中找到。现代建筑证实了阳光照耀的空间是更高境界的人类感觉。有机的房屋是蜘蛛纺织似的力量和轻盈，房屋被光所描写，为环境本来的特征所养育，和大地融合在一起。这是现代的。

值此和从事建筑的青年分别之际，应该记住关于方法和途径：

1．忘掉世界上的建筑，除非作为在它们方法上和在它们时代的某些美好的东西。

2．你们不要为了生活而从事建筑，除非你爱建筑，作为工作的原则，为了它自身的缘故——对它要像对你的母亲、你的同伴或你自己一样的真诚。

3．当心建筑学校除非作为工程学的解释者。

4．深入现场，那里你能看到建造现代房屋的机器和方法在工作。或直接而单纯地留在建造中，直到你能自然地从建造的本性进入房屋设计。

5．立即开始形成思索“为什么”的习惯，对任何使你愉快或厌烦的影响。

6．不要把任何东西当作当然是美的或丑的。但要把每座房屋分成片段并诘难每个特征。学会善于把美和奇分辨开来。

7．获得分析的习惯——分析将及时地使得综合成为你心灵的习惯。

8．“用简单的事物来思索”像我的年长的导师常常说的——意即把整体简化为它的部分，用最简单的辞句恢复那些首要的原则。这样做是为了从一般到特殊，并永远不要使它们混淆或混乱或你自己被它们所混乱。

9．丢掉美国思想“快速周转”，像丢掉毒药那样。从事“不成熟的”实践就是以一碗肉粥出卖你与生俱来做建筑师的权利，或自命为一个建筑师而灭亡。

10．要花时间去准备。在建筑实践的初级阶段，作 10 年的准备对任何要想在真正建筑的评价或实践中“出类拔萃”的建筑师是不太够的。

11．然后走得尽可能离家远，去建造你的第一座房屋。医生可以沉思他的差错，但建筑师只能劝说住户去种蔓藤。

12．把建造一个鸡窝和建造一座教堂看得一样悦人心意。工程的规模在艺术上没有什么重要，除了有关钱的问题。真正有价值的是特征的品质。特征可以是大中见小或小中见大。

13．在任何情况下不要参加建筑竞赛，除非作为一个新手。从来没有哪一次比赛在建筑上给世界增添任何有价值的东西。评委会本身就是一个经过挑选的平均。评委会做的第一件事是审议所有的设计，把最好的和最坏的都扔出去，因此，作为一种平均，它只能在一个平均中取得平均。任何比赛的最终结果只是由许多平均的平均得来的一种平均。

14．警惕打听设计行情的人。这种人不愿资助你为了他的利益而探索构思，这将表明他是个无信的委托人。

并不需要使生活中每件东西都商业化，正因为你的命运碰巧和机器时代相共。例如，今天建筑走在街道上好像娼妓，因为“找到工作”已成为建筑的第一原则。对建筑来说工作应该找人而不是人找工作。艺术中工作和人是比翼鸟，任何一方不能买或卖给另一方。此际，由于所有我们已经说过是一种更高的更细致的整体，应该把你自己真诚的理想保持得这样高，以致你生活中最宝贵的志趣将称你本身是忠实的人，诚实地正视你本身。把你真挚的理想保持得这样高，以致你将永远不能完全达到它。

尊敬杰作，它是对人真正的尊敬。难得有如此伟大的品德，也没有像现在那样需要的了。（汪坦译自《作品与建筑》）

5. 1990年访美所想到的

1990 年 3 月由于探亲之便和弗兰克·劳埃德·赖特（Frank Lloyd Wright）建筑学院的邀请，获得较多机会访问赖特先生在美国的部分作品约六十余处，行程一万五千多英里，是一次极有益的游历，使我能更加领会先生的建筑确实是在美国这块大地上土生土长出来的。既非凡响，又共心声。最值得怀念的还是当年修身之所——泰里埃森和西泰里埃森，景色依旧，音容宛在。与同窗林坡促膝论新议陈，朝夕相处近二十日，不知老之将至！同时期的师兄弟有韦斯利（Peter Wesley，1991 年作古）等四、五位仍健在，和青年们共同生活、工作、劳动，孜孜不倦，仰承师教，均七旬以外矣。本文是在整理所摄照片同时，参阅了一些最近关于赖特先生的评论，结合自己体会而写的。当然也夹着一些不能已于言的衷情，尤其对于某些已负盛名评论家的晚年论述，有时不免失去先前的严肃认真，因自负而落入过于武断。不过作为一名年长教师，有责任提出商榷，促青年们多加思考。

汪坦、林坡和赖特女婿（汪坦先生家藏）

一、关于“自然”

赖特先生作品的独特之处，史所罕见。论者都说归之与自然谐和一致。这个观念的表达最早见于1900年罗伯脱·斯宾塞的文章。作者是一位受赖特影响很深的年轻建筑师，甚至服饰都模仿他（当时赖特年仅31岁，建成作品已近50项并在芝加哥举行过几次作品展览会）。斯宾塞的文中有——你不会感觉到这些房屋是偶然掉到地面上的；人为的结构伸展入自然环境，亲如兄弟；花藤攀爬蔓延满墙或在路缘侧与砖石交织共处，欣欣向荣……[1] 其实这些描绘大体上可以加在当时许多其他“如画风格”（Picturesque Style）[2] 的郊区民间住宅上。此类情感反映是非常普遍的，在美学史里对自然美的肯定更是由来已久。还不足以阐释赖特的独特处。“自然”这个概念的涵义太广泛了。在非常细腻的艺术表现上用这个词可能得出极不相同的情趣。在我国传诵的咏“梅”诗文里，多半属于孤芳自赏、高雅、与世无争，乃至妻梅子鹤，绝尽人间情；却也有哲理性的，如龚自珍（1792–1841年）的《病梅馆记》则异其情趣，“梅之欹、之疏、之曲，又非蠢蠢求钱之民，能以其智力为也。有以文人画士孤癖之隐，明告鬻梅者，斫其正，养其旁条，删其密，夭其稚枝，锄其直，遏其生气，以求重价，而江、浙之梅皆病。文人画士之祸之烈至此哉！”生气即本性，殆和赖特相近。赖特曾说过：“自然，不只是指户外的云、树、风暴、岩层和动物的生活，而且还涉及它们的本性（Nature），事物内在、固有的东西，如说材料的本性或一种计划、一种情感或一种工具本性……”。在1988年，芝加哥大学出版了为纪念罗比住宅(Robie House)75周年举行学术讨论的论文集，即以《弗兰克·劳埃德·赖特的本性》为书名。[3]

然而“本性”的概念，尤其“人的本性究竟是什么？”是一个极丰富的问题：“自然是一个物……有着一个共同的基本特性……人不是一个物，谈论人的本性是不正确的，人并没有本性……人类生活……不是一种物：没有一种本性，因此我们必须决定用与阐明物质现象根本不同的术语、范畴、概念来思考它……”（奥尔特加·伊·加塞特的话，转引自卡西尔：《人论》P.217)。然而中国哲学史关于（人）性善性恶的辩论，从战国孟子（约公元前372年）到清代戴震（1724–1777年）的《原善》延续二千余年，成为哲学上重要论题。两者对“人的本性”这一概念的解释极不相同。赖特先生则不是从哲学、伦理学来论证这个问题，而是在他生活实践中自然形成的审美观所激发的推理，顺理成章，发展为有机建筑理论。1935 年在《论有机建筑》（AJ 1936.8）中有一段话："我十一岁时被送到威斯康星一个农场去学习如何真正地劳动……随处可以看到有机的单纯在无情而和谐的秩序——我学会称之为本性——中产生了意味深长的特征。在农场上我更加熟悉它了。我或就此而言的周围任何人都会从正在生长的东西上发现美，并费一些苦心去领会它们是如何生长成为'美的'……"这一段是回忆，当时他已 66 岁了，可以说技巧已炉火纯青，得以随心所欲；思想感情受爱默生《论自然》的深刻影响。1958 年辞世前一年发表的《活着的城市》（*The Living City*），书末附录了爱默生的论文《耕作》，平时谈话中爱默生是经常提到的前辈之一，可谓终身服膺。[4] 他的作品所表达的早已超越了"本能地爱草原"，远非"如画般"那种形式上的联想，更不是闲情逸致、游山玩水的颂歌，而已成为理性的准则——生、生长、生成、生活、有机，与所期望的新生美国的精神文明息息相关。美国诗人 William C. 布赖恩特（1794—1878 年）的长诗《这草原》，开始是：

这些是沙漠中的花园，这些
未修剪的田野，一望无际和美的，
那，英格兰言辞中没有称呼——
这草原。[5]

"草原"这个词是属于美国的。1939 年赖特应邀在英国伦敦讲学，在首讲中他说："在开始时，我将坦白地说我带来了一份少数人的声明：一份非正式的独立宣言。1776 年 7 月 4 日英国已从我们那里接受了一份，那是关于税收的独立宣言；这次是关于精神的。""命运把我送到美国中西部的草原上，在高耸的草丛里我成长起来并学会了造房屋。"他的一些被称为"草原住宅"时期的作品也并未全部建在草原上。"草原"实际上已成为一种理想的象征，属于上一代——爱默生、惠特曼、梭罗、布赖恩特、沙里文等美国精英的理想的象征，也是赖特梦寐以求的美国土生土长建筑文化的准则——美国建筑的本性。现实表明当代美国青年建筑师已经摒弃了这种理想，在艰苦的农场生活里很难产生留恋"草原"辽阔的浪漫主义情意，即使在文学中。[6] 斯卡利为《弗兰克·劳埃德·赖特的本性》这本论文集所写的前言末尾说："所以赖特仍旧离我们很远，出身于一个较老的世界，这些论文将帮助把他引得接近些，充实一些旧时创作的奥秘以及我们这块大地的奥秘。"斯卡利这篇前言是近作，有许多新的观点，我将在本文末节里探讨。

无论怎样来阐释，客观上建筑终究是人工物，它是一种“物性”很突出的艺术形式，怎样才能表达“情感”呢？由于赖特作品的感染力，人们往往希望从他那里找到些窍门——斯卡利说：“创作的奥秘”。赖特在自传里曾回忆孩提时的教育，提到福禄倍尔（Froebel Friedrich，1782–1852年）对他的影响：“这光洁定形的枫木块用它来搭拼房屋，从此它的情理永远没有离开过手指：‘形式成为感觉’。”[7] 这引出了一些有心人的论述，其中以麦科马克（R · MacCormac）的《赖特的审美观剖析》和曼森（G. C. Manson）的《赖特在幼儿时期：福禄倍尔教育对弗兰克 · 劳埃德 · 赖特作品的影响》[8]，比较详细地进行了分析。二十余年前读了，莫测高深，只留得“天才论”的印象。最近看到了埃德加 · 考夫曼的“九论弗兰克 · 劳埃德 · 赖特”，其中有两篇涉及幼儿时期的并对前列二文提出了批评，[9] 颇受启发。其一是反映出我相当长一段时间读书中的严重毛病，“不求甚解”和“迷信权威”。福禄倍尔教育究竟是怎样一回事？当时赖特才九岁，实心积木如何能产生以后的出神入化的空间处理，甚至被说成给予建筑师一种哲学、一种设计训练和一种有特征的风格。这些是难以使人相信的。但是，无论如何赖特先生在半世纪后下的结语：“形式成为感觉”（form becoming feeling）是至关重要的课题。他并不是从哲学或科学推理得来的，而是在实践中的体验，是作为一个杰出建筑师的感性演化。美国哲学家、美学家苏珊 · 朗格1953年以《情感与形式》为题的专著，有着广泛的影响。她的关于生命形式的论点（详见《艺术问题》P.41–55，苏珊 · 朗格），和赖特的有机建筑理论有相似之处。可是作为知识来自推理和自觉感受当然是有关键性区别的，这是理论家很难成为艺术大师的原因吧。这里要突出一个“功”字，把形式转换为情感的功——属于各类艺术不同的功，理论家是读书之功、逻辑之功，而艺术家、运动家、工匠……则是抽象、表现、完成各自对象本身之功，“功”意味着要反复，而且要千锤百炼。读尽美学名著，未必见得能使你的艺术作品增添多少风采。知识不在情感里占有席位，至多也许可以起接触剂作用。功，或者常说的基本功，必须通过练才能获得，坚持反复，最初甚至要排除情感的干扰。在创造中则“重复”这一功能的运用显得十分突出，它在音乐中更为重要。朗格在《情感与形式》（P.149）里，对此进行了理论分析。在音乐作品里简直丰富得令人神往，尤其是西方古典音乐，各种各样不同乐器、音程上、变调发展、再现、节奏、韵律……呕心沥血地在重复的基础上下功夫。巴哈的钢琴十二平均律

《前奏与赋格》（Prelude & Fugue）可以说是已登峰造极，给我们留下了永不枯竭的情趣。正是这位巴哈在赖特幼年时期和福禄倍尔一同闯入了他的灵魂。赖特是重视韵律的，在说到唯一教堂（1906 年）的设计时："内在韵律的感觉，深深地灌输在人们的情意中，在艺术里远居于其他考虑之上。"（《自传》，1932，P.153）就韵律来说，它的本性反映在建筑上，与音乐中自有差异，最明显的是声音瞬息即逝，音符以"重复"加强信号能力，从而引起听者的清晰反映是非常必要的。建筑形象的呈现客观上不是流动的，作品本身无需加强信号能力，信号间的差异、对比、同一、和谐纷呈沓现，观赏者得以一再审视（重复）以求得清晰的形象。各类艺术有相通之处，一般都是高层次的，基本功则颇有差别。或者可以这样认为从日常反复的练习中，福禄倍尔和巴哈给予了幼年的赖特视和听方面的训练——形象的模数化；重复与变化，节奏韵律与情感联系的初步体验——逐渐积淀成"功"。当然，年龄稍长的后天陶冶也许更重要些：爱默生等前辈的思想感染；美国中西部自然环境的辽阔畅茂的壮丽和农场生活的艰苦朴素，孕育了他对现代城市的厌恶和对土生土长的热爱；他摆脱了学院派教育的枷锁[10]和爱建筑作为一种原则，为了它自身的缘故——准备像对你的母亲、你的同志或者你自身那样的忠诚而不以谋生为代价。

从赖特先生的生活准则看，他把人际相互信任放在首位（可以说是与"性善论"相近），而蔑视猜疑。和以防卫为主、"步步设防"的建筑设计观点相反，平面布置自由开敞和自然景色渗透交融，甚至室内间隔挡而未断意若屏风（Screen），被称为"流通空间"而闻名于世。其实这准则是人类进入社会化后的必要条件，可惜事与心违，今日尔虞我诈、屡止不衰，乃至铁栅迎客，岂理所当然者。

二、关于"机器"

对"机器"这个重大的历史事件的出现，尤其涉及艺术时，有举双手欢迎的，也有视为祸害的，赖特先生则属于前者。早在 1901 年，他在芝加哥著名的赫尔大厦的论坛上对"艺术和工艺会"发表了长篇讲话，当时 32 岁。[11]他的观点并非完全出自推理或猜想，而已有其自身经验所产生的领悟。除了拉斯金和莫里斯的影响外，他的早年作品（1896 年）"罗米欧与朱丽叶"风车木塔，为封闭圈住的平面八角形的管状结构与断面为钻石形管咬接而构成整体，可以视为现代超高层管筒系统的雏形，而以均匀分布的水平隔板加强。结构和建筑

罗密欧与朱丽叶风车木塔（自 Lois Davidson Gottlieb. A WAY OF LIFE：An Apprenticeship with Frank Lloyd Wright. The Images Publishing Group Pty Ltd 2001：29.）

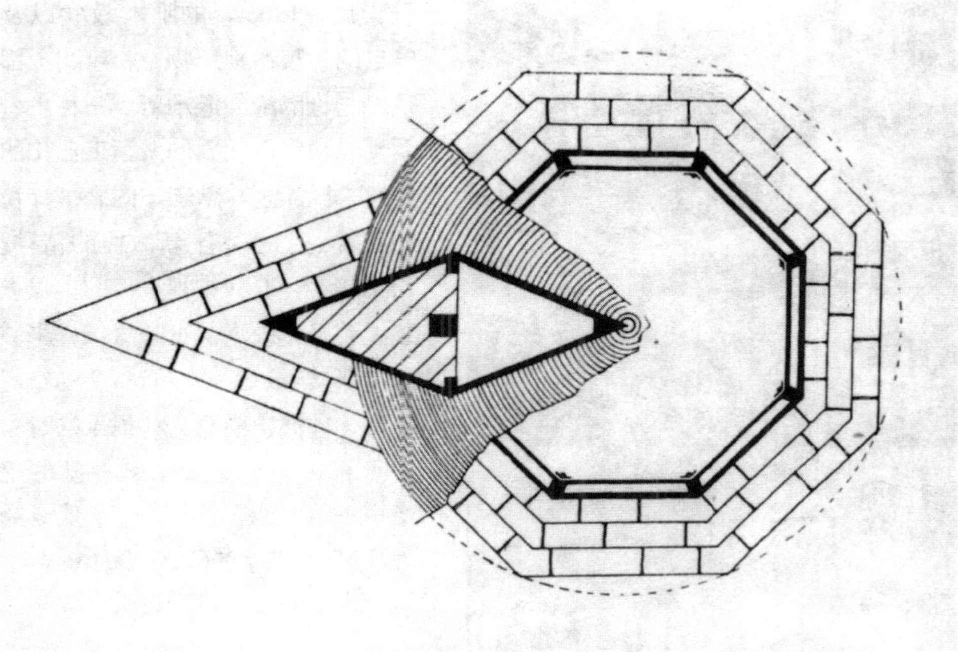

罗密欧与朱丽叶风车木塔平面图（自 Olgivanna Lloyd Wright. Frank Lloyd Wright: His Life His Work His Words. Horizon Press New York. 1966: 27.）

形式是一回事。早期一些设计形式的工程结构问题，几乎大部分凭直觉和经验来处理——一种高层次的情感与形式综合的直觉。“机器”或者可以说就是“现代化”问题，在这篇文章里，再直截了当些就是指建筑形象与结构材料间的关系问题。是让结构材料主宰建筑形象呢，还是“结构与建筑是一回事”的有机建筑观点？显然赖特是为后者而终身砥砺而且卓有成果的建筑师。1986 年著名历史评论家弗兰姆普敦发表了“约翰逊制腊公司和历史的天使”一文。文前摘录了一段赖特先生“机器的艺术与工艺”讲话的结语:“机器,这个民主的先驱者,这个伟大事件的结构组织，已经不由自主地沉积起来，顺从于有机法则，就这个法则来说,伟大的太阳宇宙只不过是一种听话的机器。因而,深入了这个事件,艺术的力量才能表现出一种创造的激动！一个神灵！”弗氏这篇文章从技术方面描绘了这一独特的作品。他说赖特这位浪漫主义的爱默生追随者，具有清教徒的理想主义、社会意识和道德情感，不能接受 19 世纪晚期美国城市的丑陋现实。这个公司和以前一些在市区内他设计的其他作品一样，如 1904 年的拉

Johnson Wax 大楼（汪坦摄）

金大厦，1906 年的唯一教堂以及以后的古根海姆博物馆，事实上都是些与世隔绝的避难所，一种半公共性领域，以便新的所谓工业化的民主得以通过日常工作的表征，在此实现它的基本上新教徒的精神。原来赖特还要在俯视大厅的夹层上装置管风琴以增加世外气氛，未被业主所接受。这个崭新概念的空间形象，被弗氏描绘为"尼采的赎卖的承诺——包豪斯未来教堂的追忆——"。怎样才能让这个梦成为现实呢？当时年已 67 岁的赖特把自己推向建筑创作的极限，使用了全然不同的、"反常的"（弗氏称之为反古典的埃及考古学的柱林）结构方式，从而表现了一个史无前例的空间形象——一个柔顺顶光的

Johnson Wax 大楼（自 Olgivanna Lloyd Wright. Frank Lloyd Wright: His Life His Work His Words. Horizon Press New York, 1966: 131.）

Johnson Wax大楼柱子承载能力试验（自 Olgivanna Lloyd Wright. Frank Lloyd Wright: His Life His Work His Words. Horizon Press New York, 1966: 131.）

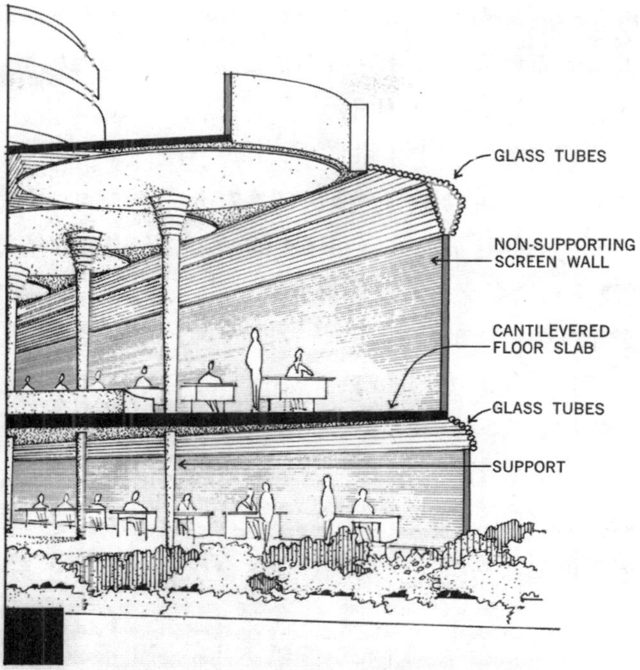

Johnson Wax 大楼（自 Olgivanna Lloyd Wright. Frank Lloyd Wright: His Life His Work His Words. Horizon Press New York, 1966: 157.）

多柱大厅，六十根钢丝网空心柱，上粗下细，上面支持着园形平板组成有似睡莲浮叶的透亮的天花，亭亭玉立。这种柱子，当时无规范可依，只能按建筑管理部门要求进行承载能力试验，结果压至48吨超过了12吨的要求。圆形平板间相切处以钢梁连接，实际上成为刚性构架。与此相协调的是建筑周边的连续天窗，排斥了女儿墙，进光位置占有了传统挑檐为遮挡而设的所在，向外悬臂伸出转变成朝内翻卷。这又是一种反常或者说是“颠倒”。这些“窗”是由连续细玻璃管组成，产生了半透明、扩散的效果，与一般平板玻璃迥然不同，管间有堵缝垫层，其组合高度与砖和砖缝模数一致，运用灵活自如。环绕建筑周边设置，突出了体形轮廓，与砖墙水平砌缝洪细入韵，相映成趣。[12]

赖特在结构、构造方面的用心，作为建筑创作不可分割的手段，也是他所以独特的因素之一。在许多作品上都能找到这个特征：唯一教堂、唯一神教派教堂、希腊东正教堂、东京帝国饭店、古根海姆博物馆……甚至如草原住宅、尤索尼（Usonian）住宅等等均有别出心裁的地方。

赖特先生在上述讲话中，以相当严重的口气阐述了作为“机器”产品的印刷术对建筑的影响。他说，具有大师才能的维克多·雨果（1802–1885年），一位高明的建筑爱好者和伟大的学者，在《巴黎圣母院》这部名作里追溯了它（建筑）的衰落。我还记得弗罗洛的预言，说“书籍将抹煞大厦”，这对当时一个小孩是一件世界上最令人伤心的事。

在谷登堡（Gutenberg）时期（1398?–1468年）前，建筑是主要的写作——人性的普遍的写作。这伟大的花岗石书籍，东方人开端，希腊人和罗马人继之，中世纪人写了最后一页。这里的叙述仅仅概括了一个过程，它将需要充分地发展；一直到15世纪，人性的主要的记录是建筑。15世纪使任何事都发生了变化。人类的思想发现了一种使它本身不朽的方式，不仅比建筑更坚固而且更简单易行。

建筑退位了。谷登堡的铅字几乎替代了俄耳甫斯（Orpheus）石头字。书籍几乎要抹煞大厦。印刷术的发明是历史上最伟大的事件。印刷的“思想”比以前更为不可磨灭了——它易于扩散又破坏不了。让我们来看看建筑是怎样枯萎的，怎样逐渐地变成没有生气的和空洞的，15世纪时这凄凉几乎觉察不出来，印刷术还很弱小，充其量从建筑里还吐露出一些剩余的生命力。但是16世纪开始，建筑的歪风就显而易见了。它成为在一种悲惨状态的古典艺术；它从曾是土生土长的变成希腊的和罗马的；从真实的和现代的打扮成假古董。就是这种衰退，我们称之为文艺复兴。把落日误认为朝阳。[13] 以后如果建筑再度兴起，重新建构，像雨果所预言那样，她可能在19世纪晚些日子里，那时将不再是女主人，而是艺术之一，永远不再是独一无二；而印刷术——这机器——仍旧是人类的第二个通天塔（Tower of Babel）。

可见赖特关于“机器”的阐释是属于另一层次的，并未局限于形式的“削足适履”，最终落得千篇一律，令人沮丧！

三、关于“文化”

从前面所引述的“讲话”，已经可以看出，先生接过雨果反对15世纪因袭古典建筑的观点，给“文艺复兴”以是落日而非朝阳的评语。他在《自传》中

(P.194) 有这样一段话：“自从我发现了版画，日本已经作为在大地上最浪漫的、最艺术的和自然激发灵感的国家而引起我的注意。后来我找到了日本的艺术和建筑真正具有有机特征，他们的艺术更接近土地，而且是当地生活和工作情况的一种更土生土长的产物。因此，在我看来，比欧洲文明更接近现代。”在 1918 年题为“芝加哥文化”的演讲最后结语说：“文化来自存在，并非买来的，文化从来未被出卖过。在所有年代和所有生活里，奢侈最终将毁坏它。文化不是表面光泽、你可以‘任意打扮’的那些东西，它是‘事物的本性’发展成为它的有用的和美的最高品质。”[14]

“芝加哥什么都有，只欠文化！”

这些已足够显出赖特先生的建筑文化概念与一些学院里的教授们很不相同。

让我们还是从他的作品和创造过程中寻找一下他所称的土生土长的“文化”吧。

西泰里埃森是他年已古稀时的杰作，当时他偕夫人奥尔杰瓦娜和 30 名男女建筑学徒来临这广无人烟的亚利桑那，麦克杜威尔山脚下的沙漠上，放下睡袋和一些简陋的宿营装备，就开始清理场地，搭起临时的遮蔽所，准备开始建造为他们自己的新房屋——这些新房屋就将成为泰里埃森学校的培训基地，是赖特的学徒制建筑教育的试验场所——把生活、学习、家庭、作坊、耕作、绘图室和实际建造房子结合在一起，逐渐发展成为著名的西泰里埃森。

早在 1929 年初，赖特携家人和学徒一行 15 人曾为钱德勒设计“沙漠中的圣马可”休养旅馆而在沙漠里安营扎寨，以体验沙漠中的生活。从一月到五月底，[15] 年初还很冷，五月就非常热了，少不了要遇到狂风暴雨的光临。先生说：“毕竟，这正是我们为什么来的缘故，所有这一切都值得。”这就是沙漠里最诱人的短暂的奥凯蒂罗（Ocatillo）营地的产生。其实，这可以说是西泰里埃森的前哨，出色地完成任务后就撤退了。

赖特在回忆他的最初草图时说：“……我被沙漠的美所打动，被那干燥的、洁净而阳光浸透的空气，被山脉轮廓明显的几何形状所打动，整个地带是一种灵感，和家乡威斯康星的田园景色形成强烈的对比。从这经历中所产生，我猜想你们会称它为设计这些房屋的一种启示。这设计是自己涌出来的，并没有先例，后面也没有什么跟着它。当然，使用白帆布作为顶光的愿望是来自我们在奥凯蒂罗度过一段时期的结果。我发现这光线是如此令人喜爱，使我决定在这

Ocatillo 营地（自 Olgivanna Lloyd Wright. Frank Lloyd Wright：His Life His Work His Words. Horizon Press New York，1966：104.）

些房屋上进一步进行探索。但是这里用的是石材、红木和帆布的结合，在各方面都是新的。”

西泰里埃森的石墙堪称一件绝活——交错叠落短长相间，俯仰坐卧有致，让你疑是“发掘出来的史前遗迹”（赖特夫人语），而石块是经过精心选择的，大小色彩交相配合，尖圆形状各异，石面不平时流出的砂浆结合粗犷的抹子走迹，有似画家笔触，信手挥舞，淋漓尽致（这种粗石填充浇注混凝土墙，只要支模、拆模得当，可以“随心所欲”）；巨大红木构架锯而不刨，钉痕节疤累累，不像出自能工巧匠之手，又却似鬼斧神工，雄劲非凡；帆布应该说比起粗石和红木来，它是建筑师所不熟悉因此也难以驾驭的，然而它在沙漠里奥凯蒂罗宿营地的表现，却赢得了赖特先生的特殊宠爱。室内半透明的（translucent）、扩散的顶光和它的轻盈灵巧令人喜爱、同情和愉快，甚至觉得“中西部的不透明实心顶部太重”而感到压抑。[16] 它在微风中似乎一直在移动，差不多像呼吸那样均匀，一旦风暴降临，它和牢牢缚住的船相似，上下掮动，如坐浪尖。沙漠——“海”，帐幕——“船”，成了西泰里埃森设计构思的基调！的确是非常具有戏剧性，却有时令人恐惧！赖特一直设想改进构造：起初，曾经是可以拆卸的，当夏季学校搬回威斯康星后，就取下贮存以避免变形老化；又曾试以塑料—橡皮布代替，效果更坏。1941 年奥尔杰瓦娜建议引进一些玻璃到帐幕里来，先生专心倾注在试验上，急忙回答："不会让一寸玻璃走进西泰里埃森，这是帐篷似的房屋，玻璃在此根本没有位置。" 1945 年一度连着好几个星期的坏天气，又逢潮湿季节，大雨风暴不时侵袭。一天早晨，奥尔杰瓦娜告诉赖特说，她昨夜梦见先生在山麓沙漠里建造了很长而有巨大玻璃的房间，一时风暴陡起，闪电猛扑山岗，狂风席卷飞云。而你和我站在一起观赏着这罕见景象。先生看着她，笑了，说："好吧！母亲，我们将把玻璃请进来和帆布一同使用。" 从此玻璃以惊人的规模入侵沙漠空间，让它增加了"现代文明"的风采。大致已经可以觉察到赖特如何努力接近这同一块土地上过去印第安人的生活环境，又在自己此时此地的生活里寻找创作的契机，不放过一切可能的联想，他留住并移栽了各种各样的当地植物，穿插在白屋红梁彩墙之间，蔓藤争处，奇花遍野，尤其是高耸的圆柱仙人掌，迎风独立，有顶端群茎外张者，真如擎天巨掌，生趣盎然。这一切像"诗"一般地感人心怀！文化只有和质朴的生活连在一起才

西泰里埃森起居室内院（萧燕摄）

有生命力，所以赖特说："……在所有年代和所有生活里，奢侈最终将毁坏它。"文化不是读半本书，写几个字，唾手可得，借以打扮一番，躺在"荣华富贵"上，把现实中的艰难困苦置于脑后，高谈阔论。先生说："唯一真正的文化是土生土长的文化。"[17]

我非常感谢这次母校邀我"回家"，这短短近二十天的收获，并不逊于我的求学时期。赖特先生和夫人的辞世当然是无可弥补的憾事。毕竟现在比近半世纪前阅历多了，领会自然能深刻些。最应该记住的还是帆布和玻璃的演变过程。我一直非常倾倒赖特先生朴实豪放和坚强意志，昂首阔步在狂风暴雨里勇往直前。当年我并未经历过几次惊险，离开后平时深居简出，一般是教书先生的平静生涯。虽也有些磨难，毕竟是短暂的。始终保持着对昔日两处泰里埃森的美好想像。此次旧友畅聚，眼前又豁然耳目一新，又读了Pfeifer先生的大作《西泰里埃森》的描述，遂略悟老师时常提到土生土长的哲理。一切都必须亲身体验，即所谓"在场"（Presence）。只有赖特其人，才能真正使奥凯蒂罗的经验成为今日史无前例的西泰里埃森。一切创造都是生成的，泉水是从地里涌出来的。

四、商榷

写到此时，我反觉得无须唠叨了，因为根本走的不是一条路。他们的生活是图书馆、大教室，成千上万的学生跟着铃声转；我们这里只有30个学徒，没有教授称呼，没有图书馆、大教室，连一块大黑板也很难遇到，各干各的，整个泰里埃森是一个大"讲堂"。真是不可同日而语！他们的专家话也不容易听懂，斯卡利举了23个例子来说明赖特先生"对学徒们隐瞒了一种主要力量来源，就是他的凝集旁人作品成为新的统一的本领。"斯卡利的做法纯粹是通过"相面术"（Physiognomy）获得的。他大概还未有对赖特为人的理解，赖特先生甚至在二次大战时就无畏地说："民主的真正敌人不是'轴心'而是家里的为金子而战的官僚主义者。"（Twanbley，Robert C.Frank Lloyd Wright，His Life and His Architecture. Johe Wiley & Son，New York，1979：246.）决不是那些心地狭隘，把"知识"藏在抽屉里，然后窥探虚实的人们！蒂沃利的哈德良别墅与南佛罗里达学院并无什么深刻联系（参看Colin Rowe & Fred Koetter，《Collage City》，MIT Press 1978和Charles Moore & G. Allen，《Dimensions——Space，Shape and Scale in Architecture》，Architectural Record Books，1976），其他的例子也不值得一提！

就此结束吧，我想借用拉斯穆辛（S.E.Rasmussen）的序言中的一段话："我的意愿不是告诉人们什么是正确的或错误的，什么是美好的或丑恶的。我完全把艺术视作一种表现手段，而且我认为对一位艺术家来说是正确的东西，对于另一位艺术家来说可能是错误的。" [18]

注 释

[1] Robert C. Spencer Jr. The Work of Frank Lloyd Wright. Architectural Review (Boston) 7, June 1900：61-72.

[2] Picturesque Style，风景如画风格，简明不列颠百科，P3-128。

[3] Carol R. Bolon, Robert S Nelson, Linda Seidel edited. The Nature of Frank Lloyd Wright. The University of Chicago Press, 1988.

Vincent Scully, Introduction

3.1 Joseph Connors. Wright on Nature and The Machine

3.2 Neil Levine. Frank Lloyd Wright's Own Houses and His Changing Concept of Representation

3.4 Donald Hoffman. Meeting Nature Face to Face

3.8 Larzer Ziff. The Prairie in Literary Culture and The Prairie Style of Frank Lloyd Wright

[4] 爱默生（Emerson, Ralph Waldo, 1803-1882年），美国19世纪超验主义文学运动的领袖。1829年曾任基督教牧师，后对宗教职业产生怀疑而脱离教会。他认为人和自然存在着一种精神上的对应关系。1836年发表《论自然》。1837年8月31日向哈佛知识界发表演说，题为《论美国学者》，宣告美国文学已脱离英国文学而独立。并告诫有识者应警惕学究气，警惕纯粹模仿，警惕传统和脱离生活的研究工作。强调人可以通过道德本性和直觉认识真理，从而发展成为超验主义的观点。他是具有世界性影响的作家。（摘自简明不列颠百科）

[5] 见注3，P177。

[6] 见注3，P184。

[7] 见赖特《自传》，P13。

[8] Richard MacCormac. The Anatomy of Wright's Aesthetic Architectural Review, February 1968.

Grant C. Manson. Wright in The Nursery：The Influence of Froebel Education on The Work of Frank Lloyd Wright. Architectural Review, June 1953.

[9] Edgar Kaufmann. 9 Commentaries on Frank Lloyd Wright. The MIT Press.P1-"Form Became Feeling" A New View of Froebel and Wright

P19-Frank Lloyd Wright's Mementoes of Childhood

[10] 见注3，P.27 赖特 Milwaukee Public Liberary and Museum 方案，1893。

[11] Frank Lloyd Wright：Writings and Buildings Selected by Edgar Kaufmann and Ben Roeburn, 1960, P.55 "The Art and Craft of The Machine".

[12] Kenneth Frampton. Introduction: The Johnson Wax Buildings and The Angle of History In Lipman Jonathan, Frank Lloyd Wright and John Wax Buildings 1986.

[13] 同注 11，P58。

[14] F. Gutheim. Frank Lloyd Wright on Architecture, Duell Sloan & Pearce 1941

[15] 根据注 3.2 的注释 44，Ocatillo 也可写为 Ocotillo，这里的拼法是按赖特在所有原图中和早期刊物里提到它时的写法。有两篇较早的描述出现了假名：“‘Ocatilla’：弗兰克 · 劳埃德 · 赖特在亚利桑那沙漠的宿营地”，Architectural Record，August 1930，P.188-91；还有赖特《自传》，P.301-8。尽管赖特一直坚持这宿营地是 1927-28 冬季建立的，现在很清楚，实际是下一年建的。赖特接到钱德勒通知前去完成他的休养旅馆的平面是在 1928 年 9 月靠后，随即于 1929 年 1 月初电告要求立刻去现场开始工作。赖特和家人、学徒一行 15 人于 1929 年 1 月 14 日离开泰里埃森，并在月终前完成宿营地，一直住到 5 月底。

[16] Bruce Brooks Pfeifer. Taliesin West 1988 Frank Lloyd Wright Selected Houses 3, A.D.A. EDITA Tokyo.

[17] Frank Lloyd Wright. A Testament Horizon Press, New York 1957, P54.

[18] S. E. Rasmussen. Experiencing Architecture. Chapman & Hall, London, 1959.

四、附录

汪坦先生（萧燕摄）

1. 汪坦先生生平

汪坦先生，字坦之，清华大学建筑学院教授，著名的建筑教育家、建筑理论家和建筑史学家，中国近代建筑史研究的奠基人，中国建筑学会第四、五届理事，第六至第十届名誉理事。1916 年 5 月 14 日生于江苏苏州，2001 年 12 月 20 日不幸因病在北京逝世，享年 85 岁。

汪坦先生 1941 年 7 月毕业于中央大学建筑系。毕业后他曾在名建筑师童寯主持的贵阳华盖建筑师事务所工作，1943 年受聘回中央大学任教。1944 年在抗日战争最紧要的关头，汪坦先生毅然投笔从戎，参加了伟大的抗日战争。1945 年复员后，他在兴业建筑师事务所工作，主持设计了南京张群住宅、馥记大楼等工程。1948 年 2 月 –1949 年 3 月他远渡重洋，赴美留学，师从世界著名建筑师赖特（Frank Lloyd Wright）。新中国成立前夕，他义无反顾地携夫人马思琚女士冲破重重难关，返回祖国，通过中共地下党组织辗转香港、朝鲜抵达大连，是东北解放区迎来的第一批留美学子，从此他便献身于新中国方兴未艾的建筑事业和建筑教育事业。

1949年12月－1956年12月，汪坦先生任大连工学院教授，并曾担任大连市政协秘书长。1951年起兼任大连工学院基建处副处长，主持建校工程，建成大连工学院一馆、二馆、水利馆、机械馆、教工宿舍等校园主要建筑，1952－1956年任水利施工教研组主任。

1957年1月汪坦先生应邀到清华大学建筑系执教，担任建筑系副系主任。他积极协助梁思成先生，认真贯彻党的教育方针，锐意进行教学改革，培养了一批批建筑界的优秀人才，为我国建筑事业的发展作出了杰出贡献。1958年他与全系师生一起积极参与国庆工程设计，并担任北京市国庆工程设计领导小组成员。1959年汪坦先生出任清华大学土建综合设计院首任院长兼总建筑师，致力将设计院建成教学、科研、生产三结合的基地，促进了教学与科研水平的提高。其间，汪坦先生还担任了清华大学第八、九、十届校工会副主席，为学校工会工作作出了贡献。

“文革”后，汪坦先生满怀信心地站在改革开放的第一线，他作为我国第一批建筑学专业的博士生导师，肩负起了提高建筑科研水平、拓展高等建筑教育领域、培养高层次建筑人才的历史重任。1979年他曾率中国建筑教育代表团赴美访问，促进了中国建筑界广泛的国际学术交流。1980年，我国高校出版的第一份建筑学专业学术期刊——《世界建筑》创刊，汪坦先生出任社长，为杂志的顺利发展，使之成为国内开展学术交流、倡导学术争鸣、促进学术繁荣的重要园地奠定了基础。

1984年，汪先生在他68岁时满怀激情地南下广东，创办深圳大学建筑系、深圳大学建筑设计院和《世界建筑导报》，他不辞辛劳、亲自开课授业，并具体指导青年教师，为深圳大学的发展作出了重要贡献。1985年起兼任大连工学院教授。

汪坦先生治学严谨、学识渊博，在建筑历史和理论研究中卓有建树，并作出了开拓性贡献。他长年潜心于西方现代建筑理论、中国近代建筑历史、建筑设计方法论、现代建筑美学等诸多领域的研究，成果丰硕、见地精深。鉴于“文革”后国内建筑界因长期对外隔绝而对西方建筑缺乏了解，并在过去极“左”思潮影响下多有错误认识的状况，汪坦先生致力于引介国外现代建筑理论，率先开设《现代建筑引论》课程，主编有12册的《建筑理论译文丛书》，并在各地建筑院校和设计单位开办讲座，对西方建筑思潮进行了系统性、批判性的评介，对于中国建筑师了解世界和与国际接轨影响深远。

在他对西方现代建筑研究取得一致公认成就的同时，汪坦先生敏锐地认识到中国近代建筑史研究是个亟待填补的学术空白。为此，他以高度的历史责任感开创了中国近代建筑史的研究领域。1985 年 8 月，由他发起召开的“中国近代建筑史研究座谈会”拉开了中国近代建筑史研究进入新时期的序幕。十余年来，他主持召开了 6 次中国近代建筑史研究讨论会，并与日本东京大学合作完成了中国 16 个主要城市的近代建筑普查工作，主编了 16 分册的《中国近代建筑总览》，该成果获得了建设部 1998 年科技进步奖二等奖，为我国近代建筑史研究作出了突出贡献。

从 1957 年至今，汪坦先生在清华园里辛勤耕耘四十余载，可谓桃李满天下。他性格坦荡开朗、宽容正直，一生忠于祖国和人民，忠于自己所从事的建筑事业和教育事业，无论在什么环境下都坚守信仰、秉持清德。他教书育人、诲人不倦、奖掖后进，对学生、对同事真诚相待、平易近人，深受学生和教师的爱戴和景仰。在他的弟子中，有工程院院士、设计大师，以及一批建筑界的英才。他学问深湛、思维敏捷、博古通今、学贯中西，却从不故步自封、墨守陈规，在学术上不断有新的追求。他家学渊源、兴趣广泛，在文学、历史、音乐等多方面均有很高的造诣。他热爱生活、富有情趣，即使在晚年依然对新事物、新技术充满了探索的热情。汪坦先生为我国建筑历史与理论研究和建筑教育事业作出了卓越的贡献，在中国建筑界享有崇高的声望。他的道德文章，将永远成为我们的精神财富而垂范后世。

清华大学建筑学院
2001 年 12 月 26 日

马思琚先生（吴耀东摄）

2. 马思琚先生的回忆

一、说说爱劳动的“老工人”（一）

今天发现汪坦在毛泽东要知识分子脱胎换骨时代的一张照片，看——像工人吗？哈，脑袋仍藏着封资修！靠外表去评一个人真要不得。

大家想知道有关汪坦的故事，我只能试试写在生活上的他——就算是勾画了他的形象之一吧。

从上面的照片说起：

汪坦喜欢动手修破烂，把坏的东西修补好就是他的乐趣，小的如刷锅：我烧焦了锅，气得要命，好好的一锅红烧肉、或一锅西洋参……完蛋了，锅都成黑的，我懊恼极了。他老先生不声不响到厨房咔叽咔叽刷锅呢，过后他拿着锅得意洋洋地让我看：“看！是新的吧？”我还没缓过气，一看，果不然，干干净净，

老工人（萧燕摄）

不留痕迹，我心里除了自责且羞愧不已。但是，我屡教不改，还是多次犯错误，他却说："你是给我机会拍马屁咯。"

1950 年，他饶有兴致好不容易买了木料，做了张床，得意极了。一天半夜，我们正舒舒服服酣睡着，哗啦一声床板塌了……哈！还好，没受伤，平安无事。这张床修好了一直陪伴着我们，直到 1956 年，我们工作调动到北京，它才算完成了为我们服务的光荣历程。总算没有再塌下过，阿弥陀佛！这是汪坦的杰作之一。

下面他的杰作之二：

1955 年，我在天津。那时，正是公私合营时期，我在拍卖行买了一张高级的进口席梦思双人床，下面是弹簧的，上面是细的弹簧（镀铜）的垫子。当时觉得好舒服，软软的，贴身……心想这辈子可捞着了，满意呵！ 1956 年汪坦调至清华，家就安在了北京，这席梦思双人床也就随搬至北京。开始感觉还不错，美滋滋的，逐渐就觉得不对劲儿了。一是两个胖子睡觉时翻身互相干扰，二是容易滚在一块，三是骨头似乎睡松了，轻飘飘的，不沾地……弃之可惜，凑合睡吧，又出"以不变应万变"之招吧。若干年后，汪坦去井冈山体验生活，听说毛泽东拒绝睡软床，要睡地下。好家伙，回来后就大刀阔斧地干起来，把这张"资产阶级"席梦思床掏心挖肺，扒皮削骨。一不做二不休，把它改造成木板床，床架可以放许多唱片。我下乡学农回来，嘿嘿，焕然一新，我举双手赞成，多谢他……只可惜垫被不够，又是凑合吧。

如此，一直到1984年（?）有幸分到了房子，虽小，但有暖气。后来不知道汪坦把陪伴我们多年的木床又改做成什么玩意了。只记得当时我下决心要买木板床，也便宜嘛，好容易找到学校的木工厂，花了一百多元，买了一张普通有靠背的木板床，后来为了迎接我的姐姐，买了一张不很软的席梦思床垫放上去，至今还用着呢。

2007年10月25日

二、说说爱劳动的"老工人"（二）

修钢琴

1955年我在天津，汪坦在大连，好不容易买了一台旧的 Yamaha 三角钢琴，如获至宝。后来我又买了一套德国槌子， 准备有机会换上。搬到北京好几年后的一天，他心血来潮（其实他预谋已久）说："我想换钢琴槌子，自己干，你看如何？"换槌子是精细的技术活，既花时间又花精力，但我不想扫他兴，且相信他心细，有耐心，就让他干他喜欢的事吧。开工前，我把父亲的一件薄薄的夏布长衫改成凉快的背心，他极得意地穿上，这样就开工了。玩上了。那一年我们住中七楼，还没有装空调，热极了，他大汗淋漓，我则又是给他搽汗，又是泡碧螺春来慰劳（拍马屁）……大约两个星期才完工，角度和距离匀称。断了两只槌把，把他心疼得一声不吭。其实，在没有什么工具情况下，又是从未曾干过的活，就这么单枪匹马自己干起来，实在难为他呵，等于一个未曾未学过琴的人去演独奏曲嘛。后来请师傅来调音，我问师傅槌子装得如何？他用鼓励的口吻笑笑："还不错，不容易哦……"

2007年11月10日

三、说说爱劳动的"老工人"（三）

上次跟大家讲了汪坦修钢琴的趣事儿，这次就随便说点儿其他的吧。

家里的脏活、重活、登高、爬低都有他包了；洗大件衣物、拖地板、冬天装炉子，搬煤基本上也是他分内的工作，有时我当小工，递工具，扶梯子、搬凳子……夫唱妇随呗。 至于有关电器的事更不用说了。他总是认真对待，"你办事，我放心”我总开玩笑地夸奖他一番。

他从玩矿石收音机开始。胆子大了，进步了就修收音机、录音机、音响。其中有修好了的，也有越修越坏的。那音响装置就没完没了，追求完美是动力，却是无底洞！我常常因为音响边布满电线而嘀咕——“肚肠都露在外面，乱七八糟的”。他无奈而恳切地说：“没法啊，声音要不时地试，比较，电线露在外面方便操作嘛。”（后来听玩无线电的朋友说都是这样的。）我说“最好有你一间工作室”。这是奢想，说实在，我连给他安排一间比较能看书写字的地方都没有，我真懊恼一辈子，后悔莫及矣。

2007 年 11 月 16 日

四、说说爱劳动的“老工人”（四）

修补鞋

1958 年的时候补鞋要去五道口，我和汪坦商量，干脆买钉鞋掌的工具，自己干不是可以既省时又省事吗？于是行动起来，买了工具和钉子如法炮制，汪坦是动手者。一天，镇平皱皱眉头说：“妈，鞋子扎我脚了，疼”。我一看，可不是吗，是鞋跟的钉子，好家伙！汪坦当然是“罪魁祸首”啰。——嗨，出错总是怪干活的，这不公平吧？不过，他却长了智慧和本领，不是吗？后来这些工具就送给建筑系的学生勤工俭学了。

水暖

那年部分老师去房山劳动，汪坦被派去干水暖。一窍不通的他，除向老工人和老师学习外还自己找资料……同他一组的老师笑他：“汪先生很有意思，干一行钻一行，可认真啦。”国家花偌大的代价去改造老知识分子，用其短，值得吗？

1969 年（？）清华建筑系的老师下放去江西鲤鱼州劳动。那时，他因抗日战争当美军翻译而背着“敌情处”的黑锅，沉重的心情不言而喻。我赶忙给他整理行装，首先用旧雨衣改成可以轻装背带的行李袋，一切家档都在里面。我们演习了一下，还算可以。夜里赶赶紧给他理了很短的头发。次日我用自行车送他到停车场。这是一次难忘的离别，据说鲤鱼州有血吸虫。只有听天由命矣。

开始生活很艰苦，分他去种稻田。他们小组是标兵之一，他负责供秧，好家伙！一个个巧手插秧飞快，那么，他供秧自然也要飞快啦，真是飞毛腿也难以对付。他说主要是供秧田上排队的太挤，大家都争先恐后排队，所以就耽误时间……这是他的缺点（老谦让），也是他的优点，可难着他了。

他回忆说，苍蝇、蚊子多得很，一碗饭还未到嘴，苍蝇就扑满饭上成了黑的，它们先吃了。晚上要看书，写信……就要躲在蚊帐里，不然乐了蚊子……

很快就改善生活了。开始是喝酱油 ，后来劳动果实来了，丰衣足食。上午十点每人发一个香喷喷的馒头，一下肚，立刻劲头就来了，真灵！

后来他又被分配去盖房子，到了建筑工地。开始是供应砖块，又遇难题了。挑不多的砖块早已把肩磨破了，还要逞能。果然不久，“挑断了两条扁担！”他经常得意洋洋自夸，引以为荣。这就是劳动换来的喜悦。

后来去当砌墙水泥工，一天，砌到三层，哗啦，脚下的架子板断了，好家伙！幸而当时没人在架子中间干活，汪坦抱住竖杆挂着，（我问他：“就像猴子那样吗？”“是呀！”）。好险！全场为之震惊，庆幸无一人受伤。

一天，好容易“敌情内处”约他，被告知可以经上海回苏州探亲。雨蒙蒙到了上海，进去一家饭馆，要了八两面，服务员摆了两份筷子就走了。他等了半天，没有动静，看旁边后来的都吃上了，难道是欺负我不是？呼声服务员，服务员很客气：“先生，你的客人还没来？”呃，原来误会了。他说：“我一个人吃，我是乡下人，吃得落咯。”于是八两面呼呼地下肚了。吃罢上路回苏州。

2007 年 12 月 1 日

五、家务工作的考验

在大连，我和汪坦被安排在一座日本式的小洋房，前面有很大的园子。它曾经是食堂，未经装修我们就搬进去了（那时没有装修之说）。地板、墙壁、柱子都是油腻和痰迹，其脏无比。我既恶心又无奈，简直无从下手。这就是我的“家政大学”的开始：我们先把日本人用的榻榻米给搬到外面。地板、玻璃窗……足足清洗了近一个月。那时是供给制，油、盐、酱、醋和特供的米、面都齐全。据说在日本人统治下，中国人不说吃细粮，连粗粮也不让吃，只能吃混合面，吃大葱都算是政治犯。当时附近没有商店，只能去市中心的大市场购物（包括鱼、肉、蔬菜、水果等），用的是关东币和一种票证。在这种情况下，我开始动手自力更生了，做丝棉袄、腌咸菜、萝卜干、香肠、腊肉……倒也混得过去。后来成为一个“不赖的厨师”，却颇赢得汪坦的赞赏：“她不喜欢做菜，但做得很好吃的。”我开辟了不小的一片菜地，甜玉米、西红柿、芸豆、架豆、生菜……丰收时还送给邻居，但一般收获不咋样。没有经验，不常施肥，又没时间打理，土地爷是最公平了，你付出多少，他就回报你多少，别无他想。无奈我要上班，只能尽力而为。其实家务也和其他专业一样，只要用心，动脑子，勤快，就会有好的收获，而且不知不觉使你脑子灵活，动作敏捷。可惜的是工作忙起来，总把家务搁置一边，顾不得许多了。

2008 年 2 月 29 日

六、汪坦的理发师

在筹划学校基建中，汪坦得了一场急性风湿性关节炎，必须彻底治疗，否则会留下风湿性心脏病，我很紧张，成为汪坦的严格看守员。基建处频频来找，必要时也被我阻拦了，汪坦还对我有意见。恢复健康后，没得后遗症。他在病中不便出去理发，我买了理发工具，从此我便当上了他一辈子的专业理发师，省去他许多时间。因为他从不挑剔，任我摆布，哪怕给他理个“狗咬屎”，好歹不用去理发店排队便是。我想，像我这样的理发师谁都能胜任的。看来，生活上不挑剔是个好主意，这是汪坦一辈子的高招之一。

2008 年 2 月 29 日

七、汪炉官

从大连开始，每家都有两个烧烟煤取暖的炉子，汪坦就当上两个炉子的炉官，因为没有经验，可难了他，每天炉子烧了又灭，灭了又烧，分配的是烟煤，烧起来很快，去得也快，火势很猛，烟灰很大，二舅不时去看它，捅它，招来了烟灰，炉子灭了！白天黑夜如法炮制，仍不得要领。后来到清华，买了两个华北炉是用无烟煤，也给二舅出了不少难题，生起火要用许多柴火，伺候不好房间又是乌烟瘴气，大冬天也得开窗通风，真是狼狈不堪。后来煤紧张，改用蜂窝煤炉，火力不大，但比较方便，他便上升为五个炉子的炉官，可早上起来室内温度只有五摄氏度，最高十摄氏度，直到 1986 年，为了告别买煤烧煤之苦，我坚决搬到有暖气的清华中七楼，汪坦才彻底卸下炉官之职。他还很自豪地说：“我最大的官就是五个炉子的官。”我说：“那时，你是两鬓白白，十指黑的大炉官，我是采购蜂窝煤的外交官。”（蜂窝煤紧张时，我就要在马路上截住熟悉的送煤师傅说好话）哈！这外交官不好当，没有权，只能任由送煤师傅的摆布。生活，生活太琐碎，太困难了！却又少不了它。这无价之宝——时间和精力付出太多了。

2008 年 3 月 7 日

八、建国初期

大连工学院成立了，设有化工、物理、机械、造船等系，但没有建筑系，只有土木工程系。汪坦被编入该系。不久，学校陆续从各地招来了各系的学生。汪坦不是学土木工程的，也乐意担当起来，要备课，便阅读有关土木工程、施工等书籍，那时资料不多，便开始学俄文。接着，带学生去实地勘察（上课），教设计、施工、基建等，就此忙开了。

不久，学校在凌水河建校址，施工开始了，汪坦不熟悉这一行业，而问题接连而来：什么水泥、水管、木材……需要多少？这个，那个怎么做？只见他在默默思考，翻书，找资料。经过大家共同磋商（尤其请教老师傅），想办法，人人不计劳苦，最后，总算取得满意的结果。

在此，我顺便提起一件哀痛的事：一天，好不容易周末晚，十几个同学去看电影《龙须沟》，回来时遇大雷雨，回到工地宿舍全身湿透，其中有三个同学脱下湿的外衣，扔到院子晒衣服的铁丝上，当场被雷电击中，一个同学幸免一命，但双目失明了。为此我们难受了好一段日子，多么好的青年喔！我和汪坦提起此事总惋惜不已。

那是值得颂扬的时代，大家狂热地争为国家作无私的奉献。可见，人民饱受压迫，国家久受蹂躏，是多么渴望国强民富啊。那时，我们苏州老家不是有汪埙、汪城因年纪小，瞒着年龄去参军吗？汪城应当把去朝鲜战场的故事多多讲来听听（这不是自吹自擂），如何？我百听不厌啊。大家举手赞成吗？

2008 年 3 月 19 日

九、养育孩子的故事

1953 年，镇平出世，年底，我受聘音乐学院钢琴系。命运似乎跟我开玩笑，和镇美一样，镇平也是八个月。我又是当即断了奶去天津，两个孩子留在大连，真难了汪坦。好在找一个很可靠的保姆王淑慧。但她只能早七点到晚七点，汪坦很辛苦。

王淑慧曾告诉我说“早上来，看到汪先生坐在床上叠尿布，活像个做月子的产妇”。我听了既好笑又愧疚。后来王淑慧和她的女儿搬到家里住就好多了，但我心里仍是七上八下。

1957年（1958？）汪坦受聘清华大学建筑系副系主任兼设计院工作。1958年音乐学院也迁到北京，总算结束了两地分居的日子。由于来回清华到音乐学院路途较远，学校为我安排一间单人宿舍，免得我来回奔波。但究竟解决不了对家庭能稍稍多一点的照顾 。例如：镇美小学三四年级时，一天，我在大礼堂听报告，儿童医院通知让她去做扁桃腺手术，我们都不在家，她却独自去医院，待我急忙赶去，医院护士正推着她离开手术室，她安静地躺在卧车上向我微笑，我自责不已，悄然落泪了。

又是一次，她患急性肝炎。我又是不在家，这次是阿姨送她去医院的，我赶去看她，她已乖乖地躺着，皮肤略带黄色，我再次受到良心的斥责。既内疚，又懊恼。

镇平幼儿园大班时，考取音乐学院业余附小钢琴特长生。每星期独自乘三趟车去音乐学院。有一次，我给她两块钱让她回家经西单买瓶果酱行不？她能为大人办事很高兴。平时，她十二点以前回到家的，今天怎么回事？一点多了，我和汪坦忐忑不宁、坐立不安地等着，不时在门口徘徊张望。直到下午三点多钟，一张红彤彤的小脸蛋远远出现了，她迈步向前走，好样的！我们欢喜若狂跑前去迎她，她一看到我们，便哇一声大哭起来，好委屈啊。原来她上课后去西单商场，到了柜台一掏口袋，钱没了，连车钱也没了。她既伤心又着急，气呼呼地一口气从西单走回清华。这倔强的孩子多么可爱！

汪坦连忙把她抱起来，我们不断地安慰她，表扬她，哄她，说要同她一起去把坏蛋抓起来，送去派出所……她这才擦擦眼泪，点点头。

我们暗暗欣喜这俩女儿的顽强性格。是我们受良心的斥责，既内疚又懊恼换来的？她们，就是这样成长起来的。可说是自生自灭。

2008年4月13日

十、夜半赴考场

“文革”后期一个周末的晚上，睡前汪坦神秘地告诉我一件事：“昨天半夜把老师叫起来去考试，大家都莫名其妙懵懵懂懂地去考。”

我问：“你考了几分？”

放大镜
(汪坦先生家藏)

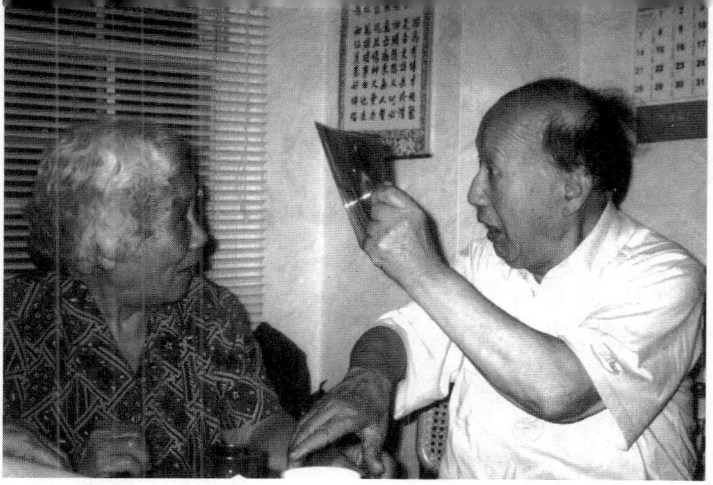

他说："38 分。"

我说："好家伙！不及格啊？"

他说："有的更差，连交流电和直流电都答不出，其实，有许多知识你不用就会忘的，要是现在考我高中，初中所学的数理化我肯定不及格，怎么办？不当教授啦？"

我说："要是考我肯定是零分。不过我想直流电是电池，交流电是电力，对吗？"

他笑："算对吧！"

我哈哈大笑："我是蒙的。"

那一夜我想了很多，谁出的主意！想法要搞臭你们这帮臭老九，要低头，夹着尾巴做人罢了。其实我不及格不等于你就及格。事物都有好有坏，何必呢？臭了又怎样？不见得你就香啊？

2008 年 8 月 12 日

十一、汪坦一二事

一天我做饭，发现缺葱和青菜，只好劳驾汪坦："请你买一点葱和青菜，行吗？"他说"一点是多少？"我踌躇了一下说："一根葱，两棵青白菜吧。"他匆忙直奔合作社（商店），回来告诉我："服务员问：'同志，你要什么？'我生怕忘了似的赶紧说：'一根葱，两棵青白菜。''嗯？'服务员无奈的摇摇头：'哦，没听过！没听过！买葱是论根买的，菜是论棵买的'。"汪坦说罢把一根葱和两颗青菜放下，得意洋洋地说："不管咋地，我完成任务了。"

汪坦极不愿意上街逛商场（书店除外），所以一切衣、食、住、行、生活用品几乎都由我操办，他则不管好赖都报以满意的态度称是。而我买东西只按大概，没有准确的尺寸和样板，所以总有不合适的时候，他则大小不拘，大了，他便说“你把我看得太魁梧了。”太小了便说：“你不要小看我”，却都能凑合用，唯独是鞋，大了还可以，塞点棉花、碎布等，但鞋小了就难为他了。“还是旧的好！”说罢，把小鞋放下，走了。

2008 年 10 月 9 日

后 记

汪坦先生自 2001 年 12 月 20 日仙逝，至今已近八年的时间，其实先生是与我们始终在一起的，不曾有半点儿的离开。这期间，有幸在师母马思琚先生处借读到汪坦先生六十年前的留美家书，如获至宝，扫描留存。之后便是在两台计算机屏幕前交互工作，将原稿打字成文。这一过程是辛苦的，也是幸福的，因为能够从六十年前的篇篇信函中，感知到先生的心跳、温度和才情。随手拈来的一片小纸皆可成书，记不得日期是常有的事，闪光的思想随处可见，自然、坦荡、真诚、土生土长，没有丝毫的矫揉造作。整理这些书信，再次聆听先生的教诲，无限的温馨。

1948 年先生去美国拜师赖特门下，时年 32 岁，那时赖特 80 岁。从本书 60 篇留美家书中你能感受到先生与赖特这对忘年师徒的缘分和心灵相通。其实，赖特也始终没有离开过汪坦先生，从本书的后续文字和汪坦先生的日常言谈中，能够感受到先生对赖特的一往情深。这种情感像血脉一样，在我们这些弟子们的身上依然延续着。在先生赴美求学的文字中，“出发”与“回归”是并存的，用心能体味出先生那种深厚的爱。

所谓师者，传道、授业、解惑也，像赖特先生一样，汪坦先生亦是一位传道的师者。一日，先生手持一本书，问：“这是什么？”我答：“书”，先生用书敲了一下我的头，又问：“这是什么？”我愕然……先生自答曰：“这时书就成了武器！”随之，先生又问我他坐着的是什么？答：“椅子”，先生随即站到椅子上去取书架高处的书，自答到：“这时椅子就变成了梯子！”这只是其中一则先生传道的小故事。讲台应该是先生最为钟情的人生舞台之一，是一小块属于他的清静的自主天地，先生在讲台上会忘我地手舞足蹈，会引领学生们跟随他在浩瀚的知识海洋中畅游，会从日本的数寄屋讲到黑格尔、汤因比、贝多芬、赖特……像天上的云，姿态万千，但却大象无形。此时的先生是幸福的，此时的学生是幸福的。

汪坦先生讲课组图（萧燕摄）

GARCHES —1927

(1555-1560)

由于先生大量家书没有确切日期，排序是参照书信内容的接续关系进行的。关于“Frank Lloyd Wright”，汪坦先生曾有两种译名：“莱特”和“赖特”，本书统一为“赖特”。关于“Taliesin”,有“塔里埃森”和“泰里埃森”两种译名，本书采用先生所译“泰里埃森”。1948年留美家书中的注释和翻译是由马思琚先生、汪镇美老师、汪镇平老师和吴耀东共同完成的。本书中的许多照片是汪坦先生1990年重访美国时亲自拍摄或由陪同的女婿萧燕先生代为拍摄的，照片之独特角度源自先生内心的真情实感。本书1948年留美家书的小标题，是编者依据家书原文加上的，标题内容出自汪坦先生书信中的原话，这些话是独特的“汪坦式”的。六十年过去了,这些话与我们熟知的汪坦先生没有丝毫偏差，他就是他，一位传道的恩师，启发弟子们始终沿着有机的原则自觉地自然生长。先生始终是在“以出世之心做入世之事”,让他的追随者们重归清静的人的本性。先生的内心是清净的，每次与先生交谈，总是会冲洗掉心灵的浮尘，重归清凉。

当我留恋在汪坦先生多彩人生的氛围中时，曾疑问过“文革”十余年先生历史的“空白”，也许那是一代人的“空白”，少有叙及，也许也不愿过多面对，彼此都陷入到一种心照不宣的集体健忘状态。近日欣喜地看到陈志华先生的一篇记叙文章陈志华．老头儿．万象杂志，2009（4）：120—129.，将那段时期的先生生动地再现在我的眼前,他还是他。关于那段历史,先生绝口不谈“苦难”,仍心存感恩，先生认为去鲤鱼洲“劳动改造”是自己一辈子一个很大的锻炼，让自己了解了中国。在本书中，你能读到汪坦先生在赖特处做农夫、做厨师的场景，谁能说这些与建筑无关呢？！

编辑、整理、出版汪坦先生的相关著述，凝聚着太多人的心血。与师母马思琚先生在日常生活中的接触和无数次交谈，充满了先生各种温馨的话题和故事。师母生于1920年4月25日,今年已近90岁高龄,童心依旧,弹琴、教学生、开家庭音乐会、读书、上网、开博客……从马先生身上你会发现，人生还可以如此精彩，魅力永驻。汪坦先生女儿汪镇美和汪镇平老师在美国对周仪先先生和邵芳女士的寻访和追忆，为本书提供了鲜活的素材和感人的第一手资料。陈志华先生、左川先生、杨永生先生、师兄赖德霖先生和陈伯冲先生对本书倾注了同样的感情和关心，伯冲兄亦曾将先生的留美书信全文打印后电邮给我，两相对照，解决了不少字迹辨识的谜团。《万象》杂志的王瑞智先生以其出版人独特的敏感性，觉察到汪坦先生1948留美家书的价值，欣然自2009年3月起在《万象》杂志全文连载。中国建筑工业出版社的陆新之先生和徐冉女士的辛勤工作使得本书以应有的面貌呈现在读者面前。

最初看到这些书信的时候是2006年，至今已三年有余。编辑整理本书，像是感悟之旅，感动之旅，感恩之旅，旅程是温馨幸福的。在我内心中，这一旅程没有终点站。爱心会让人的生命如此平静，如此浩瀚，如此丰富，这样的人生境界不值得向往吗？！这是先生带给我的启示。

吴耀东

2009年4月于清华园